Sammlung Luchterhand 514

Deutschland 1945
Alltag zwischen Krieg und Frieden in Berichten, Dokumenten und Bildern

Herausgegeben von Klaus-Jörg Ruhl

Luchterhand

CIP-Kurztitelaufnahme der Deutschen Bibliothek:
[Deutschland neunzehnhundertfünfundvierzig]
Deutschland 1945 : Alltag zwischen Krieg u. Frieden in Berichten, Dokumenten u. Bildern / hrsg. von Klaus-Jörg Ruhl. – Orig.-Ausg. – Darmstadt ; Neuwied : Luchterhand, 1984.
(Sammlung Luchterhand ; 514)
ISBN 3-472-61514-1
NE: Ruhl, Klaus-Jörg [Hrsg.]; GT

Originalausgabe
Sammlung Luchterhand, Dezember 1984

Lektorat: Wieland Eschenhagen
Umschlaggestaltung: Kalle Giese, Darmstadt
Herstellung: Ralf-Ingo Steimer

Gesamtherstellung bei der
Druck- und Verlags-Gesellschaft mbH, Darmstadt

Inhalt

Meinem Doktorvater, Andreas Hillgruber, zum 60. Geburtstag

Vorwort

Als die Tür geöffnet wird, flammen die Scheinwerfer auf. Für einen Augenblick sind die Anwesenden geblendet, auch Generalfeldmarschall Keitel kneift für einen kurzen Moment die Augen zusammen, als er in Begleitung von Generaladmiral Friedeburg und Generaloberst Stumpff das kalkig-weiße Kasino der Pionier- und Ingenieurschule in Berlin-Karlshorst betritt. Keitel macht ein paar Schritte in den Raum hinein. Kerzengerade bleibt er stehen und präsentiert mit behandschuhter rechter Hand seinen Marschallstab. Dann nehmen die drei Deutschen auf den Stühlen Platz, die man ihnen zuweist. Kein Muskel in ihrem Gesicht bewegt sich, starr blicken sie geradeaus. »Sie wirkten wie zerbrechliche Puppen«, erinnerte sich der amerikanische Major Oppenheimer. Schräg gegenüber den Deutschen, an der Längsseite eines breiten Tisches, sitzen die Sieger. In der Mitte der sowjetische Marschall Schukow, ihm zur Seite die Vertreter der westlichen Alliierten.

Der britische Luftmarschall Tedder erhebt sich und wendet sich an die Deutschen: »Ich frage Sie: Haben Sie das Dokument der bedingungslosen Kapitulation gelesen? Sind Sie vorbereitet, es zu unterzeichnen?« Keitel antwortet knapp: »Ja, ich bin bereit.« Zwei amerikanische Offiziere führen die Deutschen zum Tisch. Keitel nimmt gegenüber Marschall Schukow Platz, legt den Marschallstab nieder, zieht seine Handschuhe aus, legt seine Uniformmütze zur Seite und drückt sich das Monokel ins Auge. Major Oppenheimer reicht ihm den Federhalter. Es ist Mittwoch, der 9. Mai 1945, 0.15 Uhr mitteleuropäischer Zeit, als unter dem Dokument der Name »Keitel« steht.

Zur gleichen Stunde, nur wenige Kilometer von dieser nächtlichen Zeremonie entfernt, sitzt Roswitha S. in ihrem Zimmer in Berlin-Reinickendorf: Sie ist verzweifelt. Sie weiß nicht mehr, wie es weitergehen soll. Sie hat Selbstmordabsichten. »Es waren immer die gleichen Bilder, die sich in dieser Nacht in mein Bewußtsein drängten. Vor allem das Bild des kleinen Herbert, wie er so dalag. Es war so schrecklich. Ich war völlig am Ende, ich wollte Selbstmord begehen«, erinnerte sich Roswitha S. Jahre später.

Im Februar 1945 hatte sich Roswitha S. in der Nähe von Dramburg in Pommern einem Treck angeschlossen, der vor den Russen nach Westen floh. Es ging zunächst alles gut. Die Kinder Herbert, anderthalb, und Gisela, neun Jahre alt, fanden alles aufregend und abwechslungsreich. Dann kam aber der Tieffliegerangriff. »Alles ging furchtbar schnell. Bevor man etwas unternehmen konnte, war schon alles vorüber. Gisela sah es zuerst und schrie hysterisch auf. Überall war der Schnee rot. Ein Geschoß hatte dem Jungen den Kopf vom Rumpf getrennt.«
Roswitha S. fiel in Ohnmacht, als sie erwachte, lag sie in einem Planwagen und zwei Frauen redeten beruhigend auf sie ein. Über Frankfurt an der Oder kam sie nach Berlin. Bevor sie weiter nach Westen fahren konnte, war die Reichshauptstadt von russischen Truppen eingeschlossen. Roswitha S. hatte ihrer Tochter eingeschärft, immer in ihrer Nähe zu bleiben, aber während eines Artilleriebeschusses verloren sie sich. Dann kam der Waffenstillstand und Roswitha S. machte sich auf, ihre Tochter zu suchen. Dabei wurde sie von drei angetrunkenen Sowjetsoldaten angesprochen. Sie wollte fortlaufen, wurde festgehalten, in ein zerstörtes Haus gedrängt und vergewaltigt. Ein älteres Ehepaar entdeckte sie, als sie auf allen Vieren, blutverschmiert, aus dem Trümmergrundstück kroch und nahm sie mit in ihre Wohnung.
Hier sitzt nun Roswitha S. in der Nacht vom 8. auf den 9. Mai 1945 und spielt mit dem Gedanken, Selbstmord zu begehen. Als der Morgen graut, hat sie sich dazu durchgerungen, am Leben zu bleiben und ihre Tochter zu suchen und auf ihren Mann zu warten, von dem sie zum letzten Mal im Januar aus Ungarn Nachricht erhalten hat.
Zwei Ereignisse, die schlaglichtartig das Ende und den Neuanfang dokumentieren. Das Ende des »Dritten Reiches«, wie es sich durch die Kapitulation seiner militärischen Repräsentanten vollzog und damit eines Krieges, den Hitler gewollt hatte und der in seiner Endphase auf deutschem Boden unsägliches Leid heraufbeschwor. Und dann der Beginn einer ungewissen Zukunft im Schicksal einer Frau, die wie das Gros ihrer Leidensgenossinnen 2074 Tage und Nächte den Krieg ertragen mußte, den sie nicht gewollt hatte und die nun sehen mußte, wie sie zurechtkam.
Wie war das damals, in der Endphase des Krieges, und dann in den ersten Monaten der Besatzungszeit. Wie erlebten die Deutschen den

Alltag zwischen Krieg und Frieden? Vor welchen Problemen standen sie? Wie konnten sie so lange den Krieg ertragen? Was tat die Führung, um sie immer wieder zu motivieren? Was dachten die Deutschen, als die Feinde einmarschierten? Wie richteten sie ihr Leben in der neuen Zeit ein? Welche Sorgen und Nöte hatten sie unter den Besatzern?

Zum ersten Mal wird der Versuch unternommen, auf diese Fragen eine Antwort zu geben, und zwar anhand sorgfältig ausgewählter Dokumente, die unmittelbar unter dem Eindruck des Geschehens entstanden. Viele Dokumente sind bisher noch nie veröffentlicht worden und mein Dank gilt den Archivaren Dr. Faust vom Nordrhein-Westfälischen Hauptstaatsarchiv in Düsseldorf und Dr. Werner vom Bundesarchiv in Koblenz sowie den Mitarbeitern im Archiv des Instituts für Zeitgeschichte in München, die mich bei meiner Suche nach Dokumenten sachkundig unterstützten. Bilder und Plakate ergänzen die Dokumente, die durch erläuternde Kommentare verbunden sind. Wer die Zeit damals erlebt hat, wird vieles wieder erkennen, was er, aus welchen Gründen auch immer, verdrängt hatte. Vor allem aber die Nachgeborenen werden verstehen, was ihre Eltern durchgemacht haben, was sie ertragen mußten und wie sie versuchten, zu überleben.

Kirchzarten, im September 1984 Klaus-Jörg Ruhl

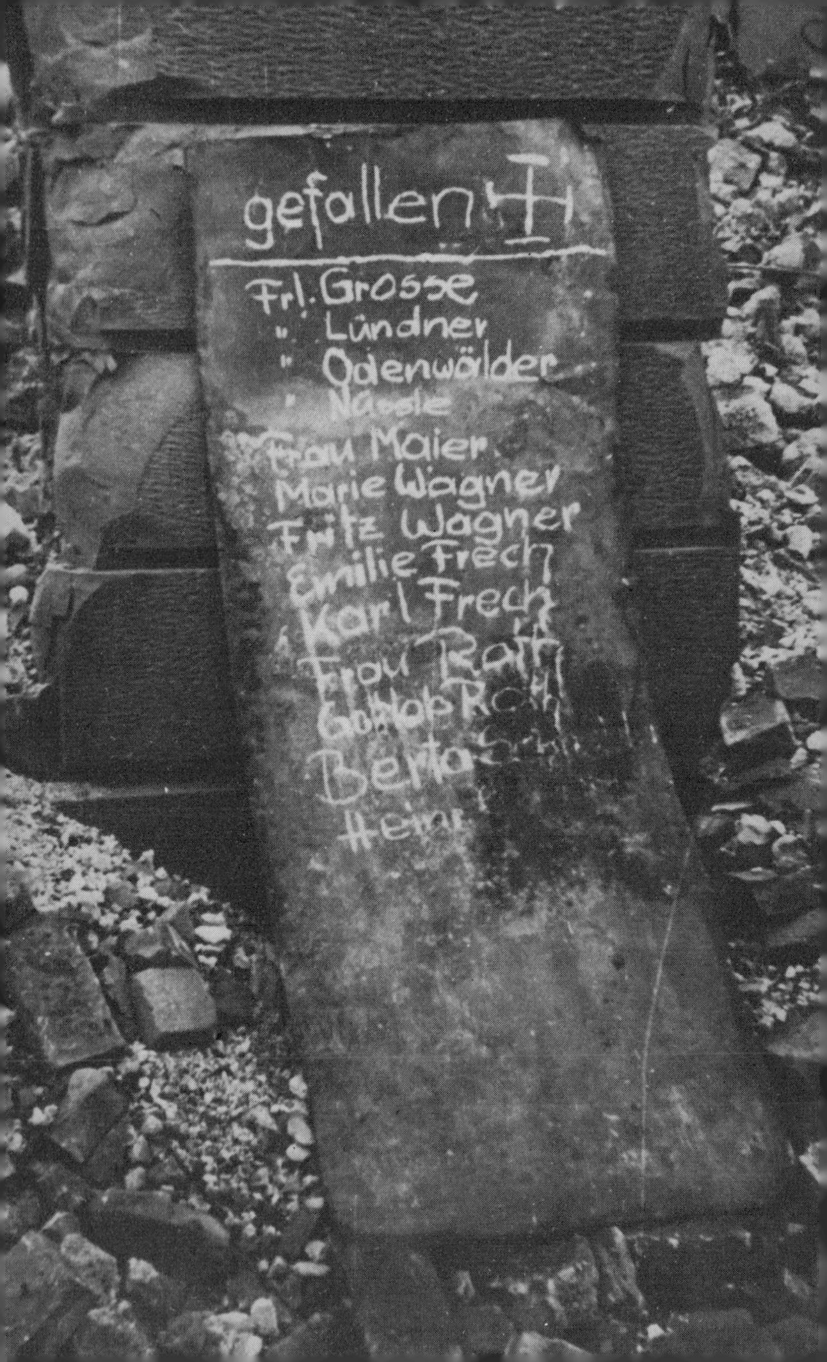
gefallen
Frl. Grosse
" Lündner
" Odenwälder
Frau Maier
Marie Wagner
Fritz Wagner
Emilie Frech
Karl Frech
Frau Rath

Warum stellt sich niemand auf die Straße und schreit »genug, genug«?
(Deutschland Januar–März 1945)

Am Neujahrstag des Jahres 1945 machte sich eine evakuierte Münchenerin Notizen in ihr Tagebuch:

Endorf am Chiemsee, der 1. Januar 1945
Ein neues Jahr hat angefangen. Ein schweres, entscheidungsbringendes Jahr.
Unwillkürlich mache ich einen kleinen Rückblick. Am 19. November waren es zehn Jahre, daß ich verheiratet bin. Davon sind nun sechs Jahre Krieg. Die Schwere des Krieges hat mich wohl noch nicht so sehr berührt wie viele andere. Seit dem 20. August 1943 sind wir nun schon auseinandergerissen. Unser Vati ist in München in seinem Geschäft, wir waren in N. Der Alltag war beschwerlich auf dem ungewohnten Lande, aber die Freude auf den Samstagnachmittag, wenn unser Vati den langen Weg dahergegangen kam, oft mit sehr müden Schritten, den unentbehrlichen Rucksack auf dem Rücken, diese Freude kannte keine Grenzen. Mit dieser Freude wird unser Helmuth groß.
Glitzernder Schnee bedeckt das Land, es ist Mond, und geheimnisvoll wie vor ewigen Zeiten rauscht der Wald. Doch die Zeit ist eine andere, unruhevoll, gehetzt und vertrieben sind die Menschen. Und jeder hat heute zum neuen Jahr nur den einen Wunsch: Frieden, Frieden.[1]

Viele Deutsche dachten ähnlich wie diese Münchener Geschäftsfrau. Nach vierundsechzig Monaten Krieg, nach Tod, Entbehrung, Not, nach Angst und Schrecken war Erschöpfung eingekehrt, der Wunsch nach Frieden weitverbreitet. Hitler und mit ihm die führenden Nationalsozialisten dachten aber nicht daran, zu kapitulieren und damit das Leiden der Zivilbevölkerung zu beenden.
Am selben Tag, als die Münchener Geschäftsfrau ihre Sorgen und Sehnsüchte dem Tagebuch anvertraute, verlas Adolf Hitler, Reichs-

kanzler und Oberbefehlshaber der Wehrmacht, im Rundfunk einen Neujahrsaufruf:

Deutsches Volk! Nationalsozialisten! Nationalsozialistinnen!
Meine Volksgenossen!
... Wir sind zu allem entschlossen. Die Welt muß wissen, daß dieser Staat niemals kapitulieren wird, daß das heutige Deutsche Reich, wie alle großen Staaten der Vergangenheit auf seinem Weg Rückschlägen ausgesetzt sein mag, daß es aber nie diesen Weg verlassen wird. Man muß wissen, daß die heutige Staatsführung die Sorgen und Leiden mit ihrem Volk teilt, aber niemals vor Sorgen oder Leid kapitulieren wird, daß sie demgegenüber entschlossen ist, jeder Krise mit einer größten Anstrengung zu begegnen, was durch Saumseligkeit verlorenging, durch verstärkten Arbeitseifer wieder einzuholen, daß sie jedem einzelnen Deutschen, der seine Pflicht erfüllt, nicht nur die höchste Anerkennung ausspricht, sondern ihm auch die Versicherung gibt, daß dereinst sein Beitrag für den Bestand unseres Volkes auch für ihn selbst nicht vergessen wird, daß sie aber auf der anderen Seite jeden vernichten wird, der sich diesem Beitrag zu entziehen gedenkt ...
Der nationalsozialistische Staat wird mit seiner Energie und Tatkraft alles das, was heute der Zerstörung verfällt, in wenigen Jahren neu errichten. Unsere Städte werden in ihrem äußeren Bild gewaltiger und schöner sein als je zuvor. An die Stelle vernichteter Wohnkasernen werden gesündere Heime für den deutschen Menschen treten. Unsere sozialen und kulturellen Forderungen werden dabei eine bessere Berücksichtigung finden, als es bisher möglich gewesen war ...
Millionen Deutsche aller Berufe und aller Lebensstände, Männer und Frauen, Knaben und Mädchen, bis herab zu Kindern haben zum Spaten und zur Schaufel gegriffen. Tausende von Volkssturm-Bataillonen sind entstanden und im Entstehen begriffen. Divisionen sind neu aufgestellt, Volks-Artillerie-Korps, Werfer- und Sturmgeschütz-Brigaden sowie Panzerverbände wurden aus dem Boden gestampft, Jagdgeschwader wieder aufgefrischt und mit neuen Maschinen versehen ...
Mein Glaube an die Zukunft unseres Volkes ist unerschütterlich. Wem die Vorsehung so schwere Prüfungen auferlegt, den hat sie zu Höchstem berufen! ... Ich kann diesen Appell nicht schließen,

Frauen und Mädel des Gaues Düsseldorf!

Ihr habt es in unseren Städten und Dörfern selbst am härtesten verspürt, wie die **brutale Vernichtungswut des Feindes** sich austobt.

Ihr kennt aus eigenem Erleben diese **heuchlerischen Menschenfreunde**, die uns und der Welt wahrhaftig die Beweise für ihre unmenschliche Gesinnung und Niedertracht nicht schuldig geblieben sind.

Ihr selbst habt unsere Grenzen brennen sehen!

Nun ist Euch Gelegenheit gegeben, im erweiterten **Hilfsdienst für die Wehrmacht** mitzuhelfen, **dem Feinde heimzuzahlen**, was er uns angetan hat und noch antun will. Je nach Eignung und ärztlichem Rat kannst Du die

treue Kameradin des deutschen Soldaten im Garnison- und Heimatdienst

werden.

Sei davon überzeugt, daß Du als Wehrmachthelferin wegen Deiner Tatkraft, Deines Opfersinns und Deines Eintretens für die gemeinsame Sache vom ganzen Volke geachtet und geschätzt wirst.

Vielerlei Einsatzmöglichkeiten werden Dir geboten.

Als

Rechnungsführerin, Lagerverwalterin, Montage- und Flakhelferin, im Sanitäts- und Wetterdienst, beim Nachschub oder an einem Dir sonst passenden Platz

kannst Du einen Soldaten ablösen und für den kämpferischen Einsatz freimachen.

Deutsche Frau und deutsches Mädel, das ist höchste Ehrenpflicht!

Das ist nicht undeutsches Amazonentum, auch nicht Mißachtung fraulicher Art und Sitte. „Flintenweiber" sowjetischer Prägung haben **keinen** Platz im deutschen Denken und Handeln.

Es ist tatsächlich so, daß der harte Krieg auch an die Frau harte Anforderungen stellt, die vielleicht nicht den Idealen entsprechen, die aber mit Anpassungsbereitschaft bewältigt werden.

Im übrigen wird in jeder Beziehung gut für Euch gesorgt.

Ihr werdet

gut untergebracht,

erhaltet

Truppenverpflegung, Ausrüstung, gesundheitliche Betreuung und jegliche Fürsorge.

Eure Unterkünfte werden unter Führung geschulter fraulicher Kräfte in netter Weise zu Frauenheimen ausgestaltet.

Als Wehrmachthelferinnen können Mädel und Frauen vom 18.—40. Lebensjahr eingestellt werden.

Meldungen für das Wehrmachthelferinnenkorps

nehmen die Ortsgruppen der NSDAP., die Ortsfrauenschaftsleiterinnen, die Standortmädelführerinnen, sowie die Arbeitsämter jederzeit entgegen.

ohne dem Herrgott zu danken, für die Hilfe, die er Führung und Volk hat immer wieder finden lassen, sowie für die Kraft, die er uns gegeben hat, stärker zu sein als die Not und Gefahr ...[2]

Seit Graf Stauffenbergs Attentatsversuch am 20. Juli 1944 war das die erste öffentliche Ansprache des Diktators (nur noch einmal, am 30. Januar 1945, sollte er vors Mikrophon treten). Zu diesem Zeitpunkt war die militärische Lage des Deutschen Reiches denkbar schlecht. Nach dem Zusammenbruch der Ostfront im Sommer 1944 und den schnellen Vorstößen der Roten Armee bis Ostpreußen und Polen (Generalgouvernement) warteten im Osten und mit den an die Westgrenze vorgerückten westalliierten Truppen nahezu 10 Millionen gegnerische Soldaten auf das Kommando, um in einer letzten Großoffensive das nationalsozialistische Deutschland niederzuringen. Doch selbst in dieser aussichtslosen Situation, die die meisten Deutschen nicht richtig einschätzen konnten, da die Regierungs- und Parteistellen sie absichtlich im unklaren ließen, besaß Hitler noch ein großes Maß an Integrationskraft.
Befriedigt stellte das Propagandaministerium nach Auswertung einlaufender Meldungen aus den verschiedenen Reichspropagandaämtern fest, daß Hitlers Neujahrsaufruf an das deutsche Volk (ein im Wortlaut teilweise identischer Aufruf erging auch an die Soldaten der Wehrmacht) in weiten Kreisen der Bevölkerung Anklang und Zustimmung gefunden und für eine Verbesserung der Stimmung gesorgt hatte:

Leiter Pro
Min.Rat Imhoff — Berlin, den 2. Januar 1945

An den Herrn Minister
Betr.: Echo zur Führerrede

Wie aus den Berichten der Reichspropagandaämter hervorgeht, hat schon die Ankündigung, daß der Führer nach langer Zeit des Schweigens zum deutschen Volke sprechen wird, in allen Volkskreisen große Freude und Begeisterung ausgelöst. Die zahlreichen Gerüchte und Zweifel, die um die Person des Führers in der letzten Zeit aufgetaucht waren, wurden damit mit einem Schlage beseitigt.

Die prägnante Kürze der Rede, sowie die selbstbewußte Art, die Ruhe und Zuversicht und das starke Vertrauen, haben tiefsten Eindruck hinterlassen. Als besonders glücklich gelungen wird die tiefempfundene Umrahmung der Führerrede durch das Clausewitzsche Bekenntnis, das Glockengeläut und das Aufklingen des Badenweiler Marsches bezeichnet. Dadurch wurde eine ernste und feierliche Stimmung wie nie zuvor hervorgerufen, die sich dadurch äußerte, daß beim Erklingen der Stimme des Führers vielen Menschen Tränen in den Augen standen. Die sachlichen Ausführungen, die persönlichen menschlichen Regungen haben das Verständnis für die deutsche Not und den unvermeidlichen Kampf und das Gefühl, daß alles geschieht, den Sieg zu sichern, neu belebt und eine starke Zuversicht geschaffen. Die warmen Worte des Führers für das grenzenlose Leid der vom Krieg Betroffenen und der besonders durch den Bombenterror heimgesuchten Volksgenossen wurden besonders dankbar empfunden. Viele Volksgenossen haben aus den Ausführungen des Führers die Meinung gewonnen, daß das Jahr 1945 die Entscheidung dieses Krieges bringen wird.
Vielfach wurde die Rede deshalb mit Spannung erwartet, weil viele der Hoffnung waren, daß der Führer Einzelheiten über den Einsatz neuer Waffen, über die Brechung des feindlichen Luftterrors und über den Stand der Offensive im Westen geben würde. Da Ausführungen hierüber nicht gemacht wurden, entstand teilweise darüber eine gewisse Enttäuschung, die aber dadurch schnell beigelegt wurde, daß durch geeignete Mundpropaganda den Volksgenossen klargemacht wurde, daß militärische Angaben im jetzigen Stand des Krieges vom Führer nicht gegeben werden können . . .
Gerade die Westgaue melden, daß die Rede hundertprozentig die Menschen aufgerüttelt und die Herzen für die deutsche Sache begeistert haben. In der Rede des Führers fiel besonders auf, daß er im Gegensatz zu den Feindmächten mit sehr siegessicherer Zuversicht zum Volke sprach, und seine Gedanken über den kommenden Volksstaat fanden besondere Beachtung.[3]

Die Bereitschaft vieler Deutscher, sich um Hitler zu scharen und ihm zu vertrauen, beruhte im wesentlichen auf ihrer Angst und ihrer Furcht vor einer ungewissen Zukunft, die von der Propaganda noch geschürt wurden. Der Morgenthau-Plan (mit der zunächst von

Präsident Roosevelt und Premierminister Churchill bestätigten, dann aber fallengelassenen Forderung, das besiegte Deutschland in ein Ackerland zu verwandeln) und die alliierte Forderung auf bedingungslose Kapitulation, aber auch die Forderung der Sowjetunion, 10 Millionen deutsche Zwangsarbeiter für den Wiederaufbau der zerstörten russischen Städte und Industrieanlagen einzusetzen, lieferten der Goebbelsschen Propaganda genügend Argumente, um auch den von der Aussichtslosigkeit des Krieges Überzeugten zur Duldung und Fortführung des Krieges zu veranlassen. Noch stand der Gegner nicht auf deutschem Boden (sieht man von kleineren Gebietsverlusten ab), und die Deutschen trauten Hitler durchaus die Wende des Krieges zugunsten des Reiches zu.

Es gab aber auch Deutsche, die in Gesten und Aktionen ihren Unwillen an den kriegsverlängernden Maßnahmen des Regimes bekundeten und – was früher undenkbar war – nicht einmal angezeigt wurden. So berichtete der Regierungspräsident von Oberbayern in seinem Monatsreport vom 9. Januar 1945 von einer »Nationalen Friedensbewegung«, die in Anschlägen zum »offenen Kampf gegen die Nazityrannei« aufrief, und erstaunt vermerkte ein Gendarmerie-Posten das Unterbleiben von »Sieg-Heil«-Rufen bei einer Gedenkfeier vor dem Kriegerdenkmal in Markt-Schellenberg im Berchtesgadener Land Ende März 1945[4]. Auch der Oberlandesgerichtspräsident von Baden wußte von einem »Heimtückefall« zu berichten:

Oberlandesgerichtspräsident
an den Herrn Reichsjustizminister

z. Z. Sinsheim, den 2. Januar 1945

...

Der Gattin des Oberlandesgerichtsrats ist folgendes zugestoßen: Sie stand in einem der bekanntesten Metzgereigeschäfte Karlsruhes inmitten einer dicht gedrängten Schar von Käufern, wohl meist Frauen. Hinter ihr trat jemand neu hinzu und grüßte mit »Heil Hitler!« Das Wort war kaum gefallen, als ein Mann, offenbar in der Meinung, der Hitlergruß sei von der neben ihm stehenden Frau des Oberlandgerichtsrats gebraucht worden, auf sie zutrat, sie an den Haaren faßte und laut schrie: »So auch noch, dieser Schuft und

Kriegsverbrecher gehört aufgehängt und Sie daneben, an einen Balkon gehören Sie gehängt und Feuer darunter gemacht, aber so, daß Sie langsam verbrennen.« Kein Mensch im Laden bemerkte ein Wort dazu oder machte Miene, ihr zu Hilfe zu kommen. So geschehen in der gutbürgerlichen Beamtenstadt Karlsruhe. Wahrscheinlich wäre in jenen Tagen Stoff für zahlreiche Heimtückeverfahren angefallen, wenn sich Anzeiger und Zeugen dafür gefunden hätten. Zum Teil sind diese Erscheinungen wohl zu erklären als Ausfluß der Verzweiflung, wie sie nach derart schweren Bombenangriffen und Verwüstungen auch schon in anderen Gebietsteilen des Reiches vorgekommen sein werden. Es kann aber nicht verkannt werden, daß die Mißstimmung allerbreiteste Kreise erfaßt hatte, auch solche, die sonst Ruhe und Zurückhaltung zu bewahren pflegen. Insbesondere auch im Beamtentum sind Stimmungsäußerungen laut geworden, die früher völlig undenkbar waren . . .[5]

Am meisten machte den Deutschen in den letzten Monaten der Bombenkrieg der Westalliierten zu schaffen. Seit der erfolgreichen Landung der Briten und Amerikaner in der Normandie am 6. Juni 1944 wurden die Luftangriffe von Tag zu Tag unerträglicher. Immer größere Bomberverbände drangen nahezu unbehelligt von der zahlenmäßig weit unterlegenen Luftwaffe in den deutschen Luftraum ein und bombardierten die städtischen Wohngebiete und in steigendem Maße auch Industrieanlagen und Verkehrswege. Am 2. Januar 1945 war Nürnberg, die Stadt der Reichsparteitage, Ziel von 1000 britischen Bombern, die innerhalb von einer Stunde 2067 t Bomben auf die Innenstadt abwarfen. Den Angriff und seine Folgen hielt ein Augenzeuge in einem Bericht fest:

(2. Januar 1945) Um 18.33 Uhr heulen die Sirenen. Eine wilde Flucht beginnt. Die Geschäfte, die Lokale, die Theater leeren sich. Männer und Frauen, Kinder und Greise, Soldaten aller Rangstufen und uniformierte Parteileute stapfen, stürzen, stolpern, rasen, schimpfen und fluchen durch die Straßen. Es herrscht tiefe Finsternis. Die Straßenbahnen halten mitten auf der Strecke. Ein Teil der Fahrgäste ist schon während der Fahrt abgesprungen. Den Wagenführern und Schaffnern ist es unmöglich, auch nur einigermaßen auf Ordnung zu schauen. Viele Menschen irren umher. Sie wissen nicht,

wo der nächste Bunker ist, lassen sich willenlos mitreißen. Vor den Bunkern, wo sich die Menschen in Massen stauen, hat alle menschliche Rücksichtnahme aufgehört. Es findet sich kaum jemand, der Frauen mit Kindern, Greisen und Hilfsbedürftigen beisteht. Jeder ist sich in diesen schreckhaften, für das eigene Leben entscheidenden Schreckminuten selbst der Nächste. Man hört schon das Gebrumm der Bomber, man glaubt sogar zu fühlen, daß die Luft zittert.
Dräuend und unheilverkündend hängt zunächst eines jener flammenden, farbigen Feuerwerksgebilde am Himmel, die der Volksmund »Christbaum« nennt. Im nächsten Moment entzündet ein zweiter, ein dritter, ein vierter, fünfter, sechster und siebter sein wenig verheißungsvolles Licht. In der Mitte dieser Feuerwerksgebilde schwebt ein »Christbaum«, der grüne, leuchtende, glaskugelähnliche Gebilde aussprüht, die zunächst hochzusteigen scheinen, dann immer mehr und mehr in die Breite wachsen und schließlich langsam-feierlich zur Erde sinken. Ihr fahl-grünes Licht gleicht dem der Bogenlampen am »Kindlesmarkt«, wie wir sie 1938 zum letzten Male gesehen haben. Die ganze Altstadt ist von oben herab in ein schreckhaft-fahles Licht getaucht.
Durch die Marienbergstraße rast, von Buch kommend, eine Autokolonne. Man hat den Eindruck, daß sie mit dem Tod um die Wette fährt. Das Geräusch der Motoren wird von dem der anfliegenden Bomber übertönt. Zur gleichen Zeit dröhnt und kracht es. Die Bomber sind über Nürnberg. Die Flak hat das Wort. Die Leuchtspurgeschosse ziehen lange Bogenbahnen, überschneiden sich. Ein Sperrfeuergürtel umzieht die Stadt in weitem Kreise.
An fünf, an zehn, zwanzig, fünfzig verschiedenen Punkten sprühen feurige Garben auf. Unheimlich dröhnen die Explosionen. Die ungezählten Einzelfeuer wachsen zusammen: Von Haus zu Haus, von Brandstelle zu Brandstelle, von Straße zu Straße. Dann glüht ganz Nürnberg, vom Schmausenbuck bis zur Alten Veste.
Mir wird warm bei eiskalten Füßen. Ich habe eine Viertelstunde lang zugeschaut. Kaum eine einzige Bombe ist in diesen fünfzehn Minuten im Raum nördlich der Ringbahn niedergegangen. Ich bin also kilometerweit von der Bombengefahr entfernt. Und doch bekomme ich Angst. Angst um das, was in der Altstadt vor sich geht. Und noch mehr Angst um das eigene Leben. In fünf Minuten bin ich in der Siedlung.

Im Luftschutzraum sitzt stumm und eng zusammengepfercht ein Dutzend zähneklappernder Menschen. Wie auf ein Kommando knicken sie jedesmal zusammen, wenn schwere Bomben besonders grausam jaulen. Wie auf ein Kommando atmen sie befreit auf, wenn sie nach der Explosion noch am Leben sind und wissen, daß es nicht im eigenen Dach eingeschlagen hat.

Die erste Bombe war um 18.43 Uhr gefallen. Dann hagelte es 53 Minuten, kaum eine Stunde. Kurz nach 19.30 Uhr wurde das Propellergetöse schwach und immer schwächer, um sich schließlich ganz in der Ferne zu verlieren. Von der Flak hat man in der letzten Phase des Angriffs überhaupt nichts mehr gehört. Aber dennoch dröhnte es noch an allen Ecken und Enden. Das ist eine Begleiterscheinung aller Bombenangriffe. Die Spät- und Zeitzünder gehen los und Lager mit feuergefährlichen Gegenständen und Explosivstoffen fliegen in die Luft. Das weiß man. Aber man weiß auch, daß der Bombensegen von oben aufgehört hat.

Zerschlagen, zermürbt, erschöpft und am ganzen Körper noch vor Aufregung bibbernd, kriechen Männer, Frauen und Kinder aus Kellern und Unterständen, noch bevor Vorentwarnung geheult wird. Sie freuen sich, daß sie diese unbarmherzigen 53 Minuten überlebt haben. »Das Auto des Gauleiters nähert sich dem Stadtgebiet, es ist mit baldiger Entwarnung zu rechnen«, höhnt eine rauhe Männerstimme. Man sieht den verwegenen Sprecher nicht. Man kann ihn nicht sehen, denn es herrscht fast totale Finsternis.

Es ist tatsächlich alles dunkel, eine Erscheinung, die bei allen Großangriffen in Erscheinung tritt. Man sieht vom fünf Kilometer von der Altstadt entfernten Norden und Nordosten keine Spur von Feuerschein. Man sieht stadteinwärts auch kein Firmament. Und niemand würde glauben, daß die Stadt vor einer halben Stunde von 1000 Bombern heimgesucht wurde, wenn nicht noch fortwährend Explosionen hörbar wären.

Die Ursache dieser Erscheinung ist leicht erklärlich: Die Luft ist so dick mit Rauch und Ruß und Qualm geschwängert, daß nicht die Spur eines Lichtscheins, des in der Altstadt gnadenlos und unbarmherzig wütenden Riesenfeuers, bis in die Vorstadt hinausdringen kann.

Um 21.40 Uhr heulen die wenigen intakt gebliebenen Sirenen Entwarnung. Von den Außenbezirken, die weniger betroffen sind, strömen Menschenmassen stadteinwärts. Die Radler fahren durch

Scherben. Viele »machen platt«. Es brennt links und rechts der Bayreuther Straße. Es sind nur Einzelfeuer, die sich aber nicht ausbreiten können, denn frühere Angriffe haben schon große Lücken in diese Häuserreihen geschlagen. Aus dem Tucheranwesen kommen Bewohner des Stadtparkviertels aus dem Bunker der dortigen tiefen Bierkeller. Im »Tuchergarten«, vor dem Kriege das schönste Sommerlokal Nürnbergs, sind die Ahornbäume geknickt, zersplittert. Das »Café Wanner« ist ein Staubhaufen. Es war das Werk einer einzigen Mine. Polizei und Sanitäter arbeiten hier mit Hochdruck. Am Straßenrand liegen Leichen. Fünfzig Luftwaffensoldaten aus der Buchenbühler Barackenkaserne sollen unter den Trümmern begraben sein. Soweit man in die Sulzbacher Straße hinaussehen kann, nichts als Feuer und Brände.
Eine gewaltige Detonation erschreckt die dicken, stadtauswärts strebenden Menschenknäuel. Eine Sekunde später regnet es Steinbrocken, Splitter, Grasbüschel, Erde. Neben dem »Wanne« ist ein Spätzünder losgegangen. Der Luftdruck wirft das brennende Dachgebälk von Häusern ein. Vom dicken Turm am Laufer Tor braust krachend eine Dachziegellawine herunter. Aus dem Bunker in der Laufer Gasse steigen Männer, Frauen und Kinder herauf. Was sie durchgemacht, steht ihnen im Gesicht geschrieben. Sie blicken in das Feuermeer, das vernichtend aus ihren Häusern züngelt. Sie müssen zusehen, wie alles restlos niederbrennt. Sie können keinen Finger rühren zur Rettung. Es gibt kein Wasser, keine Löschwerkzeuge. Das Feuer wütet ungehemmt.
Unmittelbar vor der Sparkasse tobt ein Sog. Wie eine Sandhose wirbelt er Staub und Ruß, brennende Papier- und Kleiderfetzen haushoch in die heiße Luft. Aus dem Laufer Schlagturm züngeln die Flammen. Weiter vorzudringen ist unmöglich, die Hitze ist sengend und unerträglich. Man spricht davon, daß in einem Keller der Judengasse 26 Menschen im ausgelaufenen Essig ertrunken seien. Am Ring stehen ausgebrannte Autobusse, Kraftwagen mit in der Gluthitze geplatzten Reifen, zusammengeschlagene Straßenbahnwagen. Man sieht Männer und Frauen barfuß laufen – mitten im Winter. Sie sind bei der Flucht aus ihren Häusern in Phosphor getreten und mußten, um nicht zu verbrennen, ihre Schuhe ausziehen. Andere werfen aus dem gleichen Grund ihre phosphorbespritzte Kleidung in den Stadtgraben.

Inzwischen ist es Mitternacht geworden. Jetzt müßten eigentlich die Nürnberger Uhren anheben, die zwölfte Nachtstunde zu verkünden. Wie oft habe ich, wenn ich im Büro an der Fleischbrücke bei der Nachtarbeit saß, diesem melodischen Schlagwerk vom hohen Diskant bis zum tiefen Baß gelauscht? Am 2. Januar 1945 haben sie alle aufgehört zu schlagen.
Mein Fahrrad bis zum Bahnhof schiebend, wate ich noch einmal durch Ruß und Staub, über Trümmer, Scherben und teilweise zerrissene, verbrannte Schlauchleitungen, vorbei an entgeistert umherirrenden Menschen.

(3. Januar 1945) In dieser Nacht hat wohl in Nürnberg kein Mensch geschlafen. Die Stadt ist tot. Das Leben geht weiter. Mühselig beladen schleichen die Bewohner der früheren Innenstadt, Gespenster gleich, durch schmale Steige, die sich durch die Trümmer schlängeln. Es ist ein fast aussichtsloses Beginnen, mit dem Fahrrad über die Schutthalden zur Burg zu kommen.
Die Menschen, die in diesem unentwirrbaren Chaos nach Resten ihrer Habe suchen, sind verstört, wuterfüllt, geistesabwesend. Viele weinen. Die einen still in sich hinein, andere laut, schreiend, kreischend. Andere ballen die Fäuste. »Elisabeth, Elisabeth«, jammert ein Mann, der in der Umgegend des Dötschmannplatzes auf der Schutthalde steht. In Ermangelung eines Spatens stochert er mit einem Blechstück sinnlos ein Loch in die Ruine, die vor zwei Tagen noch seine Wohnstätte war.
Eine Frau weint. Seitdem sie aus dem brennenden Haus geflüchtet ist, sucht sie händeringend nach ihren Kindern. Niemand kann ihr in diesen Tagen des völligen Chaos mit Rat und Tat zur Seite stehen. Denn noch niemand weiß, wo jetzt die nächste Polizeidienststelle, die nächste Rettungsstation oder gar das Rathaus ist. In der Umgebung der Heu- und Prechtelstraße werden über 100 Personen vermißt, darunter auch Bewohner der Tucher-, der Neuen und der Fetzergasse und des Dötschmannplatzes. Man weiß, daß diese Menschen in den dortigen, unbedingt sicheren Bombenkellern Zuflucht suchten; aber sie sind bisher noch nicht wieder an die Erdoberfläche gekommen, weil die Kellereingänge mit meterhohen, noch brennenden und qualmenden Ruinentrümmern bedeckt sind.
In dieser Umgegend stößt man auch auf eine Horde rucksackbe-

Die neue Waffe

Mit gleißnerischen Versprechungen versucht der Feind das Deutsche Volk wieder einmal zu betören. Derselbe Gegner, der Tag und Nacht Mord und Brand über deutsche Städte und Dörfer bringt, der den Krieg gegen die wehrlose Zivilbevölkerung führt, will durch verlogene Worte erreichen, was ihm im ehrlichen Waffenkampf versagt blieb. Er spricht vom Frieden und meint unseren Tod. Allein in seinen teuflischen Haßprophezeiungen:

Ausrottung unseres Volkes,
Vernichtung unserer Kultur,
Zerstörung aller Werte

ist er ehrlich. Nur diesen mörderischen Absichten glaubt! Alles andere ist Lüge.

Deutscher Volksgenosse

daran denke und weise alle schwächlichen Anwandlungen ab! Mag vielleicht noch einige Zeit des Abwartens bis zum Einsatz neuer Kampfmittel vergehen, mögen bis dahin noch Leid und Schmerzen zu ertragen sein, die große Stunde für unser Volk

wird kommen!

Dann wendet sich das Blatt des Krieges.

Jetzt mannhaft, zäh und treu kämpfen und arbeiten!

Aus solchen Tugenden erwächst uns

der Sieg.

schwerter Buben und Mädel: Zwölfjährige. Sie kommen nach ihren Angaben aus dem Kinderlandverschickungslager Kinding in der Oberpfalz. Als sie von dem über Nürnberg hereingebrochenen Unheil Kenntnis erhielten, haben sie sich selbständig auf den Heimweg gemacht. Zu Fuß sind sie nach Nürnberg getippelt. Jetzt suchen sie nach den Häusern ihrer Eltern. Sie finden Trümmer, Trümmer, nichts als Trümmer. Eine Auskunft über den Verbleib ihrer Angehöriger kann ihnen niemand geben.

(4. Januar 1945) Die Verschollenen aus Heu- und Prechtelgasse sind noch am Leben. Sie geben Klopfzeichen. Fieberhaft versucht man ihre Rettung. In der Stadt spricht man davon, daß der Angriff 12 000 bis 15 000 Menschenleben gefordert hat. Neben dem Martin-Behaim-Denkmal liegt eine Anzahl Leichen. Sie wurden aus den Trümmern im Umkreis der Binder- und Judengasse geborgen. Die Witterung ist lau. Schon verbreitet sich allenthalben Verwesungsgeruch. Am Spitzenberg hat man Tote gefunden. Die Leichen sind gnomenhaft klein, scheinbar in der schwelenden Glut zusammengeschrumpft. Die Leichenwagen fahren in Tag- und Nachtschicht. Aber es gibt der Toten zu viele. Lastwagen werden benutzt, um das traurige Geschäft des Abtransportes zum Friedhof zu bewältigen. Aber auch hier treten Schwierigkeiten auf. Es fehlt selbst für die Totenwagen an Treibstoff. Noch immer hört man Detonationen von Spätzündern. Noch immer sieht man hier und dort hochgehende Staubwolken. Die Polizei warnt in Maueranschlägen davor, die zerbombten Grundstücke zu betreten: Vergeblich. An vielen Stellen wird gebuddelt. Die Betroffenen suchen nach Verschollenen und nach verschütteter letzter Habe. 100 000 Nürnberger sind obdachlos geworden. Viele irren asylsuchend umher. Von Haus zu Haus. Aber alles ist schon überfüllt. Tausende und Abertausende schlagen ihre Bleibe in den Bunkern auf. Hier in diesen haustief gelegenen unterirdischen Gängen ist die Luft fürchterlich. Die Ventilatoren arbeiteten nicht mehr, weil die Stromzufuhr abgeschnitten ist und nicht funktioniert.
Die Ausgebombten wollen weg. Weg aus den Trümmerhaufen – weg aus dem Grauen. Aber wohin? Es fährt kein Zug, denn draußen am Hauptbahnhof ist auch alles durcheinandergesplittert. Es kommen keine Züge. Es laufen keine Züge aus. Die Nürnberger

Ausfallstraßen sind mit Flüchtenden bevölkert. Wer fort will, muß tippeln. Bis Lauf, bis Schwabach, bis Erlangen. Die Flüchtenden sind meist ganz unbeschwert. Sie haben alles im Stich gelassen. Manche schieben oder ziehen einen Kinder- oder Leiterwagen mit der letzten Habe. Ihr Weg ist qualvoll.

(5. Januar 1945) Es gibt kein Wasser in der Stadt, es gibt noch kein Gas, es gibt kein Licht. Auch wenn es Strom für das Licht gäbe, könnten die Wohnräume nicht erleuchtet werden, denn fast überall sind die Fenster in Scherben gegangen, es gibt kein Stück Verdunklungspappe. Die Straßenbahnlinien 1 und 21 sind zwar in Betrieb. Aber beileibe nicht von Fürth bis Ziegelstein und von Fürth bis zum Dutzendteich.

(6. Januar 1945) Die Verlustliste ist streng geheim. Inzwischen aber hat man den Eindruck gewonnen, daß die anfänglichen Schätzungen von 12 000 bis 15 000 Toten übertrieben sind. Am Südfriedhof finden dauernd Beerdigungen statt, größtenteils ohne Teilnahme der Hinterbliebenen, die ja in alle Winde verstreut sind.
Das Elend, die große Not, der unbeschreibliche Wirrwarr in der Stadtverwaltung aber ist ersichtlich aus den Mauer- und Plakatanschlägen, die vom wieder nach Nürnberg zurückgekehrten Oberbürgermeister Liebel erlassen sind. Es heißt da:
»Die Bevölkerung wird aufgefordert, soweit die Wasserleitung im Keller oder in den unteren Stockwerken noch Wasser liefert, dieses während der Nachtzeit zu entnehmen. Die Gasversorgung wird voraussichtlich für längere Zeit ausfallen. Das Rathaus ist in die Bielingstraße verlegt. Die Straßenbahn fährt nur mit den Linien 1 und 21 von der Maximilianstraße nach Fürth. Im Rathaus ist noch kein Telefonanschluß vorhanden. Das Bestattungsamt hat seinen Sitz nach dem Westfriedhof, das Standesamt den seinen nach Gibitzenhof verlegt. Mütter mit Kleinkindern erhalten Milch in den Partei-Ortsgruppen. Eilkarten dürfen nicht mehr in den Briefkasten gesteckt, sondern müssen bei den Partei-Ortsgruppen abgegeben werden. Urlauberkarten werden bis zum 14. Januar verlängert. Die Wiederaufnahme des Briefzustellerdienstes wird erst für die nächsten Tage wieder angekündigt. Die Ärzte sind nicht mehr in ihren Praxisräumen, sondern in den Rettungsstellen aufzusuchen. Schecks

auf Banken können nicht mehr angenommen werden. Spargelder werden nur gegen Lichtbildausweis ausgezahlt. Der Schulunterricht kann auf absehbare Zeit nicht aufgenommen werden. Das Volksnotopfer für den Kreis Nürnberg wird abgeblasen. Für Handwerker aller Gewerbezweige – Maurer, Dachdecker, Zimmerer, Glaser, Stukkateure, Schlosser, Schreiner, Maler sowie das Transportgewerbe – ist die Sonntagsruhe aufgehoben.«
Eine amtliche Bekanntgabe jagt die andere. Und doch: alles ist für die Katz. Alle Räder stehen still. Die Angesprochenen sind teils tot, verwundet, geflüchtet oder sie befinden sich in einem alle Kräfte lähmenden körperlichen und seelischen Zustand.

(7. Januar 1945) Es ist Sonntag. Nachmittags geht es in der Stadt ziemlich lebhaft zu. Unter den Neugierigen, die die angerichteten Schäden sehen wollen, sieht man auch viel Landvolk. Männer und Frauen, Burschen und Mädchen sind per Rad gekommen. Mit der Bahn ging nichts, weil keine Züge fahren. Bis aus Neumarkt, Erlangen, Ansbach und Cadolzburg radelten sie, um das Elend zu schauen. Sie sind erschreckt. Auch viele Knoblauchbäuerlein sind da. Sie kennen die Stadt so gut wie die Nürnberger selbst und sprechen von den guten Zeiten, in denen sie ihr Gemüse mit dem Roßgespann nach Nürnberg brachten und nach getaner Arbeit in den Gaststätten um Sankt Sebald ausgiebig und vergnüglich Brotzeit machten. Manches Bäuerlein drückt einem der müde und hungrig herumirrenden Obdachlosen seinen dicken, mit fränkischem »Geselchten« belegten Keil Brot in die Hand. Ihm selbst ist der Appetit vergangen.
Um 21.30 Uhr böllert die Flak. Es herrscht grenzenlose Bestürzung. Die wenigsten haben die warnende Rundfunkansage gehört. Kein Wunder: Die Lautsprecher sind ja stumm. Es fehlt der Strom. Die Leute waren unterwegs, da platzen auch schon die Bomben an allen Ecken und Enden. Und den Schutzsuchenden blieb nichts anderes übrig, als unter den Ruinentrümmern Zuflucht zu nehmen. Gottlob machten es die Briten ziemlich gnädig. Der Angriff dauerte nur 10 Minuten, es wurde aber eine stattliche Anzahl Bomben abgeworfen. Da keine Entwarnung erfolgte, wagte sich niemand auf den Heimweg. Die verängstigte Bevölkerung hielt stundenlang in den Luftschutzräumen aus, ohne daß noch etwas nachkam.

Schmitt

(8. Januar 1945) Die seit 2. Januar aus den Pellerhaus-Trümmern quellende Rauchfahne ist noch giftig-gelber und noch dicker geworden. Ringsum aber sind die Feuer von selbst erloschen, nicht gelöscht worden. Zum Löschen hätte man Wasser gebraucht und so etwas gibt es fast nicht in Nürnberg. Hier und da läuft das kostbare Naß in dünnen Rinnsalen aus noch umherliegenden, defekt gewordenen Schläuchen. Männer, Frauen und Kinder stürmen die Sprengwagen und füllen verbeulte, verbogene Eimer und Bottiche. Wasser gibts nur zum Trinken und Kochen. Wer waschen oder baden will, muß zur Pegnitz.

(9. Januar 1945) An der nördlichen kleinen Pforte der Frauenkirche drängen sich die Menschen. Seit Tagen macht man diese Beobachtung. Männer, Frauen und auch Soldaten stehen vor dieser Tür, aus der Bombenschutt quillt. Man muß sich selbst bei 1,77 Meter Körpergröße strecken, wenn man über diese Schutthalde hinwegschauen will, die die Kirche füllt und das Gestühl vergraben hat. Die Beichtstühle sind zerknickt. Links beim Eingang hängt ein zerbeulter, metallener, urnenförmiger Weihwasserkessel. Er ist bis obenauf mit Schutt gefüllt.
Einer der in der Menschenschlange Harrenden nach dem anderen tritt zur Tür und wirft einen langen Blick über das, was hier zu sehen ist. Betroffen macht einer nach dem anderen Platz. Die Männer mit ernstem nachdenklichen Gesicht. Die Frauen falten die Hände: »Bitt für uns, bitt für uns!«
Was erschüttert diese Menschen so tief? Ein Blick in das Kirchenschiff: Hoch oben hängt unversehrt das Kreuz mit dem Erlöser. Es hängt an einem dünnen Strich, einem Faden gleich, der aus dem sich über dem Gotteshaus wölbenden Januarhimmel zu kommen scheint. Das ist das Bild, das die Menschen so erfaßt. Wenn auch kein Wunder, so doch eine wundersame Erscheinung.[6]

Seit 1942 führten Briten und Amerikaner ihren Bombenkrieg gegen die deutsche Zivilbevölkerung. Als die Angriffe an Heftigkeit zunahmen, wurden zunächst Kinder und Jugendliche in die nicht bombengefährdeten ländlichen Regionen verschickt. Ihnen folgten mit der Zeit die Ausgebombten nach, die keinen Unterschlupf bei Verwandten oder Bekannten gefunden hatten. Für die in den

Trümmerstädten Verbliebenen wurde der Alltag immer schwieriger. Nachts konnten sie kaum schlafen, weil Fliegeralarm sie immer wieder in die Luftschutzräume trieb. Man hat errechnet, daß während des Krieges Köln das Ziel von 262 Fliegerangriffen mit 2600 Luftangriffsminuten war, daß 1½ Millionen Bomben auf die Stadt fielen, wobei 20 000 Menschen den Tod fanden und über 500 000 evakuiert werden mußten und daß sich in der bis zu 90 Prozent zerstörten rheinischen Metropole 30 Millionen Kubikmeter Trümmerschutt angesammelt hatten.
Tagsüber gingen die Städter übermüdet ihrer oft mehr als zehnstündigen Tätigkeit in den (Rüstungs-)Betrieben und Büros nach. Nachdem Busse und Straßenbahnen den Betrieb eingestellt hatten, mußten sie den Weg zur Arbeitsstelle zu Fuß oder mit dem Fahrrad zurücklegen (das Privileg, einen Personenwagen zu fahren, besaßen in der Regel nur Amtspersonen). Warme Mahlzeiten gab es nur sehr unregelmäßig, da die Gas- und Stromzufuhr aus Energiemangel stundenweise gesperrt wurde, schließlich auf Dauer ausfiel. Wasser kam bald nicht mehr aus den Wasserleitungen in Küche und Bad, sondern mußte vom nächstgelegenen Hydranten eimerweise herangeschleppt werden. Zusätzlich erschwert wurde das Leben in den Ruinenstädten durch Ratten und Seuchengefahr.
Über Einschränkungen in den verschiedenen Versorgungsbereichen informierten Verordnungen und Anordnungen der Behörden, die an Mauerwände geklebt oder in Zeitungen abgedruckt wurden:

Bekanntmachung über die Einschränkung des elektrischen Energieverbrauchs bei den industriellen und gewerblichen Stromverbrauchern und den Haushaltungsverbrauchern in Baden

Auf Grund der §§ 3 und 5 der Verordnung zur Sicherstellung der Elektrizitätsversorgung vom 3. September 1939 (RGBl. I S. 1607) wird angeordnet:
§ 1. Zur Einsparung von Elektrizität müssen alle industriellen und gewerblichen Stromverbraucher bezirksweise in der nachstehend angegebenen Weise an einem Wochentag ihren Betrieb, soweit er mit Stromverbrauch verbunden, stillegen. Ausnahmen sind nur zugelassen, soweit vom zuständigen Ortslastverteiler eine unmittel-

bare Mitteilung erfolgt. Die Haushalte haben ihren Strombezug in der Zeit von 8–11 und 13–16 Uhr vollkommen einzustellen. Dasselbe gilt auch für Verwaltung, Bürohäuser und dergleichen . . .
Eine Arbeitsverlagerung der Betriebe auf andere Tage, andere Schichten oder Nachtstunden ist untersagt, es muß auf alle Fälle eine Senkung des Stromverbrauchs von 20%, über den Monat gesehen, erreicht werden.
Die Betriebsführer sind verpflichtet, die Durchführung dieser Maßnahmen zu überwachen. Die Ortslastverteiler haben durch Stichproben die Durchführung zu überprüfen . . .
§ 9. Diese Anordnung tritt mit ihrer Veröffentlichung in Kraft.
Wiesloch, den 15. Januar 1945 Landwirtschaftsamt
i. V. gez. Dr. Eustachi[7]

Verkehrsbeschränkungen erst von Mittwoch ab
Gasbezug für Haushalte weiter eingeschränkt

Berlin, 7. 4.

Die gestern amtlich bekanntgegebene Betriebseinschränkung der Berliner Verkehrsmittel beginnt, wie der Reichsverteidigungskommissar von Berlin mitteilt, nicht am Montag, sondern erst am Mittwoch, 11. April. Betriebe, die noch nicht im Besitz der Fahrausweise sind, werden aufgefordert, diese sofort bei der sie betreuenden Dienststelle abholen zu lassen.
Durchreisende Fremde geben im Verkehr von Bahnhof zu Bahnhof ihre Fahrkarte nicht an der Sperre ab, sondern legen sie beim Lösen einer S- oder U-Bahnkarte am Schalter vor und bekommen darauf ihre Stadtverkehrskarte. Ebenso geben durchreisende Soldaten am Ankunftsbahnhof ihren Dienstfahrschein oder die Militärfahrkarte nicht ab, sondern behalten sie gleichfalls als Ausweis für die Fahrt zu einem anderen Bahnhof.
Im übrigen wird weiter ergänzend mitgeteilt, daß an Sonntagen kein Ausweiszwang besteht, sondern, wie bisher, allgemein freie Fahrtmöglichkeit gegeben ist.
Die zuständigen Stellen haben also alles getan, um die ohne Zweifel sehr einschneidenden Eingriffe in den Berliner Nahverkehr so erträglich, wie es nur eben möglich war, zu machen. Natürlich

werden sich trotzdem bei der Neuregelung in der ersten Zeit in der Praxis mancherlei Schwierigkeiten zeigen, die jedoch auch erst in der Praxis und durch gemachte Erfahrungen beseitigt werden können.
Die Berliner Bevölkerung wird sich mit ihrem erprobten Verständnis für kriegsnotwendige Entscheidungen auch mit den neuen Bestimmungen in ihrem Verkehrsleben abzufinden wissen.
Auch bei der Gasbelieferung sind weitere Einsparungen notwendig geworden, um die Fertigstellung von Waffen und Munition sicherzustellen. Die grundsätzliche Ausschaltung der nicht allein auf Gas angewiesenen Haushaltungen vom Gasbezug hat zwar den Gaswerken schon eine fühlbare Entlastung gebracht, aber diese reicht nicht mehr aus. Infolgedessen muß das Niederdruckgasnetz, durch das u. a. die Haushaltungen gespeist werden, zum großen Teil drucklos gemacht werden. Die Kohlenersparnis kommt den kriegswichtigen Industrien, die an das Hoch- und Mitteldrucknetz angeschlossen sind, zugute. Abgesehen von wenigen Beispielen, wo aus technischen Gründen teilweise auch das Niederdruckgasnetz weiterhin unter Druck gehalten werden wird, was besonders dem dort zahlreich vertretenen Kleingewerbe, aber auch den dortigen Haushaltungen zugute kommen wird, werden in den meisten Berliner Bezirken nun die Haushalte ohne Gas sein.
Allerdings durften schon etwa 80 Prozent der Haushalte nach den bisher geltenden Bestimmungen kein Gas mehr verbrauchen, und auch die übrigen hatten infolge der ungenügenden Druckverhältnisse die Möglichkeit, mit Gas zu kochen, nur beschränkt benutzen können. Diesen Haushalten wird nun Kochkohle zugeteilt. Schwierig liegt es da, wo Kohlenherde im ganzen Hause nicht vorhanden sind. Hier wird durch Zuteilung von Kohlenherden, durch Errichtung provisorischer Kochstellen und notfalls auch durch Gemeinschaftsverpflegung geholfen werden.[8]

Keine Seuchengefahr für Berlin
Die Frischwasserversorgung der Reichshauptstadt gesichert

Berlin, 11. 4.

Die Bombenangriffe des Feindes auf die Berliner Zivilbevölkerung lassen eine Reihe gesundheitlicher und hygienischer Fragen entste-

hen, über die sich der Berliner Stadtmedizinalrat Dr. Sütterlin gegenüber unserem Mitarbeiter äußerte.
Die Sorge wegen gesundheitlicher Gefährdung durch die Opfer der Terrorüberfälle bezeichnete er als unbegründet. Es werde im übrigen von den zuständigen Stellen alles Menschenmögliche unternommen, um die Gefallenen so schnell wie möglich zu bergen und zu bestatten.
Weiter spielt die Frischwasserversorgung eine Rolle. »Sie kann«, so bemerkte Dr. Sütterlin weiter, »auch in der Reichshauptstadt zwar durch Treffer vorübergehend teilweise gestört, niemals aber so ausgeschaltet werden, daß dadurch ein völliger Ausfall dieses kriegswichtigen Elements zu befürchten wäre. Die verschiedenen Wasserwerke, die die Stadt versorgen, sind schon seit langem so miteinander verbunden, daß die Speisung der Leitungen je nach Wunsch durch Umschaltung gesichert werden kann. Hinzu kommt, daß Berlin genügend Grundwasser hat, so daß es von einer zentralen Versorgung nicht abhängig ist. In allen Bezirken sind öffentliche Straßenbrunnen – nicht mit den Hydranten zu verwechseln – vorhanden, um das Untergrundwasser zutage zu befördern. Auch sind Wasserwagen bereitgestellt, die notfalls von den Zapfstellen das Wasser zu den Bedarfsstellen bringen können.
Wenn Schäden bei der Abwässerfortleitung eintreten, kann es geschehen, daß Teile des Abwassers statt durch die Kanalisation auf die Rieselfelder tatsächlich in die Flußläufe oder Kanäle geraten. Man kann also Fluß- und Kanalwasser auf keinen Fall für Trink- und Kochzwecke verwenden. Auf keinen Fall ist aus den Möglichkeiten der Abwässerstörung eine Typhus- oder Cholera-Epidemie zu befürchten, denn die Verbreitung derartiger Seuchen setzt das Vorhandensein von Krankheitskeimen voraus.
In Berlin gibt es überhaupt keinen Cholerafall und Typhus nur so geringfügig, daß praktisch Übertragungsgefahr nicht besteht. Zur Verhütung von Gesundheitsschäden aus Wasserstörungen kann aber vor allem auch die Bevölkerung selbst dadurch beitragen, daß bei Unterbrechung von Abortspülung unbedingt Spülwasser herangeschafft und nachgespült wird.
Auch was die eigentlichen Trümmer, den Bauschutt, angeht, so ist er in volksgesundheitlicher Hinsicht harmlos. Aus Trümmern können sich Krankheiten nicht entwickeln. Wohl aber ist es hygienisch

abzulehnen, wenn Müll auf den Bauschutt getragen wird, denn dann nisten sich in den Trümmern die Ratten ein. Da nun aber auch durch Lebensmittelreste, die unter Trümmern verschüttet sind, die Ratten angelockt werden, wird die Rattenbekämpfungsaktion jetzt öfters veranstaltet.«[9]

Die vielen Luftangriffe verursachten einen ungeheuren Bedarf an Fensterglas, da durch Erschütterungen und Luftdruck auch die Fenster von nicht betroffenen Gebäuden regelmäßig bei jedem Angriff zerstört wurden. Mit Runderlaß vom 23. Februar 1945 an die Landräte, Oberbürgermeister und Glasgroßhandlungen regelte der Badische Finanz- und Wirtschaftsminister die Zuteilung von Tafelglas:

Durch Anordnung der Reichsstelle Glas-, Keramik- und Holzverarbeitung SRO Nr. 354/VI/858 vom 4. 12. 1944 ist mit Wirkung vom 1. 1. 1945 der Fensterglasnachschub für Fliegerschäden neu geregelt worden. Die Landwirtschaftsämter erhalten demnach allmonatlich ein festes Kontingent, aus dem sowohl der Bedarf zur Behebung von Fliegerschäden als auch für andere Zwecke zu decken ist. Die Verteilung der monatlichen Kontingente auf die Händler erfolgt durch das Landwirtschaftsamt im Benehmen mit dem Obmann des Glasgroßhandels unter Berücksichtigung der jeweiligen örtlichen Bedarfslage, insbesondere des Fliegerschadenbedarfs.
Die Zuteilung der Glasgroßhandlung sind in folgende Bedarfszwekke unterzuteilen:
1. Bedarf für Fliegerschadenbehebung am Sitz des Glashändlers.
2. Bedarf für Fliegerschadenbehebung im übrigen Absatzgebiet des Glashändlers, d. h. in Städten, wo keine Glashandlung ansässig ist und in den Landorten.
3. Dringender kriegswichtiger Bedarf der Wirtschaft . . .

Alle Verwendungszwecke sind unter sich als absolut gleichrangig zu betrachten . . .
Bei den heutigen Transportverhältnissen wird mitunter damit zu rechnen sein, daß die monatlich zugeteilten Glasmengen verspätet oder unter Umständen überhaupt nicht geliefert werden . . .

i. V. gez. Eustachi[10]

Nicht nur Fensterglas wurde knapp, auch Bettwäsche in den Hotels und schließlich die Sterbewäsche.

Bettwäsche und Handtücher in Hotels mitbringen

Die Deutsche Hotelordnung im Kriege ist durch eine Änderung der weiteren Entwicklung angepaßt worden. Damit Zimmer nachts nicht unbesetzt bleiben, wird dem Hotel nunmehr gestattet, ab 22 Uhr die noch freien Betten an wartende Gäste abzugeben, wenn die angegebene Ankunftszeit des Vorbestellers um zwei Stunden überschritten ist. Dem etwa dann noch eintreffenden Gast wird zugemutet, sich für einige Nachtstunden mit einer einfachen Liegestatt zu behelfen.

Das Mitbringen von Bettwäsche und Handtüchern durch die Gäste hat sich bei längeren Aufenthalten im unmittelbaren Benehmen von Betrieb und Gast bereits eingespielt. Nunmehr wird auch Passanten und beruflich Reisenden dringend empfohlen, die Wäsche mitzubringen. Die Benutzung der Hotelbetten ohne Wäsche kann nicht gutgeheißen werden; sie widerspricht den Grundregeln der Reinlichkeit und begünstigt die Übertragung ansteckender Krankheiten. Wer also keine Bettwäsche hat, muß unter Umständen auf einem Liegesofa die Nacht zubringen.

Auch sonst tut der Reisende gut, sich mit bestimmten Dingen, die er sonst im Hotel vorzufinden gewöhnt war, vorsorglich selbst zu versehen. Die Verwendung von elektrischen Bügeleisen und anderen Apparaten auf den Zimmern ist verboten. Die Gäste haben sich ferner daran gewöhnt, daß der Personenaufzug nur nach dem wirklichen Bedürfnis, insbesondere für Kriegsbeschädigte und Fußkranke, betrieben wird. Zu den Abschaltungen des Stroms, die das Hotel selbst kraft behördlicher Anordnung vornimmt, kommen die Sperrstunden der Kraftwerke. Damit die Gäste sich in den unbekannten Räumen auch bei völliger Dunkelheit zurechtfinden können und nicht Unfälle erleiden, tun sie gut, Kerzen und Zündhölzer oder andere behelfsmäßige Beleuchtungsmittel mitzubringen. Wer öfter beruflich reisen muß, sollte sich in einer Liste die verschiedenen Dinge, die er im Hotel wie auch auf der Eisenbahn braucht, verzeichnen.[11]

Nur noch zwei Typen Sterbewäsche

Sterbewäsche darf nach einer AO Nr. 3/45 (RA Nr. 38 vom 17. 3.) nur noch in zwei Typen und unter Zugrundelegung des in der AO festgelegten höchstzulässigen Werkstoffverbrauchs hergestellt werden. Danach darf Sterbewäsche für Männer und Frauen aus einer Jacke und einem Kissen bestehen. Ferner darf eine Sterbewäschegarnitur für Kinder, bestehend aus einem Hemd und einem Kissen angefertigt werden. In beiden Fällen kommt der Sargausschlag in Wegfall. Die Verwendung von Spitzen ist verboten. Soweit Auszackmaschinen vorhanden, können die Ränder der Wäsche ausgezackt werden. Schnittmusterzeichnungen über die aufgeführten Typen sind bei der Fachgruppe Wäscheindustrie, Berlin NO 55, Greifswalder Str. 5, anzufordern.[12]

In den ländlichen Regionen war der Kriegsalltag erträglicher. Flächenbombardements fanden hier nicht statt. Gefährlich waren die amerikanischen Jagdbomber (Jabos), die plötzlich auftauchten und wahllos auf alles schossen: auf den Bauern bei der Feldarbeit, auf das Kind beim Spielen, auf die Kühe auf der Weide. Der Arbeitstag der Bauern war lang und hart, vor allem für die Bäuerinnen, die kaum weniger als 80 Stunden in der Woche arbeiteten. Die Ablieferungsabgaben waren hoch und Anlaß ständiger Reibereien zwischen Bauern und Reichsnährstandsfunktionären. Die Einstellung der ländlichen Bevölkerung zum NS-Regime war gespalten. Trotz weitverbreiteter Kriegsmüdigkeit und Apathie klammerte sie sich weiterhin an Hoffnungsschimmer und Wunderwaffen. Den evakuierten Städtern begegneten die Bauern reserviert, für sie waren sie Fremde, eine Belastung in ihrer abgeschlossenen Welt. Einen Einblick in die ländliche Normalität bieten die »Amtlichen Verkündigungen« der Schwarzwaldgemeinde Bad Griesbach:

Amtliche Verkündigung der Gemeinde Bad Griesbach

13. Januar 1945

... Es sind teilweise von hier Evakuierte anderweits umquartiert worden, ohne daß die Umquartierten den Vermietern die Miete bezahlt haben. Die Vermieter werden daher ersucht, ihre Forderungen schriftlich bis zum 16. 1. 1945 beim Gemeinderechner abzugeben. Nach dem 16. 1. 1945 werden die Forderungen nicht mehr angenommen, weil der 16. 1. 1945 der äußerste Termin für die genannte Forderung ist.

... Es wird wiederholt festgestellt, daß bei Durchflug feindlicher Flieger nicht nur die Kinder auf der Straße sich aufhalten, sondern auch Erwachsene, obwohl schon mehrere Mal darauf aufmerksam gemacht wurde, von der Straße fernzubleiben und den Luftschutzkeller aufzusuchen. Wer in Zukunft dies nicht beachtet, wird bestraft und so lange in den Ortsarrest gesperrt, bis keine feindlichen Flieger mehr zu sehen sind.

... Am Sonntag, den 14. 1. 1945 findet um 8.15 Uhr im unteren Schulsaal ein Appell des Volkssturmes statt. An diesem Appell haben sämtliche Männer der Jahrgänge 1884–1924, die hier wohnen oder hier polizeilich gemeldet sind, teilzunehmen. Erscheinen ist Pflicht; Nichterscheinen ist strafbar ...

20. Januar 1945

... HJ und BDM haben am Samstag, den 20. Januar 1945 um 19.30 Uhr beim Schulhaus anzutreten. Pünktliches und vollzähliges Erscheinen ist Pflicht.

... Am kommenden Montag und Dienstag wird in hiesiger Gemeinde die Sammlung für das Volksopfer durchgeführt ...

27. Januar 1945

... Am Donnerstag, den 1. Februar 1945 nachmittags von 3 Uhr ab ist im Parteihaus Heimabend der NS-Frauenschaft, Deutsches Frauenwerk. Auch die evakuierten Frauen sind herzlich eingeladen. Es werden Socken gestopft ...

10. Februar 1945

... Es sollen sofort die Gräber in Reihen 4 und 5 in Abteilung C auf dem hiesigen Friedhof von den Angehörigen abgeräumt werden, da der Platz dringend benötigt wird.

... Die Reichsgruppe der Imker hat angeordnet, daß jeder Imker pro Volk 80 Gramm Bienenwachs oder eine alte ausgebaute Wabe abliefern muß, sonst hat er keinen Anspruch auf Zucker ...

17. Februar 1945

... Der deutsche Volkssturm I. Zug hat am Sonntag, den 18. 2. 1945 von 8.15 bis 11 Uhr Dienst. Diejenigen, welche am letzten Sonntag gefehlt haben, bringen den Wehrpaß mit. Entschuldigungen werden nur in dringenden Fällen angenommen und müssen noch vor Dienstanfang beim Zugführer abgegeben werden. Antreteplatz: beim Schulhaus ... Da mit den Westwallarbeiten wieder begonnen wurde, sind die Arbeitgeber verpflichtet, ihre zivilen ausländischen Arbeitskräfte, männliche und weibliche, ohne weitere Aufforderung jeden Sonntag zum Schanzen zu schicken. Abfahrt mit dem Zug 4.28 Uhr bis Hubacker. Schanzzeug ist mitzubringen.

3. März 1945

... Am 3. 3. 1945 wird eine Schweine- und Hühnerzählung durchgeführt.

... Lebensmittelkarten werden ausgegeben am Montag, den 5. und Dienstag, den 6. 3. 1945 jeweils vormittags von 8–12 Uhr und nachmittags von 14–18 Uhr. Die Evakuierten werden gebeten, die Karten nachmittags in Empfang zu nehmen.

... Diejenigen Personen, welche auf Nr. 1 und 2 der Reichseierkarte noch keine Eier erhalten haben, müssen umgehend die Abschnitte bei einem Eierverteiler bis spätestens Montag, den 5. 3. 1945 abgeben, andernfalls der Anspruch erlischt, wenn keine Eier vorhanden, gibt der Händler eine Gutschrift über 2 Eier.

... Gefunden wurde ein Geldbeutel mit Inhalt, ferner in der Kirche Brotmarken. Der Geldbeutel kann auf dem Rathaus und die Brotmarken in der Sakristei abgeholt werden.

10. März 1945

... Die Heldengedenkfeier findet am morgigen Sonntag, den 11. ds. Monats vormittags 8.15 Uhr statt. Es nehmen daran teil: die Partei und deren Gliederungen, der Deutsche Volkssturm, Kriegerkameradschaft, das Rote Kreuz. Ferner ist die ganze Einwohnerschaft und die Evakuierten dazu eingeladen, besonders aber die Angehörigen der Gefallenen. Die Feier findet zusammen mit der Wehrmacht statt. Antreten sämtlicher Formationen auf der Straße beim Kirchplatz. Teilnahme an dieser Feier ist Ehrensache, und ich bitte die Einwohnerschaft, sich restlos daran zu beteiligen. Wir alle

wollen durch unsere Teilnahme an der Feier beweisen, daß wir die Größe der Opfer, die unsere gefallenen Helden für uns gebracht haben, zu würdigen wissen.
... Die Zulagekarten für werdende und stillende Mütter werden am Dienstag, den 13. ds. Monats vormittags von 8–12 Uhr ausgegeben ...

24. März 1945
... Wer Arbeitskräfte oder Pferdegespanne für die Frühjahrsbestellung benötigt, wolle sich auf dem Rathaus melden.
... Hitler-Jugend; Verpflichtung der 14jährigen: Am Sonntag, den 25. 3. 1945 findet um 14 Uhr im Parteihaus die Schulentlassung und Verpflichtung in die HJ und BDM statt. Anzutreten haben: die diesjährigen Schulentlassenen, Jungmädel und Jungvolk. Außerdem haben dieselben, am Samstag, den 24. 3. 1945 um 19 Uhr im Parteihaus zur Probe anzutreten ...

7. April 1945
... Die NSV-Gauleitung hat uns Wäsche und Kleiderstoffe zur Verfügung gestellt. Die Verteilung erfolgt am Samstag, den 7. ds. Monats ab 13 Uhr im Parteihaus für die Evakuierten und am Sonntag, den 8. 4. 1945 von 13 Uhr ab auch für hiesige Einwohner. Fliegerscheine und Bezugsscheine werden bevorzugt abgefertigt ...[13]

Am 12. Januar 1945 begann der erwartete sowjetische Großangriff. Aus dem Baranow-Brückenkopf (am Unterlauf der Weichsel) heraus stieß die Rote Armee südlich an Ostpreußen vorbei und erreichte am 26. Januar das Frische Haff. Damit war Ostpreußen vom übrigen Reich abgeschlossen, und die aufgeschreckte ostpreußische Bevölkerung, die nicht rechtzeitig evakuiert werden konnte, versuchte durch Flucht zu den Ostseehäfen den russischen Truppen zu entkommen:

Am 1. Februar 1945 gelangte der Transport nach Braunsberg. Hier erfuhren wir die neuesten Hiobsbotschaften: Alleinstein gefallen! Elbing von den Russen besetzt! – Wir befanden uns in einem riesigen Kessel.
Pausenlos belegten russische Flugzeuge die Stadt Braunsberg mit

Alarm im Osten!

Raub, Schändung, Mord

die Begleiter der roten Furie.

Schrecken und Grauen

wälzen sich durch die Gebiete des Ostens.

Die Hauptschuldigen aber sitzen in

England und Amerika!

Sie lassen das deutsche Volk kaltblütig und gewissenlos durch den Bolschewismus

ausplündern —

schänden —

morden!

Was die Juden Kaufmann, Morgenthau und was Vansittard predigten,

was Churchill, Roosevelt und Stalin in Teheran und Jalta beschlossen,

wird im Osten verwirklicht und zeigt das Schicksal, das uns allen droht!

P/0198 200000 3. 45

Bomben und Bordwaffenfeuer. Eine Freundin meiner Mutter nahm uns auf. Viele Flüchtlinge mußten in Kellern kampieren. Bis zum 10. Februar 1945 blieben wir in Braunsberg. Täglich mußten wir stundenlang nach Lebensmitteln und Kohlen anstehen. Das Gedröhn der Stalinorgeln kam von Tag zu Tag näher. Licht und Gas fiel aus. Wir lebten mit zehn Personen in einem Zimmer. Wir faßten den Entschluß, die Stadt zu verlassen. In der Dunkelheit verließen wir mit einigen anderen Leidensgefährten unser Domizil und tappten uns durch eine stockfinstere Nacht auf einer von Menschenleichen und Tierkadavern besäten Landstraße vorwärts. Hinter uns blieb das brennende Braunsberg zurück; links von uns – um Frauenburg – tobte eine erbitterte Schlacht.

Gegen Mitternacht erreichten wir – völlig verdreckt und verschlammt – das Städtchen Passarge am Frischen Haff. In einer Scheune erwarteten wir den neuen Tag. Hein P., unser genesender Soldat, und seine Mutter konnten nicht mehr weiter. Wir mußten sie zurücklassen, als wir unseren Fußmarsch zum Frischen Haff fortsetzten. Inzwischen war die eisige Kälte anhaltendem Regenwetter gewichen. Wir erreichten den Uferrand des Frischen Haffs, verpusteten einige Minuten und traten dann den Marsch zur gegenüberliegenden Nehrung an.

Das Eis war brüchig; stellenweise mußten wir uns durch 25 cm hohes Wasser hindurchschleppen. Mit Stöcken tasteten wir ständig die Fläche vor uns ab. Zahllose Bombentrichter zwangen uns zur Umkehr . . . Ich sah Frauen Übermenschliches leisten. Als Treckführerinnen fanden sie instinktiv den sichersten Weg für ihre Wagen. Überall auf der Eisfläche lag verstreuter Hausrat herum; Verwundete krochen mit bittenden Gebärden zu uns heran, schleppten sich an Stöcken dahin, wurden auf kleinen Schlitten von Kameraden weitergeschoben.

Sechs Stunden dauerte unser Weg durch dieses Tal des Todes. Dann hatten wir, zu Tode ermattet, die Frische Nehrung erreicht. In einem winzigen Hühnerstall sanken wir in einen flüchtigen Schlaf. Unsere Mägen knurrten vor Hunger.

Am nächsten Tage liefen wir in Richtung auf Danzig weiter. Unterwegs sahen wir grauenvolle Szenen. Mütter warfen ihre Kinder im Wahnsinn ins Meer. Menschen hängten sich auf; andere stürzten sich auf verendete Pferde, schnitten sich Fleisch heraus,

Was jedermann von der „Panzerfaust" wissen muß!

Vorn am Rohr ist der Kopf. Er enthält eine Ladung, die jeden zur Zeit bekannten Feindpanzer auch an der dicksten Stelle durchschlägt. Das Rohr enthält eine Treibladung, die den Kopf losschießt.

Strikt beachten:

Durch die Treibladung ist das Rohr immer geladen, auch wenn der Kopf abgenommen ist.

Scharfmachen der „Panzerfaust":

Vor dem Kampf mit dem Panzer die „Panzerfaust" scharfmachen. Den Kopf hochheben, die auf dem Rohr befindliche Blattfeder herausziehen und vorsichtig beiseite drücken. Kopf senkrecht halten, Öffnung nach oben. Zündladung 34 (das Abdeckblättchen aus Papier nach oben, dann Zünderhütchen nach unten) einsetzen. Merken: Wie bei der Stielhandgranate, Loch auf Loch. Rohr wieder aufschieben, bis die Blattfeder einschnappt.

Zielen:

Auge, Kimme der Visieröffnung für die jeweilige Entfernung (30, 60, 80 m), Korn am Geschoßkopf und Ziel müssen eine Linie bilden (genau wie Kimme und Korn beim Gewehr). Am besten auf die Mitte des Panzers, untere Kante vom Turm halten.
Beachten: Bergauf, gegen Wind – höher halten! Bergab, mit Wind – etwas tiefer halten! Damit auch bei schlechter Beleuchtung geschossen werden kann, sind Kimme und Korn mit Leuchtfarbe bestrichen.
Vor dem Schuß Sicherungsdraht lösen, Visier hochklappen, Sicherungsschieber auf „entsichert" schieben.
Jetzt auf die mit „Feuer" bezeichnete Klinke drücken und der Schuß geht los.

Anschlagarten:

Es kann aus jeder Körperstellung geschossen werden.

Entscheidend wichtig:

Das hintere Rohrende muß frei sein. Ein Kamerad darf sich erst mindestens 10 m dahinter entfernt halten.
Außerdem wichtig: Die „Panzerfaust" schießt ohne jeden Rückstoß (daher auch ein Feuerstrahl aus dem Rohr nach hinten).
Übe vorher Anschläge, dann geht's nachher besser!
Besonders beachten: Blindgänger nicht anfassen! Liegenlassen, wenn möglich, durch Fachleute sprengen lassen. Zündversager können vorkommen, deshalb nicht an der „Panzerfaust" herumdoktern, dazu ist sie zu gefährlich.
Die angeschossenen Rohre sammeln, damit sie in die Rüstungsfabriken zurückkommen.

Parole:

Je näher man den Panzer herankommen läßt, um so größer ist die Treffsicherheit!
Denkt besonders daran, daß die „Panzerfaust" völlig rückstoßfrei schießt. Es braucht niemand Angst vor dem Rückschlag haben, nur muß das hintere Rohrende frei sein, damit die Pulvergase ins Freie treten können und niemand verletzen.

Vor allen Dingen beachten:

Wer eine Panzerfaust weitergibt, klärt seinen Kameraden über die Bedienung der „Panzerfaust" auf.

Merkt euch am Schluß die folgenden neun Gebote und ihr werdet jeden Feindpanzer mit Sicherheit vernichten!

1. Du sollst den Feindpanzer nicht fürchten, sondern alles aufbieten, ihn umzulegen.
2. Die beste Waffe des Infanteristen zur Panzernahbekämpfung ist die „Panzerfaust". Du sollst ihr vertrauen und dich ihrer bedienen, wo du nur kannst.
3. Du mußt dich vorher genau unterrichten, wie die „Panzerfaust" zu bedienen ist.
4. Du sollst jederzeit im Bilde sein, wo in der Nähe deines Kampfplatzes die „Panzerfaust" zu haben ist.
5. Du mußt unbedingt darauf achten, daß sich beim Schießen mit der „Panzerfaust" in 10 m Entfernung hinter dir kein Kamerad befindet. Der nach hinten gehende Feuerstrahl der Treibladung kann bis auf 3 m tödlich wirken.
6. Du sollst bei der Panzerbekämpfung ruhig Blut bewahren, um so sicherer wirst du ihn treffen, um so mehr verliert der Panzer seinen Schrecken. Du wirst dann zum Schrecken für den Panzer.
7. Nimm jede Gelegenheit wahr, dich in der Panzerbekämpfung zu üben und laß dich von kampferprobten Kameraden beraten, wenn du selbst noch keine Erfahrung hast.
8. Lies aufmerksam die Anweisungen, die genügen vollkommen, dich ohne besondere Ausbildung mit der „Panzerfaust" vertraut zu machen.
9. Sei mutig und unerschrocken, wenn Feindpanzer nahen, auch der stärkste Panzer ist mit der „Panzerfaust" mit dem ersten Schuß zu erledigen.

Kein Volk ist verloren, wenn es sich nicht selbst aufgibt!

Herausgeber: NSDAP. - Gaupropagandaleitung Oberdonau - Q/0176 - I. 45 - 110.000

brieten die Stücke über offenem Feuer; Frauen wurden im Wagen entbunden. Jeder dachte nur an sich selbst – niemand konnte den Kranken und Schwachen helfen.
In Kahlberg stellten wir uns dem Roten Kreuz zur Verfügung und pflegten Verwundete in der Strandhalle. Am 13. Februar gingen wir als Pflegepersonal an Bord eines Lazarettschiffes. Am nächsten Tag erreichten wir Danzig-Neufahrwasser und gingen von Bord. Am 15. Februar 1945 erhielten wir ein Quartier in Zoppot zugewiesen. Meine Mutter und Schwester und ich konnten sich kaum noch auf den Füßen halten. Trotzdem schleppten wir uns zum Güterbahnhof in Gotenhafen, wo es uns zum dritten Mal durch eine wunderbare Fügung gelang, in einem Feldpostgüterwagen nach Stolp (Pommern) mitgenommen zu werden. Am 19. Februar 1945 kamen wir als Pflegepersonal mit einem Lazarettzug über Hannover nach Gera in Thüringen, wo wir bei Verwandten untergebracht wurden. Es war der 28. Februar 1945. An diesem Tag endete unsere Flucht aus Ostpreußen.[14]

Die Kriegsmarine übernahm den Abtransport der Flüchtlinge und der verwundeten Soldaten aus Ostpreußen. In pausenlosem Einsatz gelangten auf dem Seeweg Hunderttausende in den Westen. Zahlreiche Transportschiffe, darunter die »Wilhelm Gustloff«, die »General Steuben« und die »Goya«, wurden von sowjetischen Flugzeugen und U-Booten versenkt. Als einer der wenigen überlebte C. Adomeit aus Heilsberg in Ostpreußen den Untergang der »Goya«:

Um ca. 22–23 Uhr mache ich einen Rundgang. In den Gängen, Kabinen, Laderäumen, überall sitzen, liegen Soldaten und Flüchtlinge. Die letzte Habe, ein Rucksack, ein Koffer, eine Tasche liegt daneben, und man kann sich kaum bewegen. Im Unterdeck liegen die Schwerverwundeten, und trotz aller Schmerzen liegt über allen eine gewisse Ruhe.
Langsam steige ich wieder ans Oberdeck und schaue in die Nacht hinein. Vom schweren Flakstand wird plötzlich das Feuer eröffnet. Lange hallt es über die dunkle See. In der Ferne wurde der Schatten eines Fahrzeuges gesichtet . . .
Langsam kommt die Müdigkeit, und so entschließe ich mich, im Schutze einiger Decken auf unseren Gerätekisten zu schlafen, da man sonst nicht einen Platz mehr vorfindet . . .

Kurz vor Mitternacht. Plötzlich kurz hintereinander zwei dumpfe Einschläge. Das Schiff erbebt. Zwei gewaltige Wassersäulen steigen empor und klatschen aufs Deck hernieder . . . Das Licht erlischt. Man vernimmt einzelne Rufe, Kommandos. Dann Totenstille. Plötzlich höre ich ein gewaltiges Rauschen. Das Wasser stürzt in die gewaltigen Löcher, die die Torpedotreffer gerissen hatten. Es hört sich unheimlich an. Auf dem Oberdeck laufen die Menschen hin und her. Alles schreit und fragt, was nun geschehen soll. Unten an den Treppen des ersten Decks müssen sich Szenen abspielen, die wohl fürchterlich gewesen sind, denn dort entspinnt sich ein Kampf auf Leben und Tod. Hunderte von Menschen versuchen, die Treppe zu stürmen, denn der Tod sitzt allen im Nacken. Das Ende durch Ertrinken nach all den Gefahren der ganzen Kriegsjahre. Menschen im wahnsinnigen Schrecken kämpfen dort um ihr Leben, drängen und schreien. Halb angezogen, mit wirren Augen wird jeder Kranke und Schwache unerbittlich niedergetreten.
In dieser Panik, in diesem Chaos hört man nur das Schreien von Menschen. Vom Tode gejagt, es gibt keinen Ausweg mehr, versuchen einzelne, den Weg nach oben zu finden, und selbst von diesen Menschen forderte der nasse Tod seine Opfer. Unter den 300–400 Menschen auf dem Deck ist eine Panik ausgebrochen. Die meisten haben keine Schwimmwesten, die Rettungsboote können in diesen kurzen Minuten nicht klargemacht werden. So ist ein großer Teil ohne jede Rettungsmöglichkeit und sieht den Tod vor seinen Augen, manche versuchen, die Rettungsringe noch anzulegen, und in der Aufregung klappt es viel weniger.
Langsam neigt sich das Schiff. Flakmunition, Gepäckstücke, alles schiebt sich über die Planken und klatscht ins Wasser. Überall halten sich verzweifelte Menschen an der Reling fest. Unheimlich dieses Gurgeln und Getöse der Wassermassen. Hunderte sind bereits von den Torpedotreffern getötet, vom Druck zerfetzt und zerrissen. Tausende sterben den qualvollen Tod durch Ertrinken der hereinbrechenden Wassermassen.
Die »Goya« neigt sich von Minute zu Minute. Plötzlich ein Beben, ein Zittern geht durch das ganze Schiff, ein Aufbäumen des gewaltigen Schiffsrumpfes, es ist in zwei Hälften zerbrochen und nun geht alles unheimlich schnell. Es neigt sich ganz, und plötzlich sind wir im Wasser. Wir werden von einer gewaltigen Druckwelle des in

die Tiefe gehenden Schiffes weggedrückt, und das ist unsere Rettung.

Dunkle Nacht, das Wasser ist eisig, und darin treiben ca. 300–400 Menschen, Kisten, Planken usw. Entsetzliche, markerschütternde Hilferufe gellen durch die Nacht. Mütter rufen nach ihren Kindern. Männer nach ihren Frauen, alles rudert und versucht sich irgendwo zu klammern. Es beginnt ein schrecklicher Kampf auf Leben und Tod, der Kampf ums Dasein, und Wasser hat keine Balken, und der Ertrinkende greift nach dem Strohhalm. Wahre Wirklichkeit. Einer zieht den anderen in die Tiefe. Hier und dort flammt ein gelbes Licht auf, und dadurch wird die ganze Situation noch gräßlicher und gespenstischer. Es sind die Farblichter einzelner Schlauchboote, die sich selbst im Wasser entzünden. Um diese Schlauchboote und Flöße beginnt ein Kampf, und alle im Wasser Treibenden versuchen sich festzuhalten oder herauf zu gelangen. Die Hilferufe werden gellender, und gurgelnd versinkt so mancher vor unseren Augen. Einzelne Schüsse peitschen durch die Nacht. Viele sehen keinen Ausweg und, den nassen Tod vor den Augen, greifen sie zur Waffe.

Wir haben Glück gehabt und können ein leeres Rettungsfloß erreichen. Höchste Zeit! Die Kraft läßt nach, die Kälte kriecht herauf. Weit und breit kein Land. Langsam versinkt jede Hoffnung. Wir haben jedes Gefühl für Raum und Zeit verloren. Krampfhaft halten wir uns fest. Die Beine sind bereits fast steif, und wir zittern wie Espenlaub. So treiben wir bereits über eine Stunde im Wasser. In der Zeit haben sich unauslöschliche Szenen abgespielt. Die Überlebenden schreien mit letzten Kräften um Hilfe, manche weinen, manche beten. Langsam treiben wir auseinander. Der Wellengang ist sehr schwach, und das ist unser Glück. Die Rufe werden weiter und verhaltener. Langsam verlieren wir die Hoffnung auf Rettung. Neben uns treibt eine Königsbergerin im Rettungsring. Allmählich verlassen sie die Kräfte. Sie schreit entsetzlich nach ihrer Mutter und ihrer Schwester, die in den Fluten verschwunden sind. Mit letzter Aufbietung aller Kräfte fassen wir sie an und versuchen, sie zu halten.

Plötzlich in der Ferne ein schwacher Lichtschein. Die Hilferufe werden stärker, und wir schreien mit letzter Kraft, um uns bemerkbar zu machen. Wir rudern mit den Armen, nur langsam geht es vorwärts. Aus weiter Ferne vernimmt man den Ruf: »Schiffsbrüchige anschwimmen . . .«

So werden wir nach zwei Stunden aus dem Wasser gezogen. Halbsteif schleifen wir uns über Deck. Die blauen Jungs stellen uns ihre Drillichanzüge, Decken, Mäntel, Pullover usw. zur Verfügung, und sofort erhalten wir einen Bohnenkaffee.
Langsam kehren die Lebensgeister wieder, und allmählich fängt man an zu denken und kann gar nicht glauben, daß man gerettet ist und glaubt zu träumen . . . 6000–7000 Menschen waren an Bord. 165 wurden nur gerettet.[15]

Die sowjetischen Truppen kamen auch in Schlesien und Pommern schnell voran. Verzweifelt versuchte man, die Zivilbevölkerung aus den bedrohten Regionen zu evakuieren. In den wenigen zur Verfügung gestellten Zügen standen die Menschen dicht gedrängt. Innerhalb weniger Wochen konnten 7 Millionen Menschen aus den Ostgebieten evakuiert werden, die auf die mitteldeutschen Gaue verteilt wurden. Nicht jeder Gau wollte diesen plötzlichen Zuwachs an Hungrigen und Verzweifelten aufnehmen, zumal auch aus dem westlichen durch fortwährende Luftangriffe bedrohten Raum immer mehr Menschen in die Mitte des Reiches zusammenströmten.
Die Dramatik des Geschehens und die verzweifelten Bemühungen, die Bevölkerung in den Westen zu transportieren, spiegeln sich in den »Lageberichten« des kommissarischen Leiters der Abteilung Propaganda im Reichspropagandaministerium wider:

Komm.Leiter Pro
MR Imhoff
Dem   Blitzvorlage
Herrn Staatssekretär
Betr.: Lage der Evakuierten

Berlin, den 27. Januar 1945

Berlin hat einen sehr starken Durchschleusverkehr . . .
Nach Frankfurt/Oder ist erneut ein Transport mit Säuglingsausstattungen für ca. 2000 Säuglinge abgegangen, da die aus dem Warthegau eintreffenden Trecks in besonders starkem Maße diese Gegenstände benötigen.
In Frankfurt/Oder wurde bei der NSV eine Zentralstelle für Vermißte aus dem Reichsgau Wartheland eingerichtet, da sich die

Nachfragen nach verlorengegangenen Familienangehörigen in ungeheurem Maße gesteigert haben ...
Im Raum Ratibor geht die Abschleusung verhältnismäßig ruhig vor sich, während bei Neiße eine Stauung eingetreten ist. Zur Zeit wird der nördliche Teil Schlesiens in Richtung Görlitz, der südliche Teil in Richtung Hirschberg evakuiert ...
Die Menschen in Danzig und Gotenhafen sind kaum noch zu halten. Sie haben große Angst vor den Bolschewisten. In vielen Fällen sind die Ärzte bereits auf Zurverfügungstellung von Gift angegangen worden ...

Berlin, den 29. Januar 1945

... Nach wie vor ist der Schwerpunkt in der Transport- und Versorgungslage im Raum Danzig-Westpreußen. Eine weitere Erschwerung sowohl für die Versorgungslage wie für die Abschleusung bedeutet hier, ebenfalls wie im schlesischen Raum, der starke Schneefall (50 cm Neuschnee) und die Schneeverwehungen ...
In Warnemünde ist ein Dampfer aus Pillau mit 1800 Zivilpersonen und 1200 Verwundeten gelandet. Der erste Seetransport, der von Ostpreußen eingetroffen ist ...
Aus dem Warthegau sind noch mehrere lange Trecks in Richtung Niederschlesien unterwegs. Im Troppauer und Mährisch-Ostrauer Raum herrscht Kohlenmangel, so daß die Bäcker nicht in der Lage sind, Brot für die Bevölkerung und den Flüchtlingsstrom zu backen ...

Berlin, den 30. Januar 1945

Nach wie vor ist die Verkehrslage auf das äußerste angespannt. Die Situation ist die, daß, um das Reich zu retten, Kohlenzüge und Wehrmacht allem anderen vorangestellt werden müssen ...
Die fünf Südostkreise Pommerns werden geräumt, zwei weitere aufgelockert ...
Täglicher Anfall in Berlin ca. 40 000–50 000 Menschen, von denen nur rund 3000–4000 weitergeschleust werden.
Bei Liegnitz und Jauer stauen sich rund 200 000 Menschen. Von Glogau und Jauer aus drücken in den Südostraum der Mark Brandenburg ungefähr 100 000 Menschen ...

Berlin, den 8. Februar 1945

Ein Lazarettschiff mit 30 000 Broten und 8000 Büchsen Kondensmilch ist am 1. 2. aus Swinemünde nach Pillau abgefahren, ein zweites Schiff am 2. 2. aus Gotenhafen mit 16 700 Broten und 2000 Büchsen Kondensmilch nach Pillau. Ein Flugzeug mit 2000 Büchsen Kondensmilch für Königsberg ist leider unterwegs abgeschossen worden.

Zur Zeit befinden sich in Ostpreußen noch rund 800 000 Menschen, und zwar in den Räumen Königsberg rund 125 000, Samland 80 000, Heilsberger Dreieck 600 000. Die Kessel Samland und Heilsberger Dreieck sind je noch nach einer Seite offen, so daß eine Abschleusung noch laufend erfolgt, bei dem Samlandkessel über das zur Zeit noch über 35 cm dicke Eis des Haffs . . .

Der Zustrom der Flüchtlinge von Ostpreußen nach Danzig geht ununterbrochen weiter und nimmt Formen an, die eine Überflutung Danzigs befürchten lassen. Gotenhafen ist mit 65 000–70 000 Flüchtlingen belegt. Auch die Stadt Danzig hat zur Zeit 35 000–40 000 Flüchtlinge aufgenommen . . .

Die an den Treckstraßen liegenden Kreise bekommen allmählich Lebensmittelschwierigkeiten . . .

Der Gau Mark Brandenburg hat außer 700 000 Umquartierten von früher noch 1 195 000 Flüchtlinge aufgenommen einschließlich der gaueignen . . .

Berlin, den 15. Februar 1945

. . . Die Tragfähigkeit des Eises im Frischen Haff ist so weit gesunken, daß es mit Fuhrwerken nicht mehr befahrbar, sondern nur noch zu Fuß zu überqueren ist . . .

Danzig ist voll von Verwundeten, die nicht genügend verpflegt werden können. Leichtverwundete betteln um Brot und nehmen Kartoffelreste und -schalen aus Hunger zu sich . . .

Im Hirschberger Raum befinden sich ca. 500 000 Menschen, die auf dem Bahnwege nicht abtransportiert werden können, da die Bahn nach Görlitz wegen Wehrmachtstransporte ausfällt . . .

Berlin, den 21. Februar 1945

Ab 29. 1. bis einschließlich 19. 2. 1945 wurden aus Pillau und Königsberg insgesamt 305 941 Menschen mittels Seetransport abgeschleust. Dazu kommt, daß bis zum 18. 2. mit Schiffen aus Go-

tenhafen 142 049 Personen nach dem Westen weitergefördert wurden ...
Die Dänischen Inseln sollen auch mit Flüchtlingen belegt werden ...
Franken hat die Anweisung erhalten, weitere 50 000, Bayreuth nochmals 100 000 Personen aufzunehmen ...
Der Stau im Görlitzer und Hirschberger Raum hält weiterhin an. Nach der Statistik soll Oberschlesien 2 Millionen Einwohner gehabt haben. Zunächst konnten als Flüchtlinge in anderen Gauen von der NSV nur rund 1 Million festgestellt werden. Es ist damit zu rechnen, daß mehrere 100 000 wahrscheinlich dem Feind in die Hände gefallen sind, so steht z. B. fest, daß 60–80% der deutschen Bevölkerung von Gleiwitz und Hindenburg nicht gerettet werden konnte[16].

Überall, wo die sowjetischen Panzer auftauchten, brach Panik unter der Bevölkerung aus. Nicht einmal der strenge Winter mit eisglatten Straßen und schneeverwehten Wegen konnte die Menschen von der Flucht nach Westen abhalten. Oft war die Chance des Entkommens nur gering, da die sowjetischen Panzer schneller waren als die Flüchtlingstrecks. Was viele Menschen dann erleben mußten, schildert Emma M. in einem Erlebnisbericht:

Am 8. Februar 1945 mußten wir uns dem Treck anschließen, um vor den anrückenden Russen nach dem Westen zu entkommen. Wir kamen bis Labes und haben dort 18 bis 20 Tage gelegen. Untergebracht wurden wir mit mehreren Personen auf dem Gehöft des Bauern B. abseits des Dorfes. Am 2. März 1945 kam der Bauer B. in Parteiuniform von einer Besprechung zurück und berichtete uns, daß die Russen soeben in Labes eingezogen seien. Sofort setzte er sich mit einem Trecker und einem Gummiwagen an die Spitze unserer kleinen Fahrzeugkolonne, um noch in Richtung Dramburg einen Ausweg zu finden. Schon nach kurzer Zeit wurden wir beim Einfahren in ein Waldstück von russischer Infanterie beschossen. Ein Pferd wurde getroffen und raste mit dem Gespann in die über die Straße gelegten Baumsperren. So fielen wir den Russen direkt in die Hände. Bauer B. wurde in seiner Uniform gleich in den Wald geschleppt und ausgeplündert. Unter anderem wurden ihm die

Stiefel ausgezogen. Sein Leben wurde gerettet, weil mein Mann und andere Anwesenden gut für ihn aussagten. Irmgard W., 17 Jahre, und Christa S., 16 Jahre, wurden vom Wagen herunter in den Wald geschleppt und vergewaltigt. Die Russen holten Betten vom Treck in die Panzer, wo die beiden mit ihnen eine furchtbare Nacht verbringen mußten.

Auf den Gummiwagen befanden sich mehrere Frauen und Kinder, darunter meine 15jährige Tochter, die sich unter der Bank versteckt hatte. Sie wurde jedoch gefunden, und ich konnte nicht verhindern, daß sie trotz Bettelns und Flehens ein Opfer der Bestien wurde. Die im 8. Monat schwangere Schwester der Frau B. wurde vom Gummiwagen geworfen und an Ort und Stelle von einem wilden Russen, der uns mit dem blanken Seitengewehr bedrohte, neben dem Wagen, vor unseren Augen, vergewaltigt. Gleichzeitig wurde unser Treck geplündert.

Am anderen Morgen mußten wir die Straße räumen, da Panzer passieren sollten. Die kleine Irmgard W. wurde von einem Russen gegriffen, in den Wald geschleppt und geschändet. Blutend und auf den Knien kriechend kam sie zurück. Durch Waschungen versuchten wir ihr zu helfen.

Dann fuhren wir zurück auf den Hof. Dort wurden Bauer B., mein Mann und Herr S. mit Erschießen bedroht. Sie mußten sich dazu auf dem Hof aufstellen. Wir lebten in einer unvorstellbaren Angst. Am 6. oder 7. März vollendete sich ihr Schicksal. Es kamen deutsche Gefangene auf den Hof. Mit diesen zusammen wurden sie von den Russen davongetrieben. Wir blieben weinend und verzweifelt dem Schicksal überlassen und haben von unseren Männern nie mehr eine Spur gefunden.

Nacht für Nacht drangen Russen in unsere Quartiere ein und die Vergewaltigungen nahmen kein Ende. Da der Hof abseits lag, suchten andere Frauen und Mädchen bei uns Schutz. Unter ihnen befand sich auch ein 13jähriges Mädchen aus Zülzenfitz bei Labes, das in einer Nacht achtmal nacheinander genommen wurde. Das Mädchen hatte die Mutter durch Oberschenkelschuß verloren, weil sie die Tochter schützen wollte. Die Frau war verblutet. Eines Tages betrat ein russischer Offizier mit seinem Burschen unsere Behausung. Er war total betrunken. In der Hand hatte er eine Handgranate, die er unter uns Frauen und Kindern abzuziehen drohte.

»Warum haben Germanski meine drei Brüder kaputt?« brüllte er herum. Wir wurden von einer furchtbaren Panik und Angst ergriffen. Die kleine tapfere Irmgard W. versuchte ihn zu beruhigen und abzulenken, sie brachte ihm Tee zu trinken; dafür schleppte er sie in das Schlafzimmer der Familie B. Der Bursche riß die Pfarrersfrau aus Zülzenfitz von ihren schreienden drei kleinen Kindern weg und warf sich neben den Offizier mit ihr in das zweite Ehebett. Am 21. März mußten wir nach Zuchow zurückfahren. Das Mädchen Irmgard W. mußte bleiben und wurde erst nach fünf bis sechs Wochen krank und mit Lumpen bedeckt auf einer Karre von einem Deutschpolen zurückgebracht.
Unser Dorf war voller Russen. Wir mußten zuerst die vielen Leichen bestatten. Überall lagen tote russische und deutsche Soldaten sowie Zivilisten, die schon wochenlang gelegen hatten. Hinzu kam das verendete Vieh. Die Vergewaltigungen gingen Nacht für Nacht weiter. Auch Irmgard W. wurde nach ihrer Rückkehr nicht in Ruhe gelassen. Ihre Eltern sind aus Gram darüber gestorben. Eine Frau aus einem Nachbarort wurde vergewaltigt, obgleich sie gelähmt war. Ihr Mann zog sie im Ziehwagen zu seinem Arbeitsplatz aufs Feld, um sie vor Nachstellungen zu schützen.[17]

Viele Flüchtlinge retteten sich in größere Städte, die wie Königsberg, Kolberg und Breslau zu Festungen erklärt wurden. Die Festung Breslau wurde am 15. Februar von sowjetischen Truppen eingeschlossen und kapitulierte erst am 6. Mai 1945.
Der Zusammenbruch der Ostfront und der nicht mehr abreißende Strom der Flüchtlinge aus dem östlichen Reich wirkten sich schockierend und depremierend auf die Deutschen aus.

Warum stellt sich niemand auf die Straße und schreit »genug, genug«, warum wird niemand irrsinnig? Warum gibt es keine Revolution?[18]

Diese Fragen stellte sich Ursula von Kardorff und vermerkte sie in ihrem Tagebuch am 2. Februar 1945. Wer aber sollte den Irrsinn beenden? Die Frauen, die das Gros der Bevölkerung stellten? Die Greise, die Jugendlichen, die für ihren Einsatz als Volkssturmmänner exerzierten? Oder vielleicht die Wehrmachtsgenerale, denen immer noch Hitlers Antwort auf den 20. Juli 1944 in den Gliedern steckte? Wohl kaum. Auch nicht die Arbeiterschaft, die nach Ansicht der Meinungsforscher im Propagandaministerium zu den treuesten Anhängern des Regimes zählten:

Tätigkeitsbericht
Stichtag: 21. Februar 1945

1. Stimmung und Haltung
Die Stimmung und Haltung sind zur Zeit nicht einheitlich; das bringen alle vorliegenden Berichte der Reichspropagandaämter mehr oder weniger deutlich zum Ausdruck. Sie unterscheiden drei Kategorien:
a) Die Einstellung des *sogenannten Bürgertums* sei durch eine tiefgreifende Lethargie und weitgehendes Sichgehenlassen gekennzeichnet und trete in Gesprächen usw. am stärksten in der Öffentlichkeit hervor. Diese Kreise sähen dem Krieg zu »wie ein Theaterbesucher den Vorgängen auf der Bühne«, ohne das Gefühl zu haben, daß es um den eigenen Hals gehe. Die ständigen Redewendungen lauteten: »Es ist doch alles verloren, wozu noch arbeiten«, oder »In drei Monaten ist der Krieg doch verloren«. Eine andere Möglichkeit gäbe es für diese Leute nicht mehr. Auch bestimmte Teile des Bauerntums, besonders in den konfessionell einseitig zusammengesetzten Gebieten, würden von dieser Einstellung erfaßt. Die daraus erwachsende Gefahr dürfe nicht verkannt werden; denn dieses Gerede sei wie ein »schleichendes Gift«, mache die Menschen müde und mutlos und setze ihre Leistungen herab. Die einfache Propaganda genüge nicht mehr zur Bekämpfung dieser Gefahr, weil diese Menschen nicht glaubten, sondern den Glauben ihrem sogenannten gesunden Menschenverstand entgegensetzten, wonach man sich »an den fünf Fingern« abzählen könne, daß infolge der starken Ausfälle unserer Wirtschaft der Krieg verloren sei.
b) Ganz anders verhalte sich die *Arbeiterschaft* in den großen Betrieben, die nach wie vor vorbildlich ihre Pflicht erfülle. In diesen Kreisen werde fast überhaupt nicht gemeckert. Die Arbeiterschaft zeige sich auch allen kommunistischen Zersetzungsversuchen gegenüber immun – wenn auch hier und da kleine kommunistische Zellen ausgehoben wurden – und halte trotz aller Entbehrungen und

Belastungen in Treue zum Führer. Aus diesen Kreisen werde auch gefordert, daß mit der Rücksichtnahme auf mutlose sogenannte »Bürger« endlich Schluß gemacht werde. Der Schrei nach einem scharfen Durchgreifen werde immer stärker.

c) Die große Zahl von *Soldaten,* die man überall auf Bahnhöfen und auf den Straßen wartend sähe, wirke sich bedrückend auf die Stimmung der Bevölkerung aus, weil man den Eindruck habe, daß viele Soldaten keinen Wert darauf legten, schnell zu ihrem Truppenteil zu kommen, sondern die Verkehrsschwierigkeiten ausnutzten. Da es sich bei diesen Soldaten nicht um die besten Elemente aus der Truppe handele, wirkten ihre Gespräche über den »verlorenen Krieg« außerordentlich deprimierend.

Mit der Stimmung, die bei der überwiegenden Mehrzahl der Volksgenossen auf den Nullpunkt gesunken sei, stände jedoch die *Haltung* in einem gewissen Widerspruch. Denn durch alle Niedergeschlagenheit klinge doch letzten Endes immer wieder bei den meisten Volksgenossen die Auffassung durch, daß noch nicht alles verloren sei und man auch das Schwerste ertragen müsse, um Freiheit und Leben zu retten. Dieses starke Positivum gründe sich vor allem auf das Vertrauen zum Führer, der geradezu beschworen werde, mit brutaler Rücksichtslosigkeit alles zur Vernichtung unserer Feinde einzusetzen und hart zu werden gegen jeden, der versage. Das Volk sei auch heute noch zu allem bereit, wenn es nur wisse, daß die Führung in Ordnung sei. Wer ohne Befehl »sich selbst evakuiert« oder drücke, solle gehängt werden. Besonders ungünstig wirke sich das schlechte Beispiel vieler führender Persönlichkeiten aus, die entgegen der Anordnung ihre Familien nach dem Westen abtransportierten. Die Bevölkerung sei gegen nichts empfindlicher, als wenn sie feststelle, daß diejenigen, die dank ihrer Stellung bisher manche Vorzüge genossen hätten, jetzt, da es darum gehe, auch standhaft zu bleiben, teilweise sogar unter Ausnützung ihrer dienstlichen Möglichkeiten, ihre Familien in Sicherheit zu bringen versuchten. Man habe auch mitunter das Empfinden eines Durcheinanders bei der Führung. Eine klare Zusammenfassung der Aufgabengebiete unter den jeweiligen Besten würde für notwendig gehalten, dann würden auch wieder klare Befehle von oben erfolgen können, und durch die Entfernung der Nichtskönner innerhalb der Führung würde die Führerkrise bestimmt beendet. Dann werde das Volk auch wieder willig dort hinmarschieren, wo die Gefahr am größten sei. Daß dieser gute Glaube in unserem Volke noch vorhanden sei, beweise am schlagendsten das Ergebnis der Volksopfersammlung, durch die das deutsche Volk seine Anständigkeit, seinen Glauben und seine Treue dokumentiert habe.[19]

Den Krieg hätte nur die Führung beenden können, aber die hatte sich auf einen Kampf bis zur letzten Patrone eingestellt. Wer dieses Spiel nicht mitspielen wollte, fand sich unversehens vor einem fliegenden Standgericht, deren Opfer bald Alleebäume und Straßenlaternen zur Abschreckung zierten. Für die breite Masse produzierte Goebbels' Propagandaministerium neue Durchhalteparolen:

Vertraulich! Nach Abschluß der Redner-Aktion vernichten!

Merkpunkte zur Versammlungsaktion Februar/März 1945

Die Reden werden frei gehalten, entsprechend dem Temperament des Redners. Die hier zusammengestellten Merkpunkte sollen möglichst in die Rede eingeflochten werden. Sie stellen eine Ergänzung zu den gültigen Richtlinien unserer Propaganda dar.

I. Stimmung

a)

Der breiten Masse des Bürgertums hat sich eine tiefgehende Lethargie bemächtigt. Wirtschaftsführer, Beamte und Intellektuelle argumentieren, der Krieg sei in drei Monaten verloren und es sei deswegen unnütz, anzupacken und aufzubauen. »In einem halben Jahr sind sowieso Engländer und Amerikaner hier«. Diese Überlegung lähmt die Aktivität und frißt sich wie ein schleichendes Gift in Kopf und Gemüt.

Darauf ist einzugehen. Es ist entgegenzuhalten, daß es keine Situation gibt, in der man die Hände in den Schoß legen darf. Gleichgültigkeit ist die furchtbarste Bedrohung unseres Kampfes. Kein Deutscher ist Zuschauer in diesem Ringen, sondern mit seinem Schicksal und seiner Zukunft dem Ausgang des Krieges verhaftet. Nur Standhaftigkeit und Widerstandswillen bringen uns über die gegenwärtige Krise hinweg und gewinnen die Zeit, die die Führung zur Durchführung ihrer militärischen Aktionen braucht.

b)
Andere Kreise in der Bevölkerung versuchen, sich nicht durch Gleichgültigkeit, sondern durch bewußte Distanzierung vom Schicksal des Volkes auszunehmen. Unter dem Schlagwort »Die Partei ist schuld am Krieg« bereiten sie ihre Flucht aus dem Krieg vor und leisten der Agitation des Gegners Vorschub, Volk und Führer zu trennen.

Dem ist entgegenzuhalten, daß das Schicksal in diesem Krieg das gesamte deutsche Volk betrifft. Die dokumentarischen Äußerungen unserer Gegner lassen darüber keinen Zweifel. Jede derartige intellektuelle Desertion stellt einen verhängnisvollen Irrtum dar. Anhand der Ursachen über die Kriegsentstehung kann nachgewiesen werden, daß dieser Krieg nicht eine Führungsschicht, sondern die gesamte wirtschaftliche und geistige Existenz Deutschlands vernichten soll. Man hat uns den Krieg erklärt, nicht umgekehrt. (Der Überfall des internationalen Judentums, der Bolschewismus.)

c)
Der schaffende Mensch ist im großen und ganzen von diesen Zweifeln nicht angekränkelt, sondern tut nach wie vor seine Pflicht. Auch er macht sich natürlich Gedanken, argumentiert aber in einem gewissen dunklen und nicht sicheren Instinkt: »Wenn es uns nur so ginge, wie 1918, könnten wir aufhören; aber es wird uns diesmal schlimmer gehen«.

Diese Überlegung muß angesprochen werden. Es muß nachgewiesen werden, daß es uns nach 1918 schon schlecht genug ging (Beispiele). Was wir 1933 bis heute versucht haben, ist im Grunde nichts anderes, als die damals erlittene Scharte auszuwetzen, um das Schicksal der arbeitenden Menschen glücklich zu gestalten. Die Freiheit und den Wert unserer Arbeit und den Wiederaufbau der zerstörten Güter kann uns nur der siegreiche Krieg bringen.

II. Haltung

a)

Die Haltung der Bevölkerung wird auf das schwerste durch den Luftterror beeinträchtigt. Immer wieder heißt es, daß alles zu ertragen wäre, wenn der Luftterror gebrochen würde. Zweifel an der Erfüllung gegebener Versprechen sind in diesem Zusammenhang an der Tagesordnung.

Dem ist entgegenzuhalten, daß wir auch hier auf dem Wege zu einer Änderung sind. Wir brauchen dazu Zeit; denn jede Entwicklung besserer Waffen braucht Zeit. Auch der Gegner hat zur Entwicklung seiner heutigen Flugzeugtypen drei Jahre gebraucht. Wir schaffen es schneller. Wir werden auch in dieser Hinsicht die Lage bewältigen. So schmerzlich der Luftterror ist und so furchtbare Wunden er uns schlägt, wir müssen ihn durchstehen, um die Entwicklung zum Besseren nicht vorzeitig zu stören, sondern zu erwarten und zu erleben.

b)

In diesem Zusammenhang wird immer wieder auch vom schaffenden Menschen unser Industrie-Potential angesprochen. Man sagt sich, daß, wenn wir im Besitz unserer vollen Industrie die Lage nicht meistern konnten, sie nunmehr unmöglich meistern können, nachdem uns soviel Werke sichtbar zerschlagen worden sind.

Dem ist entgegenzuhalten, daß nach dem Wegfall der früheren besetzten Gebiete und des Exportes unser Bedarf nicht mehr den früheren Umfang benötigt, und daß unsere Produktion im jetzigen Umfang ganz zweifelsfrei genügt, um unseren Kriegsbedarf zu befriedigen.

c)

Die Frontlage spielt natürlich eine außerordentliche Rolle. Der Einbruch im Osten wirkt sich, wie nicht anders zu erwarten, auf die Haltung aus. Dazu kommt die bevorstehende Offensive der Gegner im Westen, die jeder erwartet.

Hier ist zu sagen, daß wir selbstverständlich unsere Gegenmaßnahmen getroffen haben. Auch wenn man uns weiterhin beengen wird, ist unser Kampf niemals aussichtslos; je weiter die Zeit in diesem Jahr vorschreitet, desto stärker werden sich unsere Gegenmaßnahmen bemerkbar machen. Die Truppe kämpft ungebrochen, und die Heimat wird das gleiche tun. Nicht nur militärische Entscheidungen werden heranreifen, sondern auch Entscheidungen auf politischem Gebiete, die heute noch unbemerkt sind und von denen nicht gesprochen werden kann, werden sich eines Tages auswirken. Notwendig ist auf jeden Fall *Ausdauer*, um die Entwicklungen zur Reife kommen zu lassen.

Der Tenor aller Reden muß sein, daß wir nach wie vor diesen Krieg nicht nur verlieren wollen, sondern nach wie vor ihn gewinnen wollen und werden. Die Bevölkerung muß die Überzeugung davontragen, daß es heute durch alle Stände des Volkes hindurch eine entschlossene Kampfgemeinschaft gibt, die unter keinen Umständen das Ringen aufgibt, sondern gewillt ist, mit allen Mitteln nach innen und außen diesen Krieg durchzustehen, um ihn zu gewinnen.[20]

Der zunehmende Ausfall der Ostgebiete und die Massierung der Menschen in Mittel-, Nord- und Süddeutschland brachte neben Unterbringungsschwierigkeiten vor allem eine Verknappung der Nahrungsmittel. Die bisherigen Rationen mußten gekürzt werden:

Frankfurt, 3. Februar 1945

Die militärischen Operationen in den ländlichen Überschußgebieten des Ostens und die starke Anspannung auf allen Gebieten des Transportwesens erfordern in der Ernährungswirtschaft eine Anpassung an die Lage. Es werden Einsparungsmaßnahmen notwendig, deren endgültige Regelung sich naturgemäß im Augenblick noch nicht durchführen läßt. Der Reichsernährungsminister hat daher als Übergangsmaßnahmen bis zur Festsetzung neuer Rationen angeordnet, daß die 72. und 73. Zuteilungsperiode um insgesamt eine Woche verlängert werden.[21]

Das durch alliierte Luftangriffe herbeigeführte Verkehrschaos erschwerte die Beförderung von Waren erheblich. Die Stadt Siegburg konnte bereits im Februar 1945 die angegebenen Mengen auf den Lebensmittelkarten nicht mehr garantieren:

Beobachtungen zur Versorgungslage in der Stadt Siegburg im Monat Februar 1945.

Verfügung vom 1. 6. 1940 – J. No. 1236 –

A. Nichtbewirtschaftete Waren.

Kartoffeln	Die durch eine Pressenotiz angekündigten Maßnahmen über Abgabe eingekellerter Speisekartoffeln hat in der Bevölkerung Beunruhigung hervorgerufen. Es erscheint angebracht, die im rheinischen Erzeugergebiet lagernden Bestände heranzuschaffen, um die Versorgung der Bevölkerung mit Speisekartoffeln bis zum Ende des Kartoffelwirtschaftsjahres sicherzustellen.
Trockenkartoffeln	Werden hier nicht geführt.
Obst und Trockenobst	Keine Zuteilungen.
Gemüse	Zur Verteilung gelangen Krauskohl und geringe Mengen Rosenkohl.
Südfrüchte	Kein Angebot.
Salate	Außer geringen Mengen Feldsalat kein Angebot.
Originalgewürze	Verkauf nur gegen Berechtigungsscheine für Hausschlachtungen.
Zusatzgewürze	Ausreichend.
Salz	Weiter anhaltende Verknappung.
Zwiebeln	Kein Angebot.
Frischfisch	Seit mehreren Monaten kein Verkauf.
Räucherware	Kein Verkauf.
Heringe	Desgleichen.
Geflügel	Desgleichen.
Wild	Verkauf mehrerer Rehe.
Magermilch	Die Abgabe erfolgt im Rahmen der zur Verfügung stehenden Mengen.

B. Bewirtschaftete Mengen.

Butter	In der Versorgung der Bevölkerung mit Butter ist in letzter Zeit eine Besserung eingetreten.

Vollmilch	Die den Verbrauchern zustehenden Mengen sind lieferbar.
Hartkäse	Die Lieferungsschwierigkeiten bestehen teilweise auch heute noch.
Weichkäse	Desgleichen.
Speiseöl	Kein Verkauf.
Fleisch	Die Kartenansprüche können gedeckt werden.
Margarine	Desgleichen.
Nährmittel	Verknappung in Getreidenährmitteln, Kartoffelstärkeerzeugnissen und Teigwaren.
Fleischwaren	Die kartenmäßigen Mengen können geliefert werden.
Speck und Schmalz	Desgleichen.
Eier	Die den Verbrauchern zustehenden Eier (Weihnachtszuteilung) konnten nur teilweise geliefert werden.
Zucker	Bisher konnten die Kartenansprüche der Verbraucher gedeckt werden.
Schokolade und Pralinen	Kein Verkauf.
Konserven	Kein Verkauf.
Marmelade	Die Kartenansprüche der Verbraucher können gedeckt werden.
Pferdefutter	Abgabe nur an nichtlandwirtschaftliche Pferdehalter auf Futtermittelscheine.
Hühnerfutter	Nicht erhältlich.
Viehfutter	Kraftfutter kaum erhältlich.
Heu und Stroh	Sehr knapp.

den Herrn Landrat des Siegkreises
– Ernährungsamt –
in Siegburg

Siegburg, den 20. Februar 1945.
Der Bürgermeister.[22]

München, 10. März 1945

Die Versorgungsberechtigten in München-Stadt und München-Land, die im Besitz eines Einkaufsnachweises sind, erhalten ein Pfund Sauerkraut.[23]

Die 74. Kartenperiode, die vom 9. bis 29. April 1945 dauerte, enthielt folgende Zuteilungsmengen:

Die Rationen der 74. Kartenperiode sind für die 74. Zuteilungsperiode für die wichtigsten Nahrungsmittel in folgender Höhe je Kopf und Woche vorgesehen.

1. Brot
   a) Normalversorgungsberechtigte (einschl. ausl. Zivilarb.) 1700 g
   b) Jugendliche von 6–18 Jahren 2000 g
   c) Kinder bis zu 6 Jahren 1000 g
   d) Zulagen für Schwerarbeiter 1100 g
   e) Zulagen für Schwerstarbeiter 1600 g
2. Fleisch
   a) Normalversorgungsberechtigte (einschl. ausl. Zivilarb.) 250 g
   b) Jugendliche von 6–18 Jahren 300 g
   c) Kinder bis zu 6 Jahren 100 g
   d) Zulagen für Schwerarbeiter 350 g
   e) Zulagen für Schwerstarbeiter 600 g
3. Fett
   a) Normalversorgungsberechtigte (einschl. ausl. Zivilarb.) 125 g
   b) Jugendliche von 6–18 Jahren (625 g für 3 Wochen) 208 g
   c) Kinder bis zu 6 Jahren 125 g
   d) Zulagen für Schwerarbeiter (170 g für 3 Wochen) 57 g
   e) Zulagen für Schwerstarbeiter (620 g für 3 Wochen) 207 g
4. Nährmittel einheitlich 225 g für 3 Wochen
5. Zucker oder Marmelade in doppelter Menge
   a) grundsätzlich 125 g je Woche
   b) für Jugendliche von 6–18 Jahren 500 g für 3 Wochen
6. Kunsthonig. An Kinder bis zu 6 Jahren 125 g in 3 Wochen
7. Käse 62,5 g in 3 Wochen
8. Quark 125 g in 3 Wochen
9. Kaffee-Ersatz 100 g in 3 Wochen

10. Kinderstärkemehl. Nur für Kinder bis zu 6 Jahren 250 g in 3 Wochen[24]

Ende Februar 1945 ging man dazu über, teilweise Rohgetreide an die Bevölkerung abzugeben, weil durch die Zerstörung der Getreidemühlen die Mehlversorgung ganzer Gebiete ausgefallen war, und einen Monat später ordnete der Reichsminister für Ernährung und Landwirtschaft eine drastische Verminderung der Geflügelbestände mit der Begründung an, es könne nicht länger verantwortet werden, daß jährlich der direkten menschlichen Ernährung 1,5 Millionen Tonnen Getreide und ebensoviel Kartoffeln verlorengingen. Die landwirtschaftlichen Betriebe hatten bis 1. April 1945 ihre Geflügelbestände auf ein Minimum zu beschränken, und die Bewohner in den Städten mußten ihr Geflügel gänzlich abschaffen. Zur Verbesserung der Ernährungslage wurden die Deutschen angehalten, Brachland zu kultivieren:

Brachland erschließen
Anordnung des Reichsverteidigungskommissars

Hannover, 1. März

Der Gauleiter hat in seiner Eigenschaft als Reichskommissar die nachstehende Anordnung erlassen:
»Die Sicherung der Volksernährung ist mehr denn je unsere dringlichste Aufgabe. Angesichts des Verlustes wertvollster landwirtschaftlicher Überschußgebiete im Osten unseres Reiches und der Notwendigkeit, aus den Erträgen eines enger gewordenen Raumes mehr Menschen zu ernähren, müssen in diesem Jahr die letzten bisher brach liegenden Flächen dem Anbau von Korn, Kartoffeln, Ölfrüchten und Gemüse erschlossen werden. Ich fordere alle privaten, staatlichen und gemeindlichen Landbesitzer auf, ihre Acker- und Gartenflächen auszudehnen, Parkanlagen und Ziergärten umzubrechen und jeden nutzbaren Quadratmeter zu bestellen oder geeigneten Volksgenossen zur Bestellung zu überlassen. Die Ortsgruppenleiter der NSDAP werden die Durchführung dieser kriegswichtigen Aufgaben mit allen Mitteln fördern und überwachen.«
Ziergärten und Parkanlagen
Hierzu schreibt die Pressestelle des Reichsverteidigungskommissars noch ergänzend:

»Gelegenheit für die Ausweitung des Anbaus von Korn, Kartoffeln, Ölfrüchten und Gemüsen bieten u. a. vor allen Dingen Ziergärten, Parkanlagen, Unterkulturen in Obstgärten, Wiesen, Rasenflächen, Bauland, unbebautes Industriegelände usw. Weiter kann durch wesentliche Einengung der Feldwege und durch Heranziehung der Fläche bis ganz hart an die Straßen heran Brachland erschlossen werden.
Ein ›Unmöglich‹ kann und darf es hierbei nicht geben. Wie die Anlagen vor der hannoverschen Stadthalle beispielsweise keineswegs ›steril‹ gewesen sind, wie manche Besserwisser vorher behaupteten, sondern wertvolle 1000 Zentner Kartoffeln erbracht haben, so muß künftig jedes Fleckchen Erde, welches produktionsfähig ist und bisher keiner Erzeugung diente, in den Dienst unserer Volksernährung gestellt werden. Mit dieser Bestellung muß unter allen Umständen noch in diesem Jahr begonnen werden, da es heute in Anbetracht unserer ernährungspolitischen Lage entscheidend darauf ankommt, daß nicht nur gründlich, sondern sofort gehandelt wird. Grünanlagen wird es in Zukunft so gut wie nicht mehr geben dürfen; dafür aber um so mehr Flächen, die ausschließlich der Sicherung unserer Ernährung dienen.«[25]

Die Zeitungen legten den Lesern nahe, Brot möglichst zu sparen und deshalb niemals frisches, sondern nur abgelagertes Brot zu verzehren, weil erst beim abgelagerten Brot der richtige Nährwert aufgeschlossen sei, und eine Münchener Zeitung erklärte schließlich, daß Hungern ein Beweis für Charakterstärke sei:

München, 21. Februar 1945

Ärztliche Untersuchungen haben bewiesen, daß mehr als man annimmt, die Willenskraft auch zur Überwindung mancher Essensschwierigkeiten eine erhebliche Rolle spielt ... Nur charakterschwache Menschen haben eine panische Angst vor dem Hunger und werden ihm daher gegebenfalls eher erliegen. Wir befinden uns mit unseren derzeitigen Rationen noch lange nicht an der untersten Grenze ... Es ist eine feststehende Tatsache, daß viele Stoffwechselleiden nur im Zusammenhang mit zu reichhaltigem Essen standen.[26]

Anfang März 1945 fiel in den Gaststätten das bisher markenfreie Stammgericht weg. Dafür konnte gegen 5-g-Fettmarken das Hausgericht abgegeben werden, das gegen eine entsprechende Markenmenge auch als Fleischgericht verabreicht werden durfte.

Die letzte Neuerung auf dem Gebiet der Ernährung ist »Trockenmarmelade aus Roggenmehl«. In Gaststätten ist die Hälfte der servierten Speisen aus Surrogaten zusammengesetzt. Am gräßlichsten schmecken die Nachahmungen von Puddings, Torten, Eierschaum, Fruchtsoßen, Grieß, Erbsensuppe und Eierkuchen, die aus Kartoffelstärke hergestellt und dann gefärbt werden. Daß man aus Kohle Butter, aus Teer Margarine gewinnt und die Italiener aus Milch Stoffe weben, ist nichts Neues.[27]

Schließlich wurde der Verzehr ungewohnter Nahrungsmittel propagiert:

Berlin, den 5. April 1945

An die Leiter der
Gauämter für Volksgesundheit der NSDAP

Die zur Zeit zur Verfügung stehenden Nahrungsmittelrationen liegen im Reichsgebiet unter dem Erhaltungs-Minimum. Es droht somit in absehbarer Zeit eine Hungersnot. In den feindbesetzten Gebieten besteht sie bereits.

I. Ernährungslage

Im einzelnen werden zur Erleichterung der Ernährungslage folgende Richtlinien herausgegeben.

Als in großen Mengen greifbare, somit für die Volksernährung wichtige neuartige Nahrungsmittel kommen in Frage:

1. Raps, Rapskuchen und Rapsextraktionsschrot. In gleicher Weise wie Raps sind Mohnkuchen, Leinsamen verwendbar. Hierbei Entbitterung nicht erforderlich.
2. Streckung des Brotes durch Ballaststoffe wie Baumflechten, Sägemehl, Baumrinde nicht zu empfehlen.
3. Kastanien enthalten wertvolle Stärke.
4. Eicheln werden zweckmäßig geröstet und dann als Getränk (Eichelkaffee) benutzt.

5. Zucker- und Runkelrüben stellen Massengemüse dar. Ertrag je Flächeneinheit sehr hoch, deshalb Anbau auch im Gartengelände zu empfehlen.
6. Weitere Massengemüse sind Seradella, Klee, Luzerne, wenn jung geschnitten. Diese Pflanzen können, wenn sie immer jung geschnitten werden, mehrfach geerntet werden.
7. Für den Haushalt kommt die Sammlung von Wildpflanzen, Wildbeeren, Wurzeln und Pilzen in Frage.
8. Verbesserung der Eiweißgrundlage durch Schlachtung aller greifbaren warmblütigen Tiere oder durch Sammlung niederer Wildtiere, z. B. Fische jeder Art, Frösche (Fang mit buntem Lappen, die im Wasser am Ufer entlanggezogen werden), Schnecken (Fang durch Benetzen von Stroh mit gärender oder faulender Masse, evtl. süßen Produkten, z. B. Melasse, Obstresten).
9. Verbesserung der Vitaminversorgung durch Aufbrühung von Kiefer- und Fichtennadel-Jungtrieben, einen Tag stehenlassen. Wirksam gegen Skorbuterkrankungen.

II. Organisatorische und therapeutische Richtlinien . . .

[. . .]
2. Hungerödeme werden in den nächsten Monaten in großem Maße auftreten.
Behandlung: a) absolute Bettruhe,
b) kalorien- und eiweißreiche Ernährung, wenn möglich.

III. Hygienische Grundbedingungen beim Ausfall aller zivilisatorischen Einrichtungen oder beim Leben in der freien Natur

1. Sauberhaltung des Wassers.
2. Strenge Beachtung der Freihaltung aller Wasserstellen von menschlichen Ausscheidungen und Abfällen. Diese müssen sofort, auch in den Städten, vergraben werden.
3. Leben in Kellern und Erdhütten. Feuchte Luft beim Einatmen vorwärmen durch Umhüllung des Kopfes mit lockerem Tuch. Auslüften und Austrocknen der Kleider, so oft irgend angängig.
Einrichtungen von Erdhütten: Eingang auf der nicht unter dem Winde liegenden Seite anlegen. Abdecken und Abdichten mit Reisig, Laubwerk, im Inneren Einbringen eines Bodenschutzes (Laubwerk, Holz usw.) als Lager.

Spaten und Pickel sind für den in freier Natur und in Trümmerstädten lebenden Menschen wichtigste Werkzeuge, sowohl zur Beschaffung von Nahrung wie zur Erstellung von Notbehausungen und zur Beseitigung von Abfällen. Feueranmachen mit Brenngläsern oder durch Abschießen von Patronen, aus denen das Geschoß vorher entfernt wurde.

(Prof. Dr. Dr. Schenck)[28]

Wer genügend Geld oder Tauschobjekte besaß, der konnte sich dagegen auf dem Schwarzmarkt mit allem versorgen, was er brauchte:

Während die Truppen nicht genügend Kraftstoff haben, floriert der schwarze Benzinmarkt in Berlin. Noch immer gondeln Tausende von Privatautos herum. Für den Liter schwarzes Benzin werden RM 40,– gezahlt oder zwanzig Zigaretten. Zwanzig Liter Benzin kosten ein Pfund Kaffee oder ein Kilo Butter. Autoreifen sind auf dem schwarzen Markt für zwei- bis dreitausend RM erhältlich. Unter 15 000 bis 20 000 RM sind selbst alte Wagen nicht zu haben. Auch mit falschen Nummernschildern, Diplomatenplaketten usw. wird gehandelt. Ein vollständiger Satz falscher Papiere, bestehend aus Reisepaß, Wehrpaß, Arbeitsbuch und Z-Karte für den Volkssturm, kostet 80 000 RM.[29]

In der Zürcher Zeitung erschien im Februar 1945 ein Bericht, der die deutschen Versorgungsschwierigkeiten und den Schwarzmarkt glossierte:

Wenn der deutsche Stadtbewohner infolge der Mangelwirtschaft unersetzbares Gut vor feindlichen Phosphorbomben in luftschutzsichere Gebieten zu retten sucht, so stehen seinem verständlichen Vorhaben kaum überwindbare Hindernisse entgegen.
In den meisten Familien sind aus Friedenszeiten zwar ausreichend Koffer für Ferienreisen vorhanden, aber sie sind zum Teil durch das Luftschutzgepäck in Anspruch genommen. Der Rest reicht bei weitem nicht aus, das Notwendigste aufzunehmen. Kaufen können sich nur Bombengeschädigte einen neuen Pappdeckelkoffer, der sich für schwere Lasten nicht eignet. Also begibt sich der Hausherr

auf die Suche nach Kisten. Neue Kisten werden nur für die Kriegsindustrie hergestellt. Die Detailgeschäfte erhalten ihre Waren in Pappkartons. Glücklich daher der Suchende, der nach tagelangem Wandern sich mittels des berüchtigten Vitamin B (Beziehungen) oder noch nachdrücklicher mit dem Vitamin N (Naturalien) einige transportfähige Kisten hamstern konnte. Schnaps, Zigaretten und Rotwein sind zum geläufigsten Zahlungsmittel geworden, denn mit Geld allein ist keine Maus aus dem Loch zu locken. Nun aber sind diese Dinge rationiert – jedes halbe Jahr gibt es pro Kopf eine halbe Flasche Schnaps und pro Tag zwei bis drei Zigaretten oder eine Zigarillo. Als einziger Ausweg bleibt der schwarze Markt, auf dem die Preise beinahe unerschwinglich sind: 200 Mark für eine Flasche gewöhnlichsten Kognaks, 35 bis 50 Pfennig für eine Zigarette. Außerdem ist dieser Handel strafbar und wird mit Zuchthaus geahndet. Was tun, um einerseits der amtlichen Aufforderung, sein Hab und Gut in Sicherheit zu bringen, Folge zu leisten, ohne andererseits die gesetzlichen Bestimmungen zu übertreten? Man fügt sich den Schwarzmarktpreisen, erhandelt unter strengster Diskretion einige hundert Zigaretten und geht auf Kistensuche. Ist der Kauf getätigt, heißt es, einen Gepäckträger finden, der sie in die Wohnung schafft. Aussichtslos! Auf einem geliehenen Handwagen rollt man nach getaner Arbeit die Kisten nach Hause.
Stehen die Kisten gefüllt in der Diele, fehlen für die Vernagelung die Nägel. Ohne Eisenschein werden sie in Eisenwarengeschäften nicht abgegeben. Der aber muß beim Wirtschaftsamt beantragt werden. Bis er, wenn überhaupt, bewilligt wird, dauert es zwei bis drei Wochen. Wieder gilt es, mit Hilfe von Zigaretten irgendwelche Nägel, Größe nebensächlich, aufzutreiben. Am nächsten Morgen, falls kein Fliegerangriff dazwischenkommt, können endlich die Kisten abgehen.[30]

Im März 1945 begann das große Zeitungssterben. Wegen Papiermangels wurden Zeitungsredaktionen geschlossen, und die Zeitungen, die noch erscheinen konnten, hatten einen Umfang von höchstens zwei Doppelseiten. Seit Januar war bereits der Zug- und der Briefverkehr erheblich eingeschränkt worden:

Berlin, 20. Januar 1945

Wie bekanntgegeben, wird vom 23. Januar an der öffentliche Schnell- und Eilverkehr eingestellt. Schlafwagen verkehren zum letztenmal in der Nacht vom 22. auf 23. Januar. Zur Bedienung des dringendsten kriegswichtigen Dienstverkehrs werden einige Dienst-D-Züge eingesetzt, die nur gegen die Bescheinigung einer Reichsbahndirektion benützt werden können.[31]

München, 23. Januar 1945

Für den Ortsverkehr und im Verkehr mit verhältnismäßig günstig gelegenen Nachbarorten bleibt der Briefverkehr wie bisher bestehen; darüber hinaus ist aber für den allgemeinen Verkehr bis auf weiteres nur die gewöhnliche Postkarte zugelassen.[32]

Die Reise mit dem Zug war ein äußerst gefährliches Unternehmen und fand möglichst nachts statt, um den feindlichen Tieffliegern zu entgehen:

Reelkirchen – Sonntag, den 25. März 1945

Nach einem Tag des Verschnaufens mache ich mich am Samstag nachmittag in Richtung Kassel auf den Weg. Die Kleinbahn von Lengenfeld nach Linefelde, wo ich umsteigen muß, feuert Braunkohle, deren Funkenregen die Böschung des Bahndamms in Brand zu setzen droht. Um ein Uhr früh in Kassel ist in der völlig zerstörten Stadt an Unterkunft nicht zu denken. Für Wehrmachtsangehörige gibt es am Bahnhof eine überfüllte Holzbaracke. Da die Weiterfahrt nach Westfalen erst um 4.18 Uhr angetreten werden kann und die Temperatur Kampieren auf dem Bahnsteig verbietet, suche ich einen Luftschutzbunker auf, dessen Zementboden Hunderten als Nachtlager dient. Als ich einen Augenblick meinen Rucksack absetze, stiehlt man mir meine Butterration. Der Anblick der vom Mondlicht übergossenen Ruinenstadt hätte nicht schauriger sein können.

In der Frühe beginnt das Verhängnis, das uns ereilen soll, mit einer Verspätung des Zuges, der nicht, wie angegeben, vor Morgengrauen, sondern erst um sieben Uhr abgelassen wird. Ein herrlicher Sonnenaufgang verheißt einen idealen Tag für Luftangriffe. Um 8.15 Uhr gibt es in Sundern den ersten Alarm. Hinter einer Waldspitze tauchen zwei Jagdbomber auf und nötigen uns zur Flucht ins Bahnhofsgebäude. Nachdem die Gefahr abgewendet scheint, setzt sich der Zug im Schneckentempo wieder in Marsch. Alle Augenblikke wird auf offener Strecke angehalten und der Himmel vom Lokführer und den mit Ferngläsern bewaffneten Kondukteuren nach Flugzeugen abgesucht. Plötzlich werden in großer Höhe vier Jabos sichtbar, die, ohne Kurs zu ändern, sich wieder entfernen. Schon wähnen wir uns in Sicherheit, als die Jabos drehen und im Sturzflug aus Bordkanonen und MGs feuernd auf den Zug niederstoßen. Erd- und Staubfontänen spritzen hoch. Ich postiere mich leewärts zum Geschoßhagel neben einer jungen Schaffnerin an der offenen Wagentür. Plötzlich sackt das Mädchen getroffen zusammen und stürzt auf den Bahnkörper. Um nach ihr zu sehen, lasse ich mich aus dem fahrenden Zug gleiten, bleibe mit dem Trenchcoat hängen, komme wieder los, falle nochmals und robbe mich über Nachbargleis und Bahntelegraph in einen Abzugsgraben am Waldrand.

Inzwischen hat das Feuer den Zug zum Stehen gebracht. Aus dem durchlöcherten Kessel der Lok entweicht in dichten Schwaden Dampf. Alles flüchtet in den Wald, um Deckung zu suchen, bis die Flieger außer Sicht sind und wir uns um die Opfer des Angriffs kümmern können. Die junge Schaffnerin ist nicht mehr zu retten, desgleichen nicht ein tödlich getroffener Soldat. Im übrigen sind wir mit drei Schwerverletzten und einem Dutzend Blessierten glimpflich davongekommen. Während ein zufällig mitreisender Sanitätsfeldwebel die Erste Hilfe leistet, warten wir mehrere Stunden, bis Arzt und Krankenträger auf einer Draisine herangeschafft werden. Noch während ich helfe, Verbände anzulegen, bemerkt jemand, daß ich stark blute. Es stellt sich heraus, daß ich zwei Streifschüsse erhalten habe, einen durchs Ohrläppchen und einen anderen unter dem Schulterblatt.

Die Flieger tauchen noch mehrmals auf wie Habichte, die nach Beute spähen, lassen uns aber in Ruhe. Gegen 15 Uhr – der Angriff war 8.52 Uhr morgens erfolgt – trifft eine frische Lokomotive ein, um den Zug nach Altenbeken zu schleppen. Mit ihr aber sind auch die Jabos wieder da. Gegen 16 Uhr sind wir in Altenbeken. Dort gibt es abermals Alarm und Räumung der Bahnsteige. Eine Stunde später neue Luftangriffe. Anflug von Kampfverbänden. Wir stürzen in einen Luftschutzzug, der in den Altenbekener Tunnel gefahren wird, in dem uns der Qualm der Lok fast ersticken läßt. Ich laufe an den Tunnelausgang, wo der Rauch die Abendsonne in phantastischen Reflexen bricht. Eben wagt sich der Zug wieder ins Freie, als Tieflieger die Wagenschlange erneut in den Tunnel zurücktreiben. Wir sind erlöst, als die Dämmerung kommt und wir die Reise nach Horn fortsetzen können, wo ich nach 24 Stunden Fahrt von Thüringen um 19.30 Uhr ankomme. Wegen eines Luftangriffs auf Detmold ist die Straßenbahn nach Meinberg ausgefallen, so daß ich die restlichen sieben Kilometer nach Reelkirchen tippeln muß. Ringsherum erhellt Geschützfeuer den Horizont. Hoch oben brummen für Berlin bestimmte Bomberverbände über das nächtliche Land. Kriegsgetümmel von früh bis spät.[33]

Anfang März 1945 bestand das Großdeutsche Reich nur noch aus einem Gebietsstreifen, der im Westen vom Rhein und im Osten von der Oder begrenzt war. Es war abzusehen, daß der Krieg in wenigen Wochen zu Ende war.

DIE MENSCHEN KOMMEN
UND DIE MENSCHEN STERBEN.
ABER DIE GEMEINSCHAFT,
AUS DER SICH IMMER WIEDER
DIE NATION ERNEUERT,
SIE WIRD EWIG LEBEN.
ADOLF HITLER

IM NAMEN DER
NATIONALSOZIALISTISCHEN DEUTSCHEN ARBEITERPARTEI

SPRECHE ICH DER FAMILIE

DAS HERZLICHSTE BEILEID AUS.

ORT UND TAG ORTSGRUPPENLEITER

»Wir brauchen uns nichts mehr vorzumachen, der Krieg ist verloren!« *(Deutschland März–Mai 1945)*

Einen Monat nach dem Angriff der Roten Armee im Osten begann am 23. Februar 1945 die alliierte Generaloffensive im Westen. Zu ihrer Vorbereitung und Unterstützung wurden am Tag vorher und am 23. Februar alle Eisenbahnverbindungen in den Westen und Süden des Reiches durch Großangriffe unterbrochen. Innerhalb weniger Tage drängten Briten und Amerikaner die deutschen Divisionen an den Rhein zurück und bereits am 6. März konnte das linksrheinische Köln von Amerikanern besetzt werden, während die rechtsrheinischen Stadtteile erst einen Monat später von den deutschen Verteidigern geräumt wurden. Dem Kölner Josef Fischer gelang noch kurz vor dem Einmarsch der Amerikaner die Rückkehr nach Köln:

Am 23. Februar 1945 meldet der Bericht des Oberkommandos der Wehrmacht: ›. . . Nach schwerstem Artilleriefeuer sind in den heutigen Morgenstunden die 9. und Teile der 1. amerikanischen Armee an der Rur auf breiter Front zu dem erwarteten Großangriff angetreten . . .‹
Wenn die Offensive Raum gewinnt, geraten wir in Köln in den Bereich der amerikanischen Artillerie.
Von nun an horchen wir nicht mehr allein nach oben auf die Flugzeuge, jetzt warten wir auf den Augenblick, in dem zwischen den Bomben die erste Granate einschlägt.
Die Front wankt.
Vielleicht hält sie noch ein paar Stunden, und wenn sie bricht, ergießen sich die amerikanischen Divisionen und Panzergeschwader in die Kölner Rheinebene.
Morgens gegen 10 Uhr und nachmittags gegen 15 Uhr liegt das rückwärtige deutsche Frontgebiet unter den Teppichen. Wir hören das Rollen der hundertfachen Explosionen, die Erde bebt unter unseren Füßen, obgleich wir vierzig Kilometer entfernt sind.

In Köln organisieren sie die Rundumverteidigung. Schützengräben und Schützenlöcher werden ausgehoben, bis in die Nähe der Ringstraßen in der Innenstadt verwandeln sich Krater in Kampfstände, an Straßenecken schichten sie Blöcke und Steine auf.
Die Schanzarbeiter haben keine Eile. Heller Wahnsinn, was sie tun. Verteidigen? Blödsinn. Nichts ist da, keine schweren Waffen, keine Munition, was sie sehen, sind Gewehre, Modell 98 und lange, dänische Flinten, sind 15 Schuß Munition, manche haben 30 Schuß, manche sogar noch mehr. Handgranaten besitzen Seltenheitswert. Einige Hundertschaften Polizisten sind da, ein Bataillon Volkssturm; doch Polizisten und Volkssturmleute sind alte Männer, ist das letzte Aufgebot – spärlich bewaffneter SHD und endlich Kinder: Hitlerjungen, Vierzehnjährige, Fünfzehnjährige, Sechzehnjährige.
An den Ruinen klebt ein Aufruf des Gauleiters:
. . . Frauen und Kinder werden, wenn ihr Wohngebiet Kampfgebiet wird, in rückwärtiges Gebiet geführt. Alle wehr- und arbeitsfähigen oder volkssturmpflichtigen Männer aber werden mit der Waffe in der Hand kämpfen oder mit dem Spaten der kämpfenden Truppe dienstbar sein . . .
Soldaten! Ihr habt in der Bevölkerung treue und nimmermüde Helfer, die in den vergangenen Jahren vielfach Schlimmeres ertragen hat, als es allgemein der kämpfende Soldat brauchte. Da ihr nun deutschen Boden zu verteidigen habt, kann in keiner Lage für euch eine andere Pflicht bestehen, als mit allem Fanatismus zu kämpfen . . .
Volkssturmsoldaten! Da ihr eure engere Heimat verteidigt, werdet ihr euch in glühendster Entschlossenheit bewähren . . .
. . . und wer sich diesem widersetzt oder feige zu entziehen versucht, wird eines schändlichen Todes sein. Wir alle, ob alt oder jung, ob Soldat oder Zivilist, haben in dieser größten Zeit unseres Volkes nur einen unbändigen Willen:
Wo wir stehen, zu kämpfen und zu arbeiten für den Sieg unseres Reiches, der am Ende so sicher kommen muß, wie es einen Gott im Himmel gibt . . .!
Die Schlacht an der Rur nimmt an Heftigkeit zu. Die gesamte 9. amerikanische Armee rennt auf schmaler Front ununterbrochen an. Mehrere Panzerdivisionen stehen im Kampf. Es ist Freitag, 2. März 1945.
Vor vier Tagen war ich zuletzt in Köln; bei Flakbeschuß und unter

Tiefangriffen bin ich über die Hindenburgbrücke nach Seelscheid gekommen.
Inzwischen ist die Hindenburgbrücke eingestürzt.
Nur die Hohenzollernbrücke, eine der wichtigsten Eisenbahnbrükken im Westen, ist intakt geblieben. Kaum zu begreifen.
In Seelscheid haben sie noch Strom. Das Rundfunkgerät ist umlagert. Wir versuchen, so viele Sender wie möglich abzuhören. Denn wir müssen den günstigsten Augenblick abpassen, um noch rechtzeitig nach Köln zu kommen, wir müssen die Wohnung halten! Ist der Krieg zu Ende, wird ein Dach über dem Kopf die Welt bedeuten. Koste es, was es wolle, wir müssen nach Köln!
In den Vormittagsstunden stehen wir auf einer kleinen Anhöhe. Bei klarem Wetter ist von hier der Dom zu sehen. Heute indes verschwindet er im Dunst.
Bomberverbände kommen aus dem Rheintal, rechts von uns, von Norden, und links, von Süden her. Über unseren Köpfen sammeln sie sich, Hunderte sind es, Viermotorige, wir erkennen sie genau. Wohin werden sie sich wenden?
Doch, was ist das? In einem weitausholenden Bogen fliegen sie ab nach Westen – und wir verstehen den Krieg nicht mehr.
›Sie haben schon abgeworfen‹, meint Gerda.
›Kein Wind geht‹, sinniere ich, ›wir hätten die Kaskaden wohl hören müssen . . .‹
Zu Hause drehen wir wieder am Knopf.
Nichts.
Auch der englische Nachrichtendienst schweigt darüber.
Endlich am Abend wissen wir es: Köln! Es war der letzte vernichtende Angriff auf Köln. Er hat den amerikanischen Divisionen die Bahn freigelegt zum Einmarsch. Die Rundumverteidigung ist ausgelöscht. Von Tausenden Sprengbomben ist die gesamte Innenstadt umgepflügt worden. Fünf Jahre lang haben viele Einwohner den Bombenkrieg ertragen. Dieser letzte Angriff hat sie fertiggemacht. 120 000 Menschen waren vor dem Angriff noch in der Stadt. Zehntausende laufen jetzt davon, in der letzten Minute, als sich schon das Ende des Bombenkrieges mit lauten Kanonenschüssen an der Peripherie des Stadtbezirks ankündigt. Nur 32 000 werden es sein, die beim Einmarsch der Amerikaner aus Trümmern und Löchern herauskriechen.

24 Stunden nach dem Angriff meldet der Bericht des Oberkommandos der Wehrmacht: ›An der Straße Düren–Köln wurde der zum Durchbruch ansetzende Feind nach Überschreiten des Erftabschnittes zum Stehen gebracht.‹
Der entscheidende Augenblick ist da. Die Ereignisse überstürzen sich. ›. . . an der Straße Düren–Köln aufgehalten.‹ Köln ist zum erstenmal im Erdkampf genannt. Wir vergessen zu atmen. Jetzt ist es soweit. Der Wettlauf beginnt. Wer wird als erster in Köln sein? Wir oder die Front? Der Amerikaner? Soll die gräßliche Qual des Bombenkrieges am Ende doch vergeblich gewesen sein?
Keiner sagt etwas. Schweigend stehen wir beisammen. Ob die Fahrräder halten werden? denke ich. Soll ich Heidi vor mich aufs Fahrzeug nehmen? Oder ist der Rücksitz zweckmäßiger. Gerda wird jetzt überlegen, was sie in den Rucksack packen soll – nur das Wichtigste, nur kein überflüssiges Gewicht.
Und in diesem Augenblick geschieht etwas Furchtbares.
Absichtslos, in Gedanken versunken, drehe ich am Knopf. Ich hätte den Hut in die Hand nehmen, ich hätte die Uhrzeit vergleichen können, irgend etwas anderes hätte ich tun können, aber ich drehe am Knopf . . .
Radio London . . .
›. . . Die Hohenzollernbrücke, der einzige noch existierende Rheinübergang in Köln, liegt unter dem Feuerschlag amerikanischer Artillerie . . .‹
Man sagt, einmal im Leben schließt sich für jeden Menschen die Sackgasse, in der die Wände plötzlich auf ihn zukommen und ihn ausweglos einklammern.
Wir sehen uns fragend an. Ist der Augenblick jetzt auch für uns da?! Jetzt, da wir nur noch Stunden vor dem seit fünf Jahren ersehnten Ende des Bombenkrieges stehen?
Die ganze Nacht sitzen wir flüsternd an Heidis Lager. Was ist zu tun? Tausend Pläne entstehen. Tausend Pläne werden verworfen. Immer wieder müssen sie daran scheitern, daß zwischen uns und Köln der Rhein fließt und daß die einzige Brücke unter Beschuß liegt.
Als der Morgen anbricht, ist ein Entschluß gefaßt: Ich muß es allein versuchen! Gerda will es wagen, das Kriegsende in Seelscheid abzuwarten. Heidi ist fast vier Jahre alt, und sie hat gelernt, spontan und instinktiv zu reagieren, wenn Flugzeuggeräusche hörbar wer-

den oder Bomben heulen, im Bruchteil einer Sekunde liegt sie auf der Erde und ist spurlos verschwunden, denn gerade dort, wo sie fällt, ist immer eine Vertiefung oder eine Bodenfalte . . .
Punkt sieben sitze ich auf dem Fahrrad. Ob es glücken wird, über die Brücke Bonn–Beuel die Köln–Bonner Landstraße oder die Bonner Autostraße zu erreichen? Scheitert der Versuch, muß ich in Neuwied oder Koblenz über den Rhein und das ist ein Weg, der um hundert Kilometer länger ist. Schnell muß es gehen. Denn stoßen die Amerikaner nördlich und südlich an Köln vorbei, kreisen sie die Stadt ein, als Tangente den Rhein benutzend, ist ein Hineinschlüpfen in die Stadt nicht mehr möglich. Nicht mehr die Stunden, die Minuten sind jetzt kostbar geworden.
Es ist Montag, 5. März 1945.
Auf der Straße Siegburg–Much schleppt sich die geschlagene deutsche Front nach rückwärts, verdrecktes Feldgrau, Gestalten mit eingefallenen Gesichtern, unrasiert, mit Augen, die vor Übermüdung fiebern und in denen die letzte Hoffnung erloschen ist. Viele Einheiten ziehen an Seilen ihre Geschütze hinter sich her – ohne Gewehre, ohne Koppel – vereinzelt Pferde zwischen müden Haufen – keine Motorfahrzeuge mehr –, denn der letzte Brennstoff ist in der Ardennenoffensive draufgegangen, und rechts und links in den Feldern strömen zu Tausenden französische, englische und amerikanische Kriegsgefangene, ohne Bewachung, Russen, Polen und Fremdarbeiter aus der halben Welt, die beim Anrücken der Front aus dem Linksrheinischen hinausgetrieben worden sind. Den Oberkörper vornübergebeugt, suchen sie nach Rüben, Möhren und Kartoffeln. Irgend etwas Genießbares, das im Winter nicht vergangen ist, suchen es jetzt im März, halb verfaultes, vom Frost verdorbenes und in der Luft ausgedorrtes Zeug, und was sie finden, verschlingen sie wie hungriges Vieh. Zwischen den Soldaten und den Scharen der Freigelassenen, bewegen sich die Frauen und Kinder, die der Ari-Beschuß noch in der letzten Nacht auf die Landstraße gehetzt hat. Und überall kreisen die Jabos und stoßen wie Habichte auf die Straßen und Wege herunter, setzen ihre Bomben mitten hinein und feuern, feuern vorn und hinten heraus, und dreschen mit den Kugelgarben die Ernte für den Tod zusammen . . .
Niemand, der mich anhält. Keiner fragt etwas. Manchmal nur ist es ein verwunderter Blick, den ich entdecke.

Auf der Brücke in Bonn stehen Feuerwehrleute im Stahlhelm, das Gewehr im Arm. Feldpolizei kontrolliert Soldaten, die als Einzelgänger über die Brücke marschieren, nach Deutschland hinein.
Ich werde nicht beachtet – ich bin schon bald in Wesseling – nachts sind Granaten eingeschlagen – ein Panzer steht auf der Autostraße, und wo der Rhein sichtbar wird, setzt eine Fähre über, vollgepreßt mit Menschen und ein Jabo stürzt aus den Wolken – rums – rums –, beide Bomben genau ins Ziel: aus!
Und weiter auf der Straße, wiederum rechts zum Rhein hin, bauscht der Wind ein großes Transparent auf, das quer über eine Toreinfahrt gespannt ist; hinter dem Tor, am Ende des Kiesweges, versteckt unter Bäumen, liegt ein Gebäude, und was sich darin abspielt, verraten die großen roten Lettern auf dem Tuch am Tor: ›Hauptverbandsplatz‹.
Mit größter Hast wird an der Köln–Bonner Landstraße geschanzt, jetzt noch, da die Artillerie bereits alle Punkte einsehen kann. In den Dörfern errichten sie Straßensperren, geschickt sind sie dabei und tun es wohlbedacht. In wenigen Minuten – ein paar Handgriffe – es genügt – um sie einzureißen – wenn sich die amerikanischen Panzer nähern werden. Nein, die ›glühende Entschlossenheit‹ auf dem Gauleiterplakat gilt allein der Beendigung des Tötens, der Zerstörung und dieses unmenschlichen Krieges.
Radfahrer kommen mir entgegen.
›Wohin willst du?‹ rufe ich jeden an.
›Raus, nach Niederbreisig!‹
›Raus, nach Sinzig!‹
›Raus, nur raus, raus . . .‹
›Warum?‹
›Köln ist weggeputzt!‹
›In Köln ist es aus!‹
›Ich hab die Schnauze voll!‹
Schon sehe ich die Domtürme.
Rechts liegt das Sankt-Antonius-Krankenhaus, von Bomben schwer beschädigt. An die 300 Menschen haben sich in das Gebäude geflüchtet. Von außen wirkt es leer und verlassen, sie werden sich in den Keller verzogen haben.
Ich setze mich in einen Bombentrichter und will ein Stück Brot essen.

Männer und Frauen des Kreises Grevenbroich!

Wie sie lügen!

Belgische SS schlägt deutsche Flüchtlinge

Mit Fußtritten und Kolbenschlägen werden deutsche Frauen und Kinder in Bergisch-Gladbach bei Köln von belgischen SS-Männern der SS-Division „Wallonien" traktiert.

Die Frauen, die mit ihren Kindern aus **Grevenbroich** und der **Umgegend von Grevenbroich** seit Montag auf der Flucht waren, wollten sich im Gasthaus „Zur Post" in Bergisch-Gladbach warmes Essen holen, als die belgischen SS-Männer ihnen den Zutritt mit Fußtritten, Faust- und Kolbenschlägen verwehrten. Warmes Essen wird den Flüchtlingen verweigert, um sie zum Weiterziehen zu zwingen.

Solche Übergriffe spielen sich jetzt täglich in den Westgebieten ab, seitdem nicht nur SA- und HJ-Streifen, sondern auch belgische und holländische SS als Polizei eingesetzt sind, um die langen Flüchtlingskolonnen zu ordnen und die Straßen für den militärischen Nachschub frei zu halten.

An vielen wichtigen Straßenkreuzungen sind diese belgischen und holländischen SS-Männer als Verkehrsposten eingesetzt. Die Flüchtlingsgruppen werden von ihnen rücksichtslos herumgejagt, mißhandelt und auf Nebenstraßen abgedrängt.

Die NSV-Hilfsstellen, die für die Verpflegung der Flüchtlinge sorgen müßten, zeigen nur wenig Verständnis für die Entbehrungen der durchziehenden Flüchtlingsfamilien. Sie verweigern ihnen warmes Essen, damit die großen, unkontrollierbaren Flüchtlingsmassen weiterziehen und die Straßen nicht versperren.

Obigen Bericht brachte ein Feindflugblatt „Nachrichten für die Truppen, Nr. 167", das vor einigen Tagen über dem Reichsgebiet abgeworfen wurde.

Wenden!

Männer und Frauen des Kreises Grevenbroich!

Die Kreisleitung veröffentlicht diese Feindmeldung als Beweis für die **Verlogenheit** unserer Feinde.

Jeder in unserem Kreisgebiet kann diese Meldung als **Lüge entlarven!**

Jeder von uns weiß, daß aus Grevenbroich und Umgegend keine Frauen und Kinder in „unkontrollierbaren Flüchtlingsmassen" unterwegs sind! Jeder, der mit den örtlichen Verhältnissen vertraut ist, kann für die **Plumpheit der Lüge** nur ein mitleidiges Lächeln haben!

Aber wie kann sich diese Meldung in anderen Gebieten des Reiches, wo man Wahrheit und Unwahrheit nicht sofort prüfen kann, auswirken?

Solange es in Deutschland noch Menschen gibt, die vielfach unkontrollierbaren Feindmeldungen mehr glauben als den Tatsachenmeldungen des deutschen Nachrichtendienstes, kann der Gegner durch seine Sender und Flugblätter das

Gift der Zersetzung und des Zweifels

in Deutschland ausspritzen.

So einfach wie für die Bewohner unseres Kreises in vorliegendem Falle, lassen sich vielfach feindliche Lügenmeldungen nicht widerlegen. Es lohnt meist nicht den Aufwand an Zeit und Mühe, um jedesmal feindliche Meldungen durch deutsche Tatsachenberichte anzuprangern.

Hier hat der Feind einmal **zu plump** gelogen, jedes Kind unseres Kreises kennt die wirkliche Lage und erkennt die Verlogenheit der Feindmeldung.

Wir ziehen aus dieser **einen** entlarvten Lügenmeldung die einzig mögliche Folgerung:

Wir sind **immun** gegen das zersetzende Gift der Feindpropaganda! Der sachliche, offene, manchmal auch harte deutsche Wehrmachtsbericht unterrichtet uns über die wahre Lage!

Wir lehnen jede Unterrichtung durch feindlichen Rundfunk oder feindliche Flugblätter ab, denn:

Der Gegner lügt!

Schäfer, Kreisleiter.

Am Bayenthalgürtel steht eine deutsche Batterie und verschießt ihre letzte Munition gen Westen. Es sind blutjunge Kerle. Ukrainer schleppen die Geschosse heran.
Verstreut schlagen ringsum Granaten der amerikanischen Artillerie ein ...
Ich stelle die geöffnete Thermosflasche neben mich, und derweil ich Brot herausnehme, fällt die Flasche um und läuft leer, bevor ich es verhindern kann. Ein winziges, unbedeutendes Ereignis, aber etwas Entscheidendes geschieht: Ich packe ein und breche auf.
Das Fahrrad hat ausgedient, denn die Straßen sind zerfetzt, ich muß das Fahrzeug widerwillig auf die Schultern nehmen. Zwanzig Schritte voraus – ich stolpere gerade auf die Sohle eines Kraters – heult es heran, blitzschnell, ein Knall, fast wie ein kurzes, wütendes Bellen, und es hat genau dort hineingeschlagen, wo die Thermosflasche rechtzeitig ausgelaufen ist. Ich wäre zerhackt gewesen, wenn ...
Wenn einmal der Friede da ist, müßte ich der Thermosflasche einen Ehrenplatz geben, denke ich und ziehe weiter, noch einmal zurückblickend zu der Stelle, an der mich kein Mensch auf dieser Erde mehr gefunden hätte, wenn ...
Am Bonntor, auf der Bonner Straße, kommen sie mit halben Schweinen auf dem Rücken und Vierteln vom Rind.
Vielleicht trügt mich die Erinnerung, doch meine ich, die Mütze vom Kopf genommen zu haben.
›Wo gibt's das?‹ frage ich erstaunt und kann es kaum herausbringen.
›Im Kühlhaus an der Severinstraße!‹
Und nicht nur in den Kühlhäusern liegen ungeheure Mengen Nahrungsmittel. Im Proviantamt am Rheinauhafen stapeln sich Kisten mit Schmalz und Säcke mit Hülsenfrüchten, Büchsenfleisch, Ölsardinen, Reis, Obst- und Gemüsekonserven, als ob Güterzüge umgekippt worden seien. Der Räumungsbefehl für Köln sah vor, diese riesigen Lager zu sprengen. Aber der Zusammenbruch der Erftfront ist zu schnell eingetreten. Zum Sprengen war keine Zeit mehr, und die Einwohner, die letzten, die geblieben sind, decken sich nun ein, soweit sie den Weg zum Rhein finden. Es wird gefressen und gesoffen, und vor dem Bunker in der Schnurgasse wird demonstriert, wie viele Eier man in die Pfanne schlagen kann.

Sechzig ist der Rekord, und die Butter wird aus dem Faß gestochen, und Fleisch wird vom halben Stück geschnitten. Alles schlagen sie hinein, voller Hast und Gier, denn seit vielen Monaten haben sie gehungert und nach dem Gramm gewogen.
Auch Schnaps ist da, reiner Alkohol, faßweise, viele Fässer, und am Ubierring stehen sie bis an die Knöchel in dem Keller, in dem sie die Fässer gefunden und aufgeschlagen haben, füllen Flaschen, Eimer und Wannen, und als eine Frau dazukommt mit schlechten Augen, zündet sie eine Kerze an, es gibt eine Stichflamme, einen Knall – und plötzlich stehen alle in einem brodelnden Feuer. Drei, vier Menschen gelingt es noch, sich aus der zischenden Glut zu befreien, das Fleisch hängt ihnen an Waden und Schenkeln herab, und die anderen verbrennen ...
Da sind die apokalyptischen Bilder des 2. März, den wir sozusagen verpaßt haben, weil wir uns zufällig noch in Seelscheid befanden.
In 32 Minuten ist an dem Vormittag des zweiten Märztages das gesamte Straßennetz zerschlagen worden, kein Kampfstand und kein Schützenloch hatten vor solcher Sprenggewalt Bestand, Ruinen und Brandmauern sind umgelegt, die Kanäle wurden aufgerissen und im gleichen Augenblick von den umstürzenden Fassaden der ausgebrannten Häuser wieder zugeworfen, und es öffneten sich endlich unter den letzten Bomben tiefe Trichter in den wüsten Schutthalden. Hier kann kein Fuß mehr gehen, kein Stiefel mehr marschieren, hier wird gekrochen, und an den größten Schadenstellen wird mit den Armen gerudert, um das Gleichgewicht zu halten.
Der 2. März? Noch nach Jahren werden die Menschen müde mit der Hand abwinken, wenn sie gefragt werden. ›Der 2. März? Der schwarze Freitag?‹ werden sie erwidern, und dann werden sie schweigend weitergehen.
In der Severinstraße liegt ein Gaul. Bomben haben ihm den Kopf weggerissen. Aus dem Hinterbatzen ist ein Viereck herausgeschnitten, und unter dem Tier liegt ein Mensch, eine Frau, tot, verstümmelt durch Bombensplitter, erdrückt von dem Gewicht des Kadavers.
Leichen schrecken nicht mehr. Man hat sich daran gewöhnt. Zu viele liegen in der Stadt; die ganze Stadt ist ein unabsehbares Planquadrat der Toten von unbestimmbarer Zahl.

Am Waidmarkt, nahe bei der zerstörten Georgskirche, befindet sich ein kleiner Friedhof. Ruinen bilden seinen Zaun, und es ist gespenstisch dort: Nur eine Eingangspforte hat er und keinen Ausgang, wie es sich für das Reich des Todes geziemt. Und dort sind sie zusammengetragen, die nahe bei der Kirche gefallen sind.
Dort liegt ein fünfzigjähriger Kölner, dessen Gesicht immer noch aus dem Fotorahmen auf dem Querbalken des Grabkreuzes lächelt, als ob gar nichts Besonderes geschehen wäre. Da ist der junge Mann, Adreamus ... 1917 geboren; auch er ist einer von denen, deren Bildnisse die Väter in den Schützengräben des ersten Weltkrieges von Hand zu Hand gereicht haben mit der größten aller Selbsttäuschungen, nach diesem gebe es nie wieder einen Krieg. Da ruhen die Mädchen aus der Ukraine; sie waren zwischen achtzehn und dreiundzwanzig Jahre alt, als sie der Tod aus der Verschleppung auf diesen Friedhof exilierte. Da sind die vier Ordensschwestern, ihnen zu Füßen ein Polizist. Über seinem Grabhügel pendelt der Stahlhelm. Da ist die Frau aus dem Süden mit dem klangvollen Namen Rosalie – und nun sind es doch keine Palmen, unter denen sie schläft, und mitten auf dem Friedhof endlich liegt der Pfarrer ...
Dort haben sie sich im Tode gefunden, viele Nationen, die miteinander in Frieden leben müßten, wenn das Leben noch einen Sinn haben soll ...
Unser Haus steht.
Unfaßbar.
In Luftlinie bis zum Dom sind es – schätze ich – tausend oder zwölfhundert Meter, und zwischen Haus und Dom liegt eine Kraterlandschaft. 140 000 Menschen haben hier gewohnt, bevor die erste Bombe fiel. Nun sind wir zu achtzehn. Elf Frauen. Drei Kinder. Vier Männer. Wir sind also die Überlebenden. Paradestükke des Bombenkrieges. Die anderen sind geflohen, verwundet, vermißt, verbrannt, zerrissen, tot.
Requiem aeternam singen sie in den Krypten – – –
Ich möchte ins Haus.
Eingang durchs Fenster, Parterre rechts.
Die Wohnung befindet sich im zweiten Stock.
Drinnen hat der Luftdruck der Bomben gehaust wie ein wütender Stier, der alles auf die Hörner genommen hat, vom Fensterrahmen bis zum Küchenherd, und auf einem Bücherbrett liegt eine Bombe,

ein Blindgänger, 350 Kilo Ekrasit, und darunter sind die Aufzeichnungen über den Bombenkrieg, 480 Fotos . . .
Die Brandmauer hat ein Loch. Dahinter blaut der Himmel.
Über uns ist kein Dach.
Neben dem Haus liegt ein Blindgänger, vor dem Haus sind es zwei, auf dem Nachbargrundstück macht sich der vierte breit . . .
Wären die Bomben explodiert, ich stünde jetzt vor einem Loch. Rundum Trümmer, Ruinen, ein riesiges Trichterfeld, und darin sind die Toten.
Ich bin zu Haus!
Allein.
Elf Wochen werden vergehen, bis ich Gerda und Heidi wiedersehe, beide von polnischen Landarbeitern ausgeplündert bis aufs Hemd.
11.30 Uhr.
Ich richte mich ein. Im LS-Keller steht ein unbenutztes Luftschutzbett. Zwei Decken genügen, dann schlafe ich . . .[34]

Am 7. März 1945 konnten die Amerikaner die unzerstörte Ludendorff-Eisenbahnbrücke bei Remagen in ihren Besitz bringen. Dieses Ereignis wurde von den Deutschen im Westen als Anfang vom Ende gewertet. Bestürzt meldeten die Reichspropagandaämter nach Berlin, daß überall Untergangsstimmung herrsche. Bis Ende März gelang den Amerikanern an mehreren Stellen der Übergang über den Rhein, und in Baden und Württemberg stellte sich die Bevölkerung Ende März auf ein baldiges Ende des Krieges ein:

SD-Leitabschnitt Stuttgart
An Sicherheitsdienst
des Reichsführers SS — Stuttgart, den 27. März 1945

Betrifft: Stimmung und Meinungsbildung.
Die Wehrmachtsberichte vom 25. bzw. 26. März 1945 haben in der Bevölkerung schockartig gewirkt und bilden in bezug auf ihren Inhalt über die Westfront den Mittelpunkt sämtlicher Gespräche. Allgemein ist man der Ansicht, für uns in Württemberg sei der Krieg in Kürze zu Ende. Teils sind die Volksgenossen über das rasche Vordringen der Anglo-Amerikaner an der Westfront bestürzt, zum großen Teil aber ist die hiesige Bevölkerung »beinahe froh«, daß

dieser Krieg endlich für sie ein Ende nimmt. Angst vor den Amerikanern und Engländern – man ist der festen Überzeugung, unser Gebiet werde von den Amerikanern besetzt – besteht nirgends. So kommt es auch, daß die Volksgenossen fest entschlossen sind, hier zu bleiben. Es komme ja nicht der Russe, sondern ein kultiviertes Volk und man wisse aus den bereits besetzten Gebieten, daß es den dortigen Bewohnern unter der alliierten Besetzung gut gehe.

Die meisten Menschen rechnen damit, daß, wie sich ein Platzanweiser im Kino gestern ausdrückte, »die Amerikaner absolut Ostern in Stuttgart verbringen wollen.« Nach dem Wehrmachtsbericht vom 26. März sei das sehr wahrscheinlich, denn er gebe ja zu, daß der Angloamerikaner auf der Reichsautobahn Frankfurt–Mannheim nach Süden drängt (d. h. vielmehr, diese Nachricht enthält der auf der ersten Seite des »Stuttgarter NS-Kurier« vom 26. März 1945 abgedruckte Artikel »Die Entwicklung am Rhein«), ferner, daß aus dem Brückenkopf Oppenheim amerikanische Panzer nach Osten durchgebrochen sind und den Main bei Hanau und Aschaffenburg erreicht haben und daß sie zwischen Worms und Aschaffenburg den Rhein überschreiten konnten. Wer hindere nun den Feind, der Benzin in rauhen Mengen habe, auf der Reichsautobahn vorwärtszurollen? Und wenn es im Nachrichtendienst vom 25. März um 22 Uhr schon geheißen habe, daß er auf der Reichsautobahn Frankfurt–Mannheim nach Süden dränge, so könne man wohl heute als sicher annehmen, daß er bereits in Mannheim steht. Da am 26. März in Stuttgart, Ludwigsburg usw. bereits das Gerücht in Umlauf ist, in Karlsruhe werde gekämpft. Ein Soldat sagte, als er den OKW-Bericht vom 26. März gelesen hatte:

»Die sind bestimmt schon bei uns zu Hause oder zumindest kommen sie heut oder morgen hin. Ich wollte zu Ostern heim nach Bruchsal fahren, jetzt wird nichts mehr daraus.«

Bezeichnend ist auch, daß sich bis vorgestern kaum jemand bereit fand, auf den Aufruf des Oberbürgermeisters und Kreisleiters hin, die Volksgenossen, die nicht unbedingt in Stuttgart sein müßten, sollten im Hinblick auf kommende Ernährungsschwierigkeiten die Stadt verlassen, aufs Land zu gehen. Jeder wies entweder auf das Fehlen von Stellen und Bunkern auf dem Land oder aber auf die dort herrschende Wohnungsknappheit hin. Seit gestern versuchen nun viele Nichtberufstätige und vor allem Mütter mit Kleinkindern, die Stadt mit allen Mitteln und auf jede Weise zu verlassen. Man müßte erstens einen Beschuß Stuttgarts befürchten und zweitens werde wohl die Ernährungslage in allernächster Zeit wegen der Frontnähe Stuttgarts so schlecht sein, daß man buchstäblich hungern, wenn nicht verhungern müßte. Es sei ja schon jetzt so, daß die feindliche Luftwaffe von niemandem und durch nichts gehindert werde, jedes Lastauto und jeden Zug, jede Bahnstrecke kurz und klein zu schlagen.

An eine Wende des Kriegsglücks glaubt schlechthin niemand mehr. Wer wolle die Feinde, die nun einmal so weit vordringen konnten, hindern, weiter ins deutsche Land hineinzurollen? Man ist der Ansicht, die feindlichen Armeen seien nun im Laufen begriffen und man könne sie genau so wenig aufhalten wie damals in Frankreich. Glaubt hie und da – dies ist jedoch, wie gesagt, nur höchst selten der Fall – jemand, die Feinde werden am Ende mit Hilfe neuer Waffen, die nun in 5–6 Wochen zur Anwendung kämen, doch noch geschlagen, so wird er höchstens mitleidig belächelt. Die neuen Waffen einzusetzen, sei jetzt ebenso wenig möglich wie bisher, weil es diese Waffen ja gar nicht gebe, wie vor allem auch Industrielle wissen wollen. Wo hätten die Waffen auch produziert werden sollen? Man hätte weder für die Rohmaterialien Transportmöglichkeiten gehabt noch für die einzelnen Fertigteile, die in anderen Fabriken hergestellt wurden. Außerdem müsse man sich noch fragen, wann wohl die neuen Waffen hergestellt werden sollten, da doch den ganzen Tag Alarm sei. Der springende Punkt sei aber der Rohstoffmangel und die Transportlage. Ein Betriebsführer sagte:

»Wir haben in unserem Werk ganz wichtige Flugzeugteile hergestellt. Im Winter bekamen wir den Auftrag, Tag und Nacht und sonntags zu arbeiten. Als wir glücklich einige Teile fertig hatten, hatten wir kein Material mehr, weil wir keine Transportmöglichkeiten hatten, als wir glücklich wieder etwas Material hatten, kam die Stromsperre. Und so ging es fort. Von einer anderen Flugzeugfabrik weiß ich, daß sie, als sie glücklich einige neue Typen fertiggestellt hatten, diese Flugzeuge nach Berlin schicken sollten, aber wegen der Transportverhältnisse nicht wegbrachten. Paar Tage später wurden sie zerstört.«

In Intelligenzkreisen ist man der Ansicht, der Feind würde zunächst

nicht bis Stuttgart vordringen, sondern er strebe die Mainlinie an, um Norddeutschland von Süddeutschland zu trennen. Außerdem habe ja Stuttgart selbst gar keine verkehrstechnische Bedeutung, der Feind könne es schon dadurch lahmlegen, daß er den Bahnhof Bietigheim und Plochingen zerstört, was ja beides fortlaufend geschehe. In den allernächsten Tagen würden wir also hier in Stuttgart nach Ansicht dieser Volksgenossen den Feind noch nicht da haben.
Dagegen sieht, wie soeben eingegangene Berichte wieder bestätigen, die Stimmung bei der breiten Masse der Bevölkerung ganz anders aus. Eine Frauenschaftsleiterin von Bad Cannstatt erzählte, heute morgen, also 27. 3., seien bereits einige Frauen zu ihr gekommen, die fragten, wie sie sich heute verhalten sollten, ob sie ihre Töchter noch ins Büro schicken sollten usw. Die feindlichen Panzer würden ja in den nächsten Stunden schon in unserer Stadt erwartet. Tatsache ist, daß Stuttgart gestern abend Panzerwarnung erhielt und daß der Volkssturm deshalb – und zwar die Panzervernichtungstrupps – zurückgehalten würden, daß ferner die verschiedenen Volkssturmeinheiten (z. B. in Bad Cannstatt) ihre Kisten mit Panzerfäusten aus den Bunkern holten. Dies mögen wohl einige Volksgenossen gesehen haben und es verbreitete sich nun blitzschnell das Gerücht, es müsse schon sehr schlimm stehen, in den nächsten Stunden käme Panzeralarm.
Hauptsächlich in Bad Cannstatt war es heute nacht schon so, daß die Leute mit allem Gepäck, das sie tragen konnten, in die Bunker gingen und dort schliefen.
Daß es sehr schlimm stehen müßte, entnahmen die Volksgenossen auch aus dem Ausrücken des Volkssturms. Daß das I. Aufgebot so über Nacht von einer Stunde auf die andere geholt wurde, ließe doch darauf schließen, daß höchste Gefahr besteht. Verschiedentlich wird auch heute schon in der Bevölkerung bekannt, daß das II. Aufgebot nun zusammen mit dem I. einrücken muß. Dies alles bestärkt die Leute in ihrer Meinung, es drehe sich nur noch um Stunden. In den Sonnenbunker in Cannstatt kamen heute früh Leute mit Leiterwägelchen und erklärten, sie wollten den ganzen Tag im Bunker bleiben, der Panzeralarm könne nicht mehr fern sein. Zur Illustration folgende Einzelheiten:

»Zu Ostern sind wir bereits amerikanisch. Gott sei Dank, daß der Krieg für uns ein Ende hat.« (Eine junge Stenotypistin)

»Gestern abend wurde Panzerwarnung gegeben. Sicherlich dauert es nur noch Stunden, bis die Feinde bei uns sind. In Karlsruhe wird ja bereits gekämpft und bei Heilbronn stehen sie auch schon.«
(Ältere Arbeiterin)

»Die Leute sind alle überzeugt, daß es nicht mehr lange dauert, bis die Amerikaner bei uns sind. Und das schlimmste ist, daß ich ihnen nichts zu erwidern weiß, denn ich würde ja nur ausgelacht, wenn ich jetzt noch erklären würde, daß wir den Feind aufhalten.«
(Frauenschaftsleiterin)

»Heute hat eine Frau zu mir gesagt: Ihr braucht ja gar nicht mehr weit gehen, ihr steht sowieso schon alle auf der schwarzen Liste. Jetzt ist eure Zeit vorbei.« (Eine Frauenschaftsleiterin)

»Der Krieg ist nicht mehr zu gewinnen. Jeder halbwegs normal denkende Mensch muß sich das sagen. Meiner Ansicht nach kommen aber die Feinde nicht gleich nach Stuttgart, sondern streben erst die Rhein-Main-Linie an, um Süd- von Norddeutschland zu trennen.«
(Betriebsführer)

Gestern nachmittag erklärte ein Fliegeroffizier im Vorortzug vor allen Fahrgästen mit voller Stimmstärke:
»Wir brauchen uns nichts mehr vorzumachen, der Krieg ist verloren.«
Neuerdings wird erzählt (die Berichte gehen ununterbrochen bei der hiesigen Dienststelle ein), bei Möckmühl seien Kämpfe. Ferner, daß Stuttgart nun endgültig wegen Munitionsmangel nicht verteidigt würde. Das sei ganz offiziell. Ursprünglich sei Stuttgart zur Festung erklärt gewesen, nun hätte aber die Partei selbst gesehen, daß eine Verteidigung zwecklos sei, weil nichts da wäre. Dies wird auch in Kreisen von politischen Leitern erzählt. Die Volksgenossen, die dies hören, nehmen es durchaus günstig auf. Sie seien beruhigt, daß Stuttgart zur offenen Stadt erklärt wurde, denn nun könnten sie ja hier bleiben.
Verschiedentlich wird jetzt auch erzählt, der Führer würde Gas anwenden, um Deutschland selbst zu vernichten. In Anbetracht der

sehr ernsten Lage befassen sich die Volksgenossen auch wieder mit den Parteileuten, die heute noch in der Heimat sind und die nicht einmal mit dem Volkssturm ausrücken. Nun habe man den letzten Beweis dafür, daß bei ihnen alles nur Phrase war, denn jetzt müßten sie ihre Liebe zu Deutschland wirklich unter Beweis stellen und in die Tat umsetzen, wenn sie nicht die letzte Gelegenheit hierzu versäumen wollten. Z. B. ist die Bevölkerung von Stuttgart-Uhlbach aufs höchste empört über die Tatsache, daß der dortige Stellvertreter des stv. Ortsgruppenleiters, PG. Baumgärtner (der Bruder des Gauhauptstellenleiters Baumgärtner, welcher der Vertreter von Gaustabsamtsleiter Baumert ist) schon dreimal den Gestellungsbefehl bekam, von seiner Fabrik auch freigegeben wurde und trotzdem bis heute noch nicht weg kam. Wenn ein Volksgenosse Frau Baumgärtner fragt, wieso denn ihr Mann dem Gestellungsbefehl wieder nicht Folge leisten müßte, so antwortet sie, sie hätten ja schließlich Verbindung.
»Und dann wundert man sich, daß wir den Krieg verloren haben. War denn mit diesen Leuten der Krieg überhaupt zu gewinnen?«

(kriegsversehrter Angestellter)

Weitere Berichte folgen.[35]

Dieser Meinungsumschwung war die natürliche Folge der sich verschlechternden Kriegslage. Noch Anfang des Jahres hatte die NS-Propaganda Schreckensbilder von einer westalliierten Besetzung entworfen, um die Deutschen im Westen von der Fortsetzung des Kampfes zu überzeugen:

NSDAP — Düsseldorf, den 26. Jan. 1945
Gaupropagandaleitung
Hauptstelle »Aktive Propaganda«
Stb./Kn.

An die
Gau- und Kreisredner des Gaues Düsseldorf!
An die Kreispropagandaleiter! (Zur Mundpropaganda geeignet)

Redner-Information Nr. 312

Betr.: Anglo-amerikanische Besatzung
Deutsche als Minenräumer
Aus dem wiederbefreiten Eifelort Meyerrode wird berichtet, daß die Bevölkerung von den Amerikanern seinerzeit zur Räumung eines Minenfeldes gezwungen wurde. Zwei Drittel der Bevölkerung, Greise, Frauen und Jugendliche fanden dabei den Tod oder wurden schwer verwundet. Die Amerikaner lehnten jede Hilfe für die Schwerverwundeten ab. Der größte Teil der Verletzten starb, einige wurden beim Einrücken unserer Truppen noch lebend vorgefunden und sofort in ärztliche Betreuung gebracht. Als verantwortlich für die Schandtat der Amerikaner wurde der Oberleutnant Braker vom 27. Pionierbataillon festgestellt. Der Amerikaner erklärte seinerzeit:
»Jeder Deutsche, der in diesem Minenfeld krepiert, nimmt wenigstens eines dieser Teufelsdinger mit und erspart uns einen Toten. Außerdem ist damit jedesmal ein unnützer Esser weniger.«

Verseuchung der amerikanischen Soldateska
Wie jetzt festgestellt werden konnte, belegten die Anglo-Amerikaner deutsche Schulen in den von ihnen besetzten Gebieten vorwiegend mit Geschlechtskranken, da bei der großen Verbreitung von Geschlechtskrankheiten in ihren Verbänden und den hohen blutigen Verlusten an der Front die ihnen zur Verfügung stehenden Lazaretteinrichtungen nicht zur Aufnahme dieser Erkrankten ausreichten.
Ferner wurden die Schulgebäude auch als Aufnahmeräume für Leprakranke benutzt. Diese Krankheit ist durch amerikanische Negersoldaten eingeschleppt worden.

Beschlagnahme von Medikamenten und Arzneimitteln
Die anglo-amerikanischen Militärbehörden haben in den besetzten deutschen Grenzgebieten sämtliche Medikamenten- und Arzneimittelbestände in den Apotheken und Drogerien beschlagnahmt, so daß für die deutsche Bevölkerung keinerlei Heilmittel mehr zur Verfügung standen.

Beschlagnahme von Möbeln usw.
Zur Einrichtung von Lazaretten, Schreibstuben, Kasinos usw. beschlagnahmten die Anglo-Amerikaner das Wohnungsinventar der deutschen Zivilbevölkerung.
Zur Beheizung ihrer Unterstände raubten die Amerikaner auch die Öfen aus den deutschen Wohnungen ohne Rücksicht auf die Notlage der Inhaber. Requisitionsscheine wurden nicht ausgestellt.

Prämien für Denunzianten
Amtlich setzten die anglo-amerikanischen Militärbehörden Prämien für die Denunziation deutscher Personen aus, die durch ihr Verhalten oder ihre »Gesinnung« die »Sicherheit« der Besatzungstruppen gefährdeten.

Opfer für Bordelle
In einem erbeuteten Befehl heißt es:
»An weibliche Personen deutscher Herkunft, die sich für Soldaten- und Offiziersbordelle zur Verfügung stellen, darf Verpflegung aus alliierten Armeemagazinen zur Verfügung gestellt werden. Im Interesse der Truppe darf mit dieser Anordnung in geeigneter Form eine Werbung durchgeführt werden.«
Zu diesen Bordellen sind auch Neger zugelassen, was ausdrücklich vermerkt und damit begründet wurde, daß eine Rücksicht auf die deutsche Bevölkerung nicht genommen zu werden brauche, da sic außerhalb der für die USA geltenden Grundsätze stehe.

Diebstähle der anglo-amerikanischen Soldateska
In einer Bekanntmachung der Anglo-Amerikaner heißt es, daß Diebstahlsanzeigen der Zivilbevölkerung gegen anglo-amerikanische Besatzungsangehörige nur dann angenommen werden, wenn anglo-amerikanische Militärpersonen dafür als Zeugen beigebracht werden könnten. Damit ist das persönliche Gut der deutschen Bevölkerung praktisch als vogelfrei erklärt worden.

Bedienung der anglo-amerikanischen Soldateska
In einer Verfügung haben die anglo-amerikanischen Militärbehörden angeordnet, daß die Zivilbevölkerung die Bedienung der ein-

quartierten Offiziere und Soldaten, Weißen und Neger, durchzuführen hat und Weigerungen kriegsgerichtlich bestraft werden.

Aushungerung der deutschen Bevölkerung
Aus den wiederbefreiten Ortschaften im Kreis Malmedy wird gemeldet, daß die Kindersterblichkeit während der wenigen Wochen der fremden Besetzung infolge der durch die Anglo-Amerikaner planmäßig betriebenen Aushungerung der deutschen Bevölkerung ein bislang noch niemals gekanntes Ausmaß angenommen hat. Vor allem der völlige Mangel an Milch und Arzneimitteln hat verheerende Wirkungen gezeitigt.

Entrechtung des deutschen Volkes
In einer grundsätzlichen Verfügung Eisenhowers über die Einrichtung einer anglo-amerikanischen Militärregierung in deutschen Gebieten hieß es hinsichtlich der Handhabung der Rechtsprechung:
»Die Beauftragten der Militärregierung sind ermächtigt, jede rechtliche Verfügung, jeden Beschluß und jedes Urteil eines deutschen Gerichtes zu verwerfen, auszusetzen oder abzuändern. Sie sind ermächtigt, jeden Richter und alle Beamten der Rechtspflege zu entlassen oder zeitweilig ihres Amtes zu entheben. Sie sind ferner ermächtigt, jeden Rechtsfall der Militärregierung zur Entscheidung vorzulegen.«
Daraus geht eindeutig hervor, wie sich die Anglo-Amerikaner ihr Regiment in Deutschland vorgestellt haben, nämlich als ein brutales Bajonettregiment hinter der Scheinfassade einer zum Büttel entwürdigten deutschen Justiz.

Gerichteter Verräter
In Mützenich stellte sich der Lehrer Velten, einer jener Unbelehrbaren aus der Systemzeit, den Anglo-Amerikanern als Bürgermeister für den Ort zur Verfügung und führte als solcher die anglo-amerikanischen Zwangsmaßnahmen gegen die Bevölkerung durch. Er selbst zog für sich und seine Familie naheliegende Vorteile aus dieser Tätigkeit. Zur Sicherung des Velten legten die Amerikaner ein Stabsquartier in sein Haus. Velten und seine Sippe unterhielten mit den einquartierten Amerikanern freundschaftliche Beziehungen.

Der Verräter wurde nunmehr mitsamt seinem Hause, seiner Sippe und dem amerikanischen Stabsquartier von ehrbewußten deutschen Volksgenossen in die Luft gesprengt.

Heil Hitler!
Gaupropagandaleiter[36]

Diese Art von Propaganda verlor nun immer mehr an Glaubwürdigkeit, und als einzelne Orte vorübergehend von deutschen Truppen zurückerobert wurden, begegnete die Bevölkerung ihren »Befreiern« mit unverhohlener Abneigung: Sie wollte lieber mit dem Feind leben, als weiterhin die Bombenangriffe ertragen, die im Monat März ihren Höhepunkt erreichten.

III A 1 f – Zi./Vo. – z. Zt. Höchen/Saar, den 27. 2. 1945
Deutsche Front-Str. 737

An das
Reichssicherheitshauptamt
– III A 1 f –
z. Hd. v. SS-O'stubaf. Höppner
Berlin.

Betr.: Nachrichten aus den vom Feind besetzt gewesenen saarländischen Orten.
Hier: Beobachtungen aus der Gemeinde Geislautern bei Völklingen. –
Vorg.: Laufend. –

Geislautern, das nur wenige Kilometer vom Stadtteil Wehrden der Stadt Völklingen entfernt liegt, hatte der Feind vollständig erobert und ca. 4 Wochen besetzt. In diesem Ort sind etwa 100 Personen zurückgeblieben. Das Zurückbleiben der deutschen Bevölkerung in Geislautern wird von dieser damit begründet, daß die ordnungsgemäße Räumung zu überstürzt vor sich gegangen sei. Man habe die wenig erfreulichen Bilder auf der Landstraße gesehen, wie die Volksgenossen mit dem Handkarren sich mühsam ihren Weg

bahnen mußten. Dazu waren viele durch die Erzählungen der Evakuierten über schlechte Unterbringungsmöglichkeiten im Evakuierungsgebiet in ihrem Beschluß, auch zu räumen, wankend gemacht worden. Die Zurückgebliebenen waren fast alle der Meinung, daß der Krieg sowieso verloren sei. Deshalb sei es ihnen gleich gewesen, ob sie früher oder später dem Feind in die Hände fielen. Darüber hinaus hofften sie, daß die von der Feindseite immer wieder verbreitete Parole, daß die Bevölkerung von ihr geschont werde, Wahrheit sei. Es waren durchweg Volksgenossen, die in keiner inneren Verbindung zur Bewegung mehr standen. Es handelte sich vor allem um kirchlich gebundene Bevölkerungskreise, die es vorzogen, unter Führung ihrer ebenfalls zurückgebliebenen Geistlichkeit sich vom Krieg überrollen zu lassen.
Bei der Besetzung von Geislautern wurde von den Amerikanern Haus für Haus durchsucht. Die Behandlung der Bevölkerung sei erträglich gewesen. Die Amerikaner hätten durchweg versucht, durch Verschenken von Konserven, Schokolade und Zigaretten ein gutes Verhältnis mit der Bevölkerung herzustellen. Die amerikani-

schen Soldaten hätten versucht, Geflügel aufzukaufen, und wären deshalb von Hof zu Hof gegangen, um nach Geflügel zu fragen. In einem verlassenen amerikanischen Panzerspähwagen wurden später ganze Bündel von deutschem Notgeld gefunden, das in Amerika gedruckt worden war.

Nach der Befreiung von Geislautern durch deutsche Truppen wurde beim Abzug der Amerikaner durch Hoheitsträger bzw. deutsche Organe festgestellt, daß die Wohnungen, in denen sich die Amerikaner aufgehalten hatten, weder beschädigt noch irgend etwas gestohlen war. Allgemein wird auch hier behauptet, daß sie sich besser verhalten hätten »als unsere deutschen Truppen«. Eine Ausnahme bildet nur die Wohnung des Ortsgruppenleiters, der im Stadtteil Wehrden von Völklingen wohnte und in der die Amerikaner regelrecht »gehaust« hatten. Die gemachten Funde von amerikanischen Spielkarten, Uniformstücken, Streichhölzern usw. ergaben einwandfrei, daß es sich bei den »Bewohnern« nur um Amerikaner gehandelt haben kann.

Über das Verhalten der Amerikaner wurden von der Bevölkerung von Geislautern folgende Einzelbeispiele gemeldet, die, wenn sie auch nicht grundsätzlich als symptomatisch für das Allgemeinverhalten der Amerikaner anzusehen sind, doch von der Bevölkerung als wahr unterstrichen und vielfach propagandistisch ausgewertet werden.

1. Die Amerikaner kamen während der Besetzung nach Geislautern in ein Gehöft und fragten an, ob sie Geflügel kaufen könnten. Obwohl in dem Bauernhof ca. 20–30 Hühner herumliefen, verneinte dies der Bauer. Nach langem Zureden der Amerikaner willigte er in einen Verkauf ein. Die amerikanischen Soldaten wollten zahlen, der Bauer nahm aber kein Geld an. Sie beschenkten ihn daraufhin mit Keks, Schokolade und Zigaretten.
2. Im Sägewerk Riever in Geislautern hielten sich amerikanische Soldaten einige Stunden auf. Sie durchsuchten die Räume nach Waffen und Personen, ohne etwas zu entwenden, und entfernten sich daraufhin.
3. Beim Schwager des Riever, dem Sägewerksbesitzer Rochol, Geislautern, hatte sich die amerikanische Besatzung mehrere Tage einquartiert. Rochol gibt an, daß die Amerikaner sich

ordentlich betragen und nichts weggenommen hätten. In der Silvesternacht, als der deutsche Gegenangriff erfolgt, hätten sie kopflos die Flucht ergriffen.

4. In einigen Häusern haben amerikanische Soldaten die Schubladen aufgerissen und den Inhalt auf dem Boden zerstreut. Man kann eindeutig herausfinden, daß in der Mehrzahl der Fälle Marmelade und Eingemachtes gesucht wurde. Zerschlagen und zertrümmert wurde nichts. Lediglich einige Türen sind mit dem Kolben aufgeschlagen worden.

Auf Grund dieser Erfahrungen mit den Amerikanern hat die zurückgebliebene Bevölkerung von diesen die beste Meinung. Sie will daher die Wohnungen und Keller nicht mehr verlassen, obwohl aus militärischen Gründen erneut eine Evakuierung längs der Saar von Wehrmachtsstellen angeordnet worden ist.

Als z. B. der Regimentskommandeur Major Schindler, der in Hostenbach an der Saar, unweit Geislautern, eingesetzt ist, 30 Frauen aus Hostenbach aus militärischen Gründen zwangsweise abtransportieren ließ, kam es zu regelrechten Szenen. Die Frauen hätten sich nicht nur geweigert, sondern sich auch in wüsten Schimpfereien ergangen. Vor allem wiesen sie darauf hin, daß sie von den Amerikanern anständig behandelt worden seien. Sie hätten sogar Seife und Schokolade bekommen. Die eigenen Truppen aber würden sie hinauswerfen. Es ist zu befürchten, daß sie in den neuen Unterbringungsorten entsprechend Propaganda für die Amerikaner machen werden, zumal es sich um Volksgenossen handelt, die einen deutschen Sieg für völlig ausgeschlossen halten.

In Geislautern festgehalten und Internierungslagern zugeführt wurde die männliche Bevölkerung im Alter von 16–25 Jahren. Die Amerikaner erließen eine Bekanntmachung, in der sie die Männer zwecks Ausstellung von Ausweisen aufforderten, sich bei der Kommandantur einzufinden. Bei dieser Gelegenheit wurden etwa 25 Männer im Alter von 16–25 Jahren in das Internierungslager nach Lauterbach verbracht. Flüchtlinge erzählten, daß dort die Behandlung anständig gewesen wäre. Die Verpflegung war jedoch mangelhaft; sie hätten nur Konserven, aber kein Brot erhalten. Die Amerikaner hätten den Internierten erklärt, daß ein Flüchtiger bei seiner Wiederergreifung »entweder mit einem sehr kurzen oder recht langen Leben zu rechnen habe«, womit sie in letzterem Falle zum

Ausdruck bringen wollten, daß Wiederaufgegriffene mit lebenslänglicher Gefängnisstrafe rechnen müssen.
Die deutsche Bevölkerung von Geislautern hat sich den Amerikanern gegenüber gleichgültig verhalten. Zu Verbrüderungsszenen ist es nirgends gekommen.
Deutsche Behördendienststellen sind nicht zurückgeblieben.

Landstuhl, den 16. 3. 1945 gez.: Ott
SS-Obersturmbannführer[37]

Für die Deutschen, die noch im unbesetzten Teil des Deutschen Reiches lebten, wurde der Alltag weiterhin von zermürbenden Bombenangriffen, der Sorge um Nahrung und der Angst vor den Terrormaßnahmen des Regimes gekennzeichnet. Außerdem sorgte die heranrückende Front für neue Unannehmlichkeiten: Die Bevölkerung mußte die frontnahen Städte und Ortschaften räumen. Die Evakuierung lag in den Händen der Partei, die die Bevölkerung durch gedruckte Handzettel auf die bevorstehende Evakuierung hinwies. In Mannheim geschah dies am Palmsonntag, den 25. März:

An sämtliche Frauen und Männer des Ortsgruppengebietes!

Der Führer hat in einem Erlaß die Gegenmaßnahmen unter Einsatz stärkster Kampfmittel auf unserer Seite angeordnet.
Um Verluste auf unserer Seite zu vermeiden, ist die restlose Räumung im unmittelbaren Kampfgebiet, wozu auch Rheinau gehört, notwendig.
Die Räumung geschieht in folgender Weise ab Montag:
1) alle 14–17jährigen Jungen und Mädel, die alleinstehend sind
2) alle Frauen und Kinder
3) alle Männer, soweit sie nicht im Kampfeinsatz des Volkssturmes stehen oder zur Unterstützung der kämpfenden Truppe dringend notwendig sind.

Ausgenommen sind Verwaltungen, Stadt- und staatliche Dienststellen, insbesondere Führungskräfte, eine gewisse Anzahl Lebensmittelgeschäfte, Versorgungs- und Verkehrsbetriebe, Fernmeldedienst usw., die noch besonders von der Ortsgruppe bestimmt werden.

Diese Kräfte werden erst dann zurückgeführt, wenn unmittelbare Kampfhandlungen dazu zwingen.
Die unter 1 bis 3 genannten Gruppen haben sich am Montagabend in Marsch zu setzen, wobei Unter[stützung und] Durchschleusung durch die anschließenden Ortsgruppen erfolgt. [Der Ab]marsch am Tage ist bei dem bestehenden Beschuß und wegen Fliegerangriffe nicht zu empfehlen.
Schwangere Frauen, die nicht gehen können, sowie gebrechliche und alte Leute und bettlägerige Kranke melden sich auf der Ortsgruppe, damit die Fahrmöglichkeit beschafft werden kann. Da es jedoch außerordentlich schwer ist, Fahrmittel zu bekommen, muß der Kreis in sehr engen Grenzen gehalten werden.
Die Bevölkerung muß sich darüber klar sein, daß ein weiteres Verbleiben im Kampfgebiet in dem Augenblick lebensgefährlich wird, in dem unsere Truppen sich absetzen müssen und der Feind in den Raum eindringt.
Es ist verständlich, daß es jedem von uns schwerfällt, das Heim und damit Haus und Hof verlassen zu müssen, aber in dem sicheren Bewußtsein, daß es notwendig ist, um die Freiheit unseres Volkes für immer zu erreichen, darf uns das Opfer nicht schwerfallen.
Denken wir immer daran, daß wir nach der siegreichen Entscheidung wieder in die Heimat zurückkehren und im Zeichen unseres Sieges unser Leben wieder so aufbauen können, wie wir es nach den harten Jahren verdient haben.

Heil Hitler!

Der Ortsgruppenleiter
gez. Zimmermann
Gemeinschaftsleiter der NSDAP[38]

Nr. 344. Montag, 26. März 1945

NACHRICHTEN FÜR DIE TRUPPE

Darmstadt gefallen

Briten 15 km über den Rhein

Reichsverteidigung im Westen vor dem Zusammenbruch

MELDUNGEN über die bisher schwersten Schläge gegen die Verteidigung des Reichs im Westen treffen jetzt Schlag auf Schlag von allen Abschnitten der Rheinfront ein.

Während im Norden britische Panzer- und Infanterieverbände auf breiter Front durch die Norddeutsche Tiefebene vorstossen und schwere Panzerschlachten dicht vor dem Nordrand des Ruhrgebiets gemeldet werden, ist die Verteidigung im Süden der Westfront in weiten Gebieten zusammengebrochen. Darmstadt ist gefallen.

Nach den letzten Meldungen sind die Amerikaner weit über Darmstadt vorgestossen. Panzerspitzen haben an einer Stelle bereits den Main überschritten und haben Hanau und Aschaffenburg erreicht.

Gleichzeitig dringen amerikanische Angriffsspitzen durch den Frankfurter Stadtwald auf Frankfurt vor.

Südlich Koblenz haben die Amerikaner den Rhein an neuen Stellen zwischen Braubach und St. Goarshausen überschritten.

Auf dem linken Rheinufer haben die letzten deutschen Truppen im Raum von Germersheim den Kampf eingestellt.

Tiefe Einbrüche

Nach den letzten Meldungen vom Nordabschnitt haben die Anglo-Amerikaner in ihrer Grossoffensive den Niederrhein in mehreren Abschnitten bereits weit hinter sich gelassen.

Die tiefsten Einbrüche werden von beiden Seiten des Lippe-Flusses gemeldet, wo alliierte Angriffsspitzen seit Sonnabend mehr als 15 Kilometer über den Rhein vorgestossen sind.

Im waldigen Gebiet nördlich der Lippe haben sie sich mit starken Luftlandeverbänden vereinigt. Der alliierte Vormarsch stösst hier nur auf schwachen Widerstand, weil der grösste Teil der deutschen Reserven weiter nördlich zusammengezogen worden war wo die Führung den Hauptangriff der Alliierten erwartet hatte.

6 Issel-Brücken genommen

Aber auch im Kampfraum von Wesel bis hinauf zur Issel sind die Alliierten tief in die deutschen Stellungen eingebrochen. Alliierte Luftlandetruppen haben sechs unzerstörte Brücken über die Issel besetzt und sich mit vorstossenden englischen Infanteriekräften vereinigt.

Gegenangriffe der 15. Panzer-Grenadier-Division gegen die vordringenden alliierten Truppen blieben bisher vergeblich.

Die Engländer haben die Ortschaft Hamminkeln im Sturm genommen und damit die Hauptstrasse nach Bocholt

(Fortsetzung Seite 4)

Russen nehmen Heiligenbeil

Die deutsche Kampfgruppe am Frischen Haff hat den Kampf eingestellt, Heiligenbeil ist verloren. Über 7 000 Soldaten gaben sich dort gefangen. Auch in Königsberg, Danzig und Gotenhafen geht der Widerstand der abgeschnittenen Besatzungen zu Ende.

In Ungarn nähern sich die Sowjets der Südostgrenze des Reiches: Raab, nur 125 km von Wien, liegt bereits unter russischem Artilleriebeschuss.

(*Ausführlicher Bericht siehe Seite 3*).

Partei-Parolen können Flucht aus der Todeszone nicht aufhalten

Tausende verliessen gestern wieder die Todeszone Ruhrgebiet, ungeachtet der dringenden Aufrufe, die von den Reichsverteidigungskommissaren der Gaue Essen Düsseldorf, Westfalen-Nord und Westfalen-Süd vorgestern abend im Rundfunk an die Ruhrbevölkerung gerichtet wurden, auszuharren und, wenn nötig, mutig ihr Leben zu opfern.

Die Bevölkerung flieht aus der Todeszone Ruhrgebiet so schnell wie möglich in eine der sieben bombensicheren Zufluchtszonen, die General Eisenhower, laut Informationen aus neutraler Quelle, in nächster Zeit anerkennen wird.

Diese sieben bombensicheren Zufluchtszonen sind:

1. Das Sauerland, zwischen Kreuzthal, Menden, Scherfede und Marburg. Dazu das gesamte Gebiet des früheren Fürstentums Waldeck.
2. Der gesamte Landkreis Northeim im Gau Süd-hannover-Braunschweig.
3. Das gesamte Gebiet des früheren Fürstentums Schwarzburg-Sondershausen.
4. Ganz Oberhessen ostwärts von Giessen.
5. Das Grabfeld und die Hassberge in dem Dreieck Meiningen — Koburg — Bad Kissingen.
6. Der gesamte Landkreis Bamberg.
7. Der gesamte Landkreis Ansbach in Bayern.

Am grössten ist der Zustrom von Flüchtlingen aus dem Ruhrgebiet ins nahegelegene Sauerland; andere ziehen in weiter entfernte Zufluchtsgebiete, wenn sie dort Verwandte oder Freunde haben.

Im Gau Düsseldorf, wo für die Evakuierungszonen 4 und 5 auf dem rechten Rheinufer die R-Aktion „Siegfried" vom Reichsverteidigungskommissar angeordnet worden ist, wartet

(Fortsetzung Seite 4)

Englische Truppen überqueren in Sturmbooten den Niederrhein.

Vielerorts flohen die Parteiführer, ohne sich um die Bevölkerung zu kümmern. Die Reichskommissare erließen daraufhin Anordnungen, um die Parteiführer zum Verbleiben im Kampfgebiet zu zwingen:

Anordnungen des Gauleiters und Reichsverteidigungskommissars.

Befehlsstand, den 31. März 1945

Anordnung Nr. 1
Parteiführerschaft und Parteidienststellen verbleiben überall, wo der Feind angreift, im Kampfgebiet. Sie kämpfen innerhalb des Volkssturmes in engster Anlehnung und Verbindung mit der Wehrmacht.
Ein Absetzen vom Feind ist nur zulässig, wenn die Wehrmacht auf höheren Befehl sich absetzt oder wenn der Gauleiter entschieden hat.
Diese Anordnung gilt besonders für die Hoheitsträger, Gliederungs- und Verbandsführer.
Von der Anordnung sind nicht berührt alle Parteidienststellen, die nicht zu den sogenannten Führungsämtern gehören und von hier aus ihre Weisungen erhalten haben.

Anordnung Nr. 2
Die Kreisleiter der Frontkreise können im Bedarfsfall den kommunalen Dienststellen und den staatlichen Behörden in der Kreisstufe Weisungen geben.

Anordnung Nr. 3
Nach bereits ergangenem Erlaß werden sofort in den Kreishauptstädten Standgerichte gebildet, wie sie durch Verordnung über die Errichtung von Standgerichten vom 15. 2. 1945 (RGBl. I S. 30) vorgesehen sind. Die Standgerichte haben alle Vergehen und Verbrechen gegen die Landesverteidigung im Schnellverfahren abzuurteilen.

Anordnung Nr. 4
Verbrecherische Elemente haben in Einzelfällen in den deutschen Westgebieten bei Annäherung des Feindes weiße Fahnen gezeigt

oder andere Verbrechen gegen die Landesverteidigung verübt. Wo solche Erscheinungen sich etwa auch in unserem Gaugebiet zeigen sollten, ist durch die Polizei und alle verantwortungsbewußten Volksgenossen und Volksgenossinnen mit aller Strenge einzuschreiten. Die Schuldigen sind durch die Polizei den Standgerichten zu übergeben.

gez. Robert Wagner[39]

In den nahezu menschenleeren Städten (gegen Ende des Krieges weigerten sich immer mehr Frauen und Männer, ihre Wohnung zu verlassen, und die Partei hinderte sie nicht daran) übernahmen demoralisierte Soldaten und schlecht ausgerüstete Volkssturmmänner und Hitlerjungen die aussichtslose Verteidigung. Panzerfallen wurden gebaut und Barrikaden errichtet. Kampfkommandanten, die durch Kapitulation weiteres Blutvergießen verhindern wollten, wurden im Schnellverfahren von Standgerichten abgeurteilt. Dies widerfuhr auch einigen Bauern in Brettheim, Kreis Crailsheim, die mit den kriegsverlängernden Maßnahmen von Hitlerjungen nicht einverstanden waren:

... Nach schweren Zerwürfnissen zwischen dem Volkssturm und dessen Führer, dem hiesigen Ortsgruppenleiter, erschienen am 7. April 1945, vormittags, einige Hitlerjungen unter Führung eines Unteroffiziers, die den Auftrag hatten, sich hier zur Verteidigung einzurichten. Neben ihrer eigentlichen Bewaffnung waren sie mit Panzerfäusten ausgerüstet. Das Erscheinen dieser Hitlerjungen führte zu einer Auseinandersetzung zwischen den Hitlerjungen und einigen Männern aus Brettheim, in deren Verlauf der hiesige Amtsdiener und ein Bauer den Hitlerjungen die Panzerfäuste abnahmen und in einen See beim Dorf warfen. Dieser Vorfall veranlaßte den Befehlsgeber der Hitlerjungen, noch am selben Tag gegen 21 Uhr ein SS-Kommando nach Brettheim zu beordern, mit dem Auftrag, den oben erwähnten Vorfall zu untersuchen. Der beteiligte Amtsdiener entzog sich der nun folgenden Verhandlung durch Flucht. Der Bauer aber wurde nach vielstündigem Verhör am 8. 4. 1945 früh mit Lkw nach Schillingsfürst transportiert zu einem weiteren Verhör. Zu diesem Verhör wurden der hiesige Bürgermeister und der Ortsgruppenleiter hinzugezogen. Am 10. 4. 1945 gegen 18 Uhr

erschien im Ort ein Exekutionskommando mit den 3 zum Tode durch Strang Verurteilten – dem Bürgermeister, Ortsgruppenleiter und dem Bauer. Der Bauer war angeklagt und verurteilt wegen Hochverrats in Verbindung mit Wehrzersetzung. Der Bürgermeister und der Ortsgruppenleiter, weil sie sich »schützend vor den Verräter gestellt haben«. Gegen 20.30 Uhr wurde das Urteil vollstreckt. Alle Verurteilten wurden an der Linde unmittelbar vor dem Friedhof-Eingang aufgehängt. Das Exekutionskommando hatte weiterhin angeordnet, daß die Leichen 4 volle Tage und Nächte dort hängen bleiben mußten, unter Androhung des Erhängens weiterer 10 Männer, wenn die Frist von 4 Tagen nicht eingehalten würde. Um weiteres Blutvergießen zu vermeiden, wurde seitens des stv. Bürgermeisters angeordnet, daß während dieser Zeit von hiesigen Volkssturm-Männern Wachen gestellt wurden.
Alle 3 Verurteilten waren Familienväter von 4, 3 und 5 Kindern.[40]

Mit gemischten Gefühlen erwarteten die Deutschen die Besetzung durch den Feind. Die meisten verkrochen sich im Keller und kamen erst wieder heraus, wenn feindliche Verbände den Ort eingenommen hatten. Nicht selten kam es vor, daß junge Mädchen und Frauen die Sieger winkend und jubelnd empfingen und Wein und Kuchen reichten. Der ehemalige badische Staatspräsident Heinrich Köhler erlebte den Einmarsch der Amerikaner in der Odenwaldgemeinde Mudau:

So zog der Dienstagmorgen – 27. März – herauf. Lange Kolonnen mit müden Pferden bespannter militärischer Abteilungen, hoch mit Gepäck aller Art beladen, füllten die Straßen des Ortes und sperrten den Weg. Zwischen ihnen wimmelte es von Soldaten – alles zog vom Westen nach Osten, weg aus den Gefilden des Krieges. Am Himmel aber kreuzten feindliche Flieger – französischer Nationalität – wenn das nur gutgeht!
Um halb 8 Uhr war Elsa zur Kirche gegangen, ich selbst kleidete mich langsam an. Da, etwa zehn Minuten vor 8 Uhr, ein Krachen und dann nochmal eins. Ich schaue zum Fenster hinaus. Drüben in Richtung zum Schulhaus steigen dicke weiße Rauchwolken auf. Weitere Einschläge folgen Schlag auf Schlag. Ich gehe in den Keller, wo sich die übrigen Hausgenossen schon voll Angst versammelt

haben. Auf die gegenüberliegende Wiese fallen zahlreiche Brandbomben gleich flackernden Lichtlein. Eine Sprengbombe explodiert inmitten des Lichterkreises, vom Ort her krachen weitere Einschläge. Nach einer Viertelstunde plötzlich Ruhe. Der Angriff ist zu Ende. Was war geschehen?

Die gefürchteten Jagdbomber (Jabos), acht an der Zahl, hatten, angelockt durch die dichten Bewegungen auf den Straßen des Ortes, einen Angriff durchgeführt. Das Schulhaus erhielt mehrere Volltreffer und brannte nieder. Das große Gasthaus »Zur Rose« und andere Gebäude um die Kirche herum gerieten ebenfalls durch Brandbomben in Flammen. In die Kirche fiel durch ein hohes Fenster eine Brandbombe und brannte ein Loch in den Boden. Die Bomben rings um die Kirche erweckten durch ihr Leuchten und die folgenden Explosionen den Eindruck, daß sie in die Kirche selbst gefallen seien. Unter den Kirchenbesuchern entstand eine Panik. Elsa sprang über die Kommunionbank und rettete sich in die Sakristei, wo sie sich zunächst auf den Boden warf und im dichten Gewühl der drängenden Menschen liegen blieb, bis die Gefahr vorüber war. Schweren Schaden gab's im ärmeren Viertel des Dorfes, dem sogenannten »Bembel«, wo mehrere Häuser und Scheunen niederbrannten. Am härtesten getroffen wurde das Haus des Sägewerksbesitzers Fritz Link, wo eine schwere Brandbombe in den Keller fiel und durch ihre Explosion die dorthin geflüchteten Bewohner so schwer durch Brandwunden verletzte, daß fünf Personen in den folgenden zwei Tagen starben.. Mit zwei Kindern, die im brennenden Schulhaus umkamen, hatte der kurze Angriff sieben Todesopfer gefordert!

Die Panik der Bevölkerung war unbeschreiblich groß. Zum ersten Male kam sie mit dem Kriegsgeschehen in unmittelbare Berührung. Die Soldaten wurden auf offener Straße beschimpft: Durch die Ansammlung ihrer Kolonnen im Orte seien die feindlichen Flieger geradezu herbeigerufen worden! Mangel an gegenseitiger Hilfeleistung bei den Lösch- und Bergungsarbeiten mußte verschiedentlich festgestellt werden. Eine allgemeine, immer mehr steigende Nervosität greift um sich.

Die Bilder auf den Straßen werden immer trostloser. Lange Züge von durch Soldaten geleiteten Bauernwagen fahren nach rückwärts – die Wagen bespannt mit je zwei in jämmerlichem Ernährungszustand befindlichen Pferden, die einen hochbeladen mit Kisten und

Koffern, die anderen mit Proviant. Immer mehr einzeln wandernde Soldaten tauchen auf, natürlich ohne Gewehr oder sonstige Schußwaffe. Immer häufiger werden die Klagen über die Diebstähle von Fahrrädern, Handkarren (auf denen je zwei bis drei Soldaten ihr Gepäck verstauen); einem hiesigen Unternehmer werden am hellen Tage zwei große Anhängerwagen gestohlen.
Am Donnerstag ging's ganz toll zu. Im benachbarten Ernsttal hatte die SS seit Monaten ein gewaltiges Lager von Lebensmitteln jeder Art und, als besondere Attraktion, Hunderttausende von Flaschen feinster französischer Liköre und Cognacs sowie Champagner angesammelt, das in der Vergangenheit die Unterlage wüstester Zechereien der SS in der ganzen Umgebung war. Wohin die SS-Herren mit ihren Autos fuhren, nahmen sie ihren Champagner und Likör mit; und ging der Stoff aus, so fuhr der Wagen schnell nach Ernsttal zurück, und sei's mitten in der Nacht, neue Batterien zu holen. Jetzt begannen die dort durchziehenden Soldaten, die Lager zu plündern, und auf ihre Mitteilung hin machten sich von weit her durstige Soldaten auf den Marsch nach Ernsttal, um auch noch etwas zu ergattern. Der Erfolg belohnte ihre Bemühungen. Unzählige Kisten der wertvollen Getränke wurden auf hochbeladenen Wagen abtransportiert, und ebenso »hochgeladen« waren Kutscher und Begleitmannschaften. Durchziehende Trupps betranken sich sinnlos und wankten so durch die Gegend, andere suchten die geraubten Kostbarkeiten als Tauschwaren bei den Bauern zu verwenden. Ein widerlicher Anblick. Man bekam allmählich Angst vor dieser deutschen »Soldateska«. (Und die Wirkungen zeigten sich tags darauf. Der Pfarrer von Schlossau hatte zwölf Soldaten zu beerdigen, die im benebelten Zustand mit ihren Gewehren gegen die amerikanischen Panzer angerannt waren und natürlich niedergemäht wurden. In den Taschen von verschiedenen von ihnen fanden die Totengräber noch halbvolle Cognacflaschen!)
Gegen Abend treffen deutsche Abteilungen mit Geschützen hier ein; ein Teil zieht weiter, ein Teil bleibt im Ort. Überall Einquartierung von Soldaten, die meist unverhohlen ihrer Kriegsmüdigkeit Ausdruck geben und aus ihrer Enttäuschung und Erbitterung über den militärischen Verlauf der letzten Wochen keinen Hehl machen. Ich bin über diese Entwicklung aufs tiefste erschüttert und höre die Reden schweigend an. Armes Vaterland!

Die Nacht verläuft ruhig. Am Freitagvormittag gegen 8 Uhr kommt ein Bote von Frau Hauptlehrer B., ihr Haus sei als Sanitätsstation eingerichtet und am Waldrand seien deutsche Geschütze aufgebaut worden. Auch am Bahnhof, 50 Schritte von unserer Pension entfernt, wird ein Flak-Geschütz aufgestellt. Wie ein Soldat uns erklärt, sei der Feind im Anrücken von Scheidental und Schlossau. Die telefonische Verbindung mit dem Pfarrer von Schlossau ergab, daß die Peilstation dort bereits gestern abgerückt und die ganze Stellung gesprengt sei. Der Feind sei in der Nähe. Wir erkennen den Ernst der Lage und überlegen, wohin zum Schutz. In den Wald zu flüchten, wäre an sich naheliegend, aber bei der Aufstellung der deutschen Geschütze am Waldrand gefährlich. Wir entschließen uns deshalb für den gewölbten Keller im Pfarrhaus und rücken um halb 10 Uhr nach dorthin ab. Vom Pfarrgarten aus beobachten wir den Kampf bei Schlossau, hören die Einschläge der deutschen Geschütze und das immer heftiger werdende MG-Feuer der amerikanischen Panzer. Um halb 11 Uhr sagte der Pfarrherr von Schlossau telefonisch, der Feind nähere sich jetzt dem Ort, er selbst gehe nun in den Keller. Der Kampf um Schlossau war hart, da die deutsche Verteidigung sich in verschiedenen Häusergruppen am Ortsrand verschanzt hatte. Die schweren Panzergeschütze der Amerikaner zerstörten mindestens sieben Häuser vollständig und rückten unter ständigem Feuer im und durch den Ort vor. Die Kämpfenden kamen immer näher gegen Mudau. Artillerie- und Maschinengewehrfeuer verstärkten sich ständig. Im enggedrängt mit Menschen gefüllten Pfarrkeller gab der Pfarrherr die Generalabsolution. Unter Rosenkranzgebet und dem Absingen von Marienliedern verlief die Zeit, während der Geschoßlärm immer stärker anwuchs. Da, um 12.10 Uhr, verstummte plötzlich aller Lärm. Ich ging aus dem Keller und beobachtete die deutschen Pakgeschütze, die sich durch die Ortsstraße nach rückwärts bewegten. Alsbald begab ich mich zu ihnen und fragte die Soldaten, was dies denn zu bedeuten habe. Zuerst bekam ich keine Antwort, dann erklärte mir ein Mann im Führerauto, das Gefecht stehe jetzt. Ich: »Ja, ist der Amerikaner schon durch Schlossau?« Er: »Wahrscheinlich. Wir führen ein hinhaltendes Gefecht und ziehen uns jetzt auf eine andere Stellung zurück.« Auf eine überraschende Bemerkung meinerseits fuhr er fort, ja, der Feind rücke bei Oberscheidental und Donebach weiter vor; wenn die

Deutschen sich in der Mitte nicht zurückzögen, würden sie eingekesselt und abgeschnitten. Im selben Augenblick krepierte in meiner Nähe eine Granate. Schnell sprang ich in das nahegelegene »Hotel Engel«, das jetzige Parteihaus der Nazis, und ging in den Keller. Dicht aneinander saßen auch hier die verängstigten Menschen, besonders viele alte Weiblein aus dem Altersheim im ersten Stock des Hauses. Jetzt begann ein Artilleriebombardement, das in unserer nächsten Nähe den Kirchturm schwer beschädigte, ebenso die letzte, aus dem 30jährigen Krieg stammende Glocke zerstörte. Weitere Einschläge trafen die Apotheke, das Haus des Hauptlehrers B. und andere Häuser. Viele Granaten deckten die deutschen Geschützstellungen zu. Am Bahnhof sprengten die Deutschen ihr Geschütz und flohen, an den Waldrändern feuerten sie zunächst, bauten aber dann auch ab und zogen sich zurück, immer noch verfolgt vom Feuer der amerikanischen Panzergeschütze. Ein Glück, daß das Gefecht ohne Fliegerunterstützung geführt wurde! Wie mag es Elsa ergangen sein? Daß eine feindliche Granate in der Nähe des Pfarrhauses niedergegangen war, erkannte man an den dicken Staubwolken und Dreckstücken, die durch unsere Kellertür kamen. In schwerer Sorge kauerte ich in dem Keller. Da, einige Augenblicke Ruhe, und dann ein Brausen wie von vielen feindlichen Flugzeugmotoren. Vorsichtig bewegte ich mich aus dem Keller und steckte den Kopf zum Haustor hinaus: Da – es war genau 1.25 Uhr nachmittags – kam das erste amerikanische Panzerungetüm vor mir in Sicht. Aus den Fenstern der Ruinen des gegenüberliegenden Gasthauses »Zur Rose« wird ein weißes Tuch schnell herausgehängt, andere folgen. Die Straßen sind im Nu mit Menschen besetzt, die mit weißen Tüchern winken. Ich entdecke zufällig ein Wäschestück, ein weißes Handtuch in meiner Manteltasche. Auf der anderen Seite der Straße gegenüber dem Rathaus sehe ich in der ersten Reihe Hans aus Leibeskräften mit einem weißen Tuch winken. »Wie geht es der Tante?« schreie ich hinüber. »Gut, sie ist im Keller«, tönt's herüber. Ich bin befreit von dem Alpdruck um Elsa und lasse nun das Ereignis vor mir auf mich wirken.

Tränen der Trauer, der Scham und der Wut, rinnen mir die Wangen herunter, und ich wehre ihnen nicht. Mein armes krankes Herz droht zu zerspringen vor innerer Erregung. Soweit ist es nun gekommen mit dem badischen Vaterland, dem Deutschen Reich und mit uns. Ist das, was sich vor mir abspielt, nicht ein wüster Traum? Ist es Wirklichkeit? Mein Gott, mein Gott! Panzer auf Panzer rollt heran, dicht hintereinander, wirkliche Ungetüme mit langen Geschützrohren und Maschinengewehren nach allen Seiten. Finster und stolz blicken die Soldaten auf uns herab. Auf vielen Panzern sind noch Soldaten aufgesessen, die mit angeschlagenem Gewehr die Fenster der Häuser beobachten. Ich beginne die Ungetüme zu zählen. Bei der Zahl 52 höre ich auf. Doch immer weitere rollen heran. Und während so ein gewaltiger Zug von Schloßau einmarschiert, vollzieht sich dasselbe Schauspiel auf der Straße von Scheidental her. Am Schlusse folgt motorisierte Infanterie, darunter auch Neger. Und wie frisch und wohlgenährt sie alle aussehen, die weißen wie die Negersoldaten. Keine Kinder und keine Veteranen, lauter Männer zwischen 20 und 30 Jahren. Bei der ersten Stockung der Kolonne gehe ich durch sie hindurch zu Hans, der ebenfalls weint vor innerer Erschütterung, und dann zu Mama, die immer noch verängstigt im Pfarrhauskeller sitzt. Ich rufe sie. Zitternd vor Angst kommt sie herauf, glücklich, mich wieder zu haben. Welch eine Fügung, daß wir gerade in der gefährlichsten Stunde nicht beisammen waren, und ich den augenfälligen Zusammenbruch der nationalsozialistischen Macht ausgerechnet im Mudauer Parteihaus der NSDAP miterleben durfte![41]

Die Studienrätin Elise Walter wurde Zeuge des amerikanischen Einmarsches im württembergischen Crailsheim:

Donnerstag, 5. April 1945: Alles treibt dem Chaos entgegen. Die Stadt ist entvölkert. Wer irgendwo auf dem Land Verwandte hat, zog in den letzten Tagen fort. Ich selber habe auf die Bitte meines Blockwarts, dem bei der Sache nicht wohl war, den Befehl der Partei, die Stadt zu verlassen, in unserem Viertel herumgesagt. Denen, die nicht wußten wohin, riet ich, nicht ziellos auf die Landstraße hinauszuflüchten, vor allem nicht mit alten Leuten und Kindern. Der eigene Keller sei immer eine bessere Bleibe als ein Straßengraben.
An Zäunen und Hauswänden erscheinen plötzlich die wahnsinnigen Aufforderungen des »Werwolf«, jeder deutsche Junge und jedes

deutsche Mädchen habe die Heimat mit allen Mitteln gegen den herannahenden Feind zu verteidigen. »Der Führer blickt auf dich!«
Die kargen Bestände der Lebensmittelläden werden geplündert, nicht nur vom Gesindel, das jetzt aus allen Löchern kriecht, sondern auch von Bürgersfrauen, denen man so etwas nie zugetraut hätte.
Parteigrößen sieht man schon seit Tagen nicht mehr, dafür durchziehenden Scharen von Verwundeten in leichten Lazarettkitteln die Stadt und suchen zu Fuß dem Feind zu entkommen. Beinamputierte humpeln an Krücken; viele Verbände sind frisch durchblutet. Alle frieren und hungern. Manche setzen sich erschöpft an den Straßenrand. Aus den Häusern kommen Frauen mit Kannen heißen Kaffees. Nach ein paar Schlucken hasten auch die müdesten weiter.
Die militärischen Einquartierungen haben jetzt aufgehört. Durch sie erfuhr man, wie es draußen stand: »Wir sollen uns vom Feind absetzen, aber wir werden ihm in Bälde doch in die Hände laufen.« – »Man kann sich nur noch schämen, daß man ein Deutscher ist: In den Apfelbäumen an den Landstraßen hängen Soldaten und Zivilisten, die auf irgendeine Weise den Gehorsam verweigert haben!« – »Die versprochene Wunderwaffe? Sie glauben wohl noch an den Klapperstorch?«
Abends finden in den Häusern seltsame Gelage statt: Die letzten Vorräte werden aufgegessen, die letzte Flasche Wein getrunken. »Damit es dem Feind nicht in die Hände fällt.« – »Lasset uns essen und trinken, denn morgen sind wir tot!«
Nachts Truppendurchzüge: Motorengeräusch, Hufgetrappel, halblaut durchgegebene Befehle. Es dauert viele Stunden.

Freitag, 6. April: Gegen das Gefühl, rettungslos ins Bodenlose abzustürzen, gibt es nur ein Mittel: Arbeit. Ich jäte Unkraut im Garten. Dann bringt ein Hausbewohner wieder mal eines der vielen »Es-gibt«-Gerüchte, auf die ich schon so oft hereingefallen bin. »Im Milchgeschäft Steidinger werden die Buttervorräte des Milchhofs verkauft. Jede Person bekommt vier Pfund.« Kaum glaublich, aber ich mache mich auf den Weg. Es stimmt: Vor dem Laden steht eine riesige, aufgeregte Menschenmenge. Man drängt vorwärts, stößt und schimpft. Trotzdem dauert es stundenlang, bis ich den Laden betrete. Unterdessen jagen flüchtende Truppen durch die Wilhelmstraße. Sie halten sich an den Gepäckwagen, peitschen auf die abgehetzten Pferde und schreien: »Sie kommen, sie sind schon in Satteldorf.« Das Schießen, das man den ganzen Nachmittag gehört hat, klingt nun aus nächster Nähe. Im Laden bedient Frau Steidinger ruhig und geduldig ihre schreiende Kundschaft. Jeder will zu Hause sein, ehe der Feind kommt. Alles hat den Kopf verloren, nur die tapfere Geschäftsfrau nicht, obwohl sie ihre Tochter mit dem Enkelkind auf der Satteldorfer Straße weiß. Hinter mir, der letzten Kundin, wird der Rolladen herabgelassen, und ich eile mit meinem schweren Butternetz und zwei Litern Milch (welche Schätze in diesen Tagen!) die menschenleere Ludwigstraße hinauf. Oben an der Schillerstraße scheint ein Rückzugsgefecht deutscher Truppen im Gange zu sein. Über die Friedhofsmauer peitschen Gewehrschüsse, Panzer knirschen schießend heran. Zum Glück sind's nur ein paar Schritte zum Oswaldschen Haus. Ich stolpere die Kellerstaffeln hinunter und werde freundlich aufgenommen und in Dekken gewickelt. Nun horchen wir stundenlang nach oben, zuerst auf das Gewehrfeuer im Garten, dann auf das nicht endende Rollen der Panzer auf der Schillerstraße. Wir beten für die Sterbenden draußen, für Deutschland und für uns. Endlich wird es auf der Straße ruhig. Dafür hört man Schritte und Stimmen im Haus. Ich gehe die Treppe hinauf und stehe vor amerikanischen Soldaten mit Maschinenpistolen. Sie sind sichtlich erleichtert, als sie nur uns Frauen sehen und bitten ganz manierlich um etwas zu trinken. Dabei werden sie recht umgänglich. Es ist dunkel geworden. In allen Gärten der Nachbarschaft lodern die Gartenhäuser. Wir aber stehen auf der Hausstaffel und politisieren. Die baumlangen Kerle brüllen in unverständlichen Dialekten auf mich ein. Ein ganz junger Offizier übersetzt, was seine Boys meinen. Es soll eine Gratulation sein, daß der Krieg für uns nun zu Ende sei und eine wohlmeinende Ermahnung, nie wieder einen solch ungerechten Krieg anzufangen. Der Kummer darüber, den Feind mitten in der Heimat vor mir zu sehen, läßt mich alle Vorsicht vergessen und ich verteidige Deutschland und sogar den Führer mit allen Argumenten eines zornig-verzweifelten Herzens. Der Offizier sagt bedenklich: »Lady you go too far!«, hörte aber aufmerksam zu. Endlich erkläre ich, ich müsse meine Butter heimbringen. Er: Das sei unmöglich, wenn er mich nicht begleite. Tatsächlich steht die Volksfestwiese voll von Panzern und ohne den Offizier mit seiner Losung könnte ich nicht durchkommen. Jenseits

der Wiese muß ich in alle Häuser hineinrufen, daß das Verlassen des Hauses jetzt lebensgefährlich sei, daß man weiße Tücher heraushängen müsse und die Türen nicht verschließen dürfe. Vor Feuerstraße 11 lade ich ihn zu einer Tasse Tee ein.
Er nimmt gern an. Welch ein Schreck für meine hochbetagten Hausleute, als der Riese ihnen im dunklen Flur entgegentritt! Alle sitzen wir bis elf Uhr bei Kerzenlicht vor lauwarmem Tee aus der Thermosflasche und diskutieren. Er will ernsthaft wissen, wie wir Deutschen das Kriegsgeschehen beurteilen. Wir kommen an allem herum: An der Bergpredigt und dem preußisch-deutschen Begriff des Soldatentums, an Deutschlands unglücklicher Lage im Herzen Europas, an unserer und aller Völker Schuld am Krieg, an Monroe-Doktrin, Wilsons 14 Punkten und der anfänglichen Anerkennung Hitlers durch England. Schließlich geht der Amerikaner unter den Dankensbeteuerungen meiner Hausleute, denen klargeworden ist, daß wir hier einen Beschützer gewonnen haben.

Samstag, 7. April: Eine schreckliche Nacht! Wir hatten gehofft, nun endlich einmal ohne Furcht vor den Angriffen feindlicher Flieger im Bett schlafen zu können. Aber gegen Morgen hatte von Alexandersreuth her eine furchtbare Beschießung eingesetzt. So kauerte ich eben wieder einmal im Keller an meinen Rucksack gelehnt und hielt den Mund krampfhaft offen, damit mir nicht beim Heulen der Geschosse vor Angst die Zähne aufeinanderschlugen. Eines der Geschosse explodierte dann auch direkt vor unserem Haus; es war, als würde das ganze Häuschen von unten her in die Höhe gehoben, und ich wunderte mich, daß es dann doch wieder auf die Beine zu stehen kam und nicht in sich selbst zusammensackte. Aber wie sah es nachher in den Zimmern aus! Alle Türen herausgerissen, die meisten Fenster zertrümmert, die Wand an meinem Bett eingestürzt, das Dach zur Hälfte abgedeckt. Welch ein Glück, daß unsere Vorfenster noch unbeschädigt im Keller stehen! So müssen wir in diesen Apriltagen doch nicht frieren.
Aber jetzt ist Tag. Als gute deutsche Hausfrauen tragen wir Schutt und Scherben in den Trichter vor unserem Haus und halten einen summarischen Hausputz. Der junge Offizier kommt wieder, unrasiert und ganz grün im Gesicht. Eine Bombe ist in das Zimmer neben dem seinigen eingeschlagen. Zum Glück war's ein Ausbläser und er

blieb unbeschädigt. Aber ich bemerke mit Genugtuung, daß ihm die nächtliche Gefährdung doch noch immer sehr zusetzt und komme mir seelisch direkt abgehärtet vor. Er ist voll ehrlicher Teilnahme für unser schwer mitgenommenes Haus und bietet uns Leute zum Aufräumen an. Zornig verbitte ich mir das: »Schießt nicht, dann braucht ihr auch nicht aufzuräumen!« Ich werde nie das Mitleid im Gesicht des jungen Feindes vergessen, als er erklärte: »Es waren ihre eigenen Geschütze, nicht unsere.« Später bin ich dann doch recht froh, als die amerikanische Streife auf sein Geheiß – nur um der Form zu genügen – durch alle Räume geht, ohne eine einzige Schublade oder einen Schrank zu öffnen, ohne auch nur das geringste zu zerstören oder mitlaufen zu lassen. Unsere Nachbarn sind nicht so gut weggekommen. Auch in unserer Gegend werden heute die Gartenhäuschen und Feldscheunen angezündet. Durch die Sparren unseres zerstörten Daches kann ich dem zusehen. Ich beobachte, wie sich zwei Soldaten an das Grätersche Gartentor heranschleichen, es sprengen und den Garten betreten. Gleich darauf flüchten sie in beachtlicher Eile wieder heraus, gefolgt von einem ganzen Schwarm aufgescheuchter Bienen. Dieses Häuschen mit seinen Bienenstöcken bleibt stehen.

Sonntag, 8. April: Wieder eine schlimme Nacht! Gestern nachmittag wieder Werferbeschuß, an den wir uns schon zu gewöhnen beginnen, und ein ernstes und doch beglückendes Gespräch mit dem Amerikaner. Er ist von einer kaum glaublichen Unbefangenheit und fast ohne Vorurteile. »I want to understand. Please tell me why . . .« Es ist schön, in dieses aufmerksame, aufgeschlossene Gesicht hinein aus der deutschen Geschichte zu erzählen und dabei selbst an nationalem Selbstverständnis zu wachsen. Er dafür zeigt die Bilder von Frau und Kindern und von amerikanischen Brücken, die sein Vater gebaut hat. Er bietet Schokolade, Kaffee und andere unerhört kostbare Dinge an. Ich erlaube ihm aber nur, dem 73jährigen Bruder meiner Hausfrau ein paar Zigaretten zu geben.
Heute nacht aber hatten wir den Krieg vor der Haustüre. Von Drudenbach her wurde die Goldbacher Straße von Deutschen angegriffen. Jedes Fenster, das ins Tal hinuntersieht, muß ein Maschinengewehrstand gewesen sein. Es ratterte ununterbrochen. Dazwischen hörte man die Schüsse der Panzer und nur hier und da

ein vereinzeltes deutsches Gewehr. Mehrere Stunden hintereinander kann der Mensch nicht Angst haben. Ich schlief ein und vernehme das Feuer nur noch manchmal wie von weitem. Heute früh wagte ich mich vors Haus. Die ganze Goldbacher Straße entlang vom Volzschen Garten an stadteinwärts stehen Panzer. Von einem benachbarten Hause aus rufen mir junge Leute zu: »Kommen Sie schnell, dort drüben (bei Behrmanns) stöhnt sich was!« Ich: »Dann seht eben nach!« – »Wir trauen uns nicht wegen der Amis.« Ich laufe über die Straße und finde im Holzstall einen Soldaten, d. h. ein blutjunges Bürschchen, das noch vor mir auf der Schulbank sitzen könnte, in einer Blutlache liegen: »Helfen Sie mir, ich habe einen Hüftschuß.« – »Ich kann Sie aber nicht verstecken.« – »Dann sagen Sie den Amerikanern, ich sei kein Deutscher, sondern Este. Man hat uns versprochen, wir würden gegen Rußland eingesetzt.« Da faßte ich mir eben ein Herz, gehe zum nächsten Panzer und bitte um Hilfe für den Verwundeten. Ein Offizier schickt sofort einige Leute nach einer Bahre in das Lazarett in der Leonhard-Sachs-Schule. Während wir warten, erzählt mir der Offizier, was sich heute nacht in unserer nächsten Nähe abgespielt hat:
SS-Truppen aus Ellwangen hätten, nur mit Gewehren bewaffnet, versucht, die Stadt zurückzuerobern, seien aber alle niedergemäht worden. Ein einziger sei bis zur Straße heraufgelangt und habe mit dem Gewehr auf Panzer geschossen. »Wir mußten ihn natürlich umlegen, poor blockhead!« Dem Verwundeten, der ihn mit angstgeweiteten Augen anstarrte, sprach er freundlich, fast väterlich, zu und begleitete die Bahre ins Lazarett. Heute ist ein wunderschöner sonniger Tag. Die Tulpen haben sich schon ziemlich weit aus dem Boden geschoben. Ob wir ihre Blüte noch erleben? Es sieht nicht sehr danach aus. Immer wieder heulen die Geschosse der deutschen Nebelwerfer heran und jagen uns in den Keller ...[42]

Der Kampf um Crailsheim dauerte bis zum 22. April und forderte auf beiden Seiten beträchtliche Opfer. Im allgemeinen verhielten sich Amerikaner und Engländer gegenüber der Zivilbevölkerung korrekt. Zu Ausschreitungen kam es selten. Bei den französischen Truppen war das ganz anders. Vor allem die marokkanischen Soldaten machten sofort nach Einnahme eines Ortes Jagd auf die weibliche Bevölkerung. Frauen und Mädchen holte man aus den

Kellern, überfiel sie auf der Straße und zerrte sie in Ruinengrundstücke. Wer sich wehrte, wurde mit dem Tod bedroht oder brutal niedergeschlagen. Eine 49jährige Ehefrau hielt in einem Bericht fest, was ihr nach der Einnahme Bruchsals durch französische Kolonialtruppen widerfuhr:

Es war in den ersten Tagen nach der Besetzung durch die Franzosen. Wir wohnten damals in einem Außenbezirk der Stadt im I. Obergeschoß. Wir – mein Mann und ich – wollten uns gerade zum Mittagessen hinsetzen, als zwei französische Soldaten (Afrikaner) die Treppe heraufkamen. Sie durchstöberten erst ein auf unserem Stockwerk liegendes Zimmer unseres im Parterre wohnenden Hauswirtes und fanden dabei ein Parteiabzeichen. Die beiden ließen sich nicht davon abbringen, daß dieses uns gehören müsse (weder mein Mann noch ich waren jemals Mitglied der NSDAP) und fielen ohne Umstände über mich her. Mein Mann wollte mir zu Hilfe kommen und wurde auf den Kopf geschlagen, was eine dicke Beule zur Folge hatte. Er wurde in den Keller geschleppt, der zugeriegelt wurde. Einer der beiden hielt dann vor der Kellertür Wache, während der andere wieder über mich herfiel. Ich habe geschrien, aber keiner der anwesenden Hausleute eilte zu Hilfe. Um mich am weiteren Schreien zu hindern, wurde mir ein Taschentuch so brutal in den Mund gestopft, daß ich an meiner Zahnprothese zu ersticken drohte. Weil ich mich weigerte, mich meiner Kleider zu entledigen, wurde meine Unterwäsche aufgeschlitzt – die einzige, die ich besaß, weil wir kurz zuvor total ausgebombt worden waren und ich nichts mehr mein eigen hieß als das, was ich auf dem Leibe trug. Anschließend überfiel mich der zweite Soldat. Irgend jemand schaffte mich dann ins Krankenhaus. Als die beiden Soldaten am nächsten Tag wiederkamen, war ich bereits bei Bekannten untergekommen.[43]

In den Zuchthäusern und Konzentrationslagern warteten die Gefangenen voll Ungeduld auf ihre Befreiung durch die alliierten Soldaten. Sehr oft kamen die Befreier zu spät: Im letzten Moment hatten SS-Kommandos politische Gefangene hingerichtet oder Juden in Eisenbahnwaggons verhungern lassen. Das KZ Dachau wurde am 29. April befreit. Johannes Steinbock beschreibt in seinen Erinnerungen die letzten Tage des Lagers:

Als die Amerikaner immer näher rückten und von der SS noch nichts gegen uns unternommen worden war, hatten wir schon die Meinung, es werde nichts mehr geschehen, wir würden eines Tages erobert oder übergeben werden.
Eine kleine Erschütterung erlitt diese Meinung am 17. April, als auf einmal die »Prominenten« unter den Schutzhäftlingen auf Autos zusammengeholt und weggefahren wurden, angeblich nach Tirol. Bei diesem Transport waren dabei: Bischof Gabriel Piguet und Clermont-Ferrand in Frankreich, Prinz Xavier von Bourbon-Parma, Bruder der Kaiserin von Österreich und des Prinzen Sixtus, mit dem zusammen er im ersten Weltkrieg den Friedensversuch gemacht hatte. Prinz Leopold von Preußen-Hohenzollern, Bürgermeister Richard Schmitz von Wien, Pastor Niemöller, Domherr Neuhäusler von München, mehrere französische hohe Militärs und andere deutsche und ausländische Funktionäre ...
Nach dem Weggang der Prominenten war wieder eine Woche Ruhe, soweit in dieser aufgeregten Zeit von Ruhe zu reden war, und es hob sich wieder die Stimmung: nun geschieht nichts mehr, wir bleiben da. – Und dennoch wurde es anders.
Donnerstag, 26. April, wollten wir, wie gewohnt, für die Kameraden die »Brotzeit« holen (das ist das Jausenbrot mit einem Stücklein Margarine für die Arbeitskommandos, das mehr wert war als das ganze übrige Tagesessen) – es wurde keine ausgegeben. Die auf dem Appellplatz angetretenen Kommandos mußten lange warten, es kam zu keinem Ausmarsch, es lag etwas in der Luft. Hernach hieß es: »Zurück auf die Blocks, niemand rückt aus!« Da plötzlich zwischen 9 und 10 Uhr kommt der Befehl: »Alles zusammenpacken, marschfertig machen, das Lager wird verlassen! Bis Mittag ist alles gestellt auf dem Appellplatz!« Die Überraschung und Unsicherheit und fieberhafte Eile läßt sich denken, die nun entstand! Alles rennt durcheinander, jeder sucht seine Habseligkeiten zusammen, keiner weiß Näheres. Wollen sie uns wirklich in ein anderes Lager bringen oder uns nur vor das Lager hinausführen, um uns zu erledigen? –
Vom Ausräumen der Spinde und Betten, vom Zusammenpacken der einen und Wegwerfen anderer Sachen, vom hastigen Jagen über Wege, Stuben und Strohsäcke entstand ein wirres Bild der Verwüstung im Freien und in den Räumen ...
Unterdessen mußten mittags zunächst alle Reichsdeutschen, Russen

und Italiener auf dem Appellplatz antreten. Wieder kam es so, wie so oft im Lager all die Jahre her: die Hälfte seines Lebens steht der Dachauer vergebens. Am Abend standen sie noch draußen. Einige schlichen sich wieder zurück, eine Anzahl anderer hatte sich überhaupt versteckt gehalten und war nicht angetreten.
Während dieses Stehens ereignete sich etwas Unerwartetes, was mir nach der Befreiung einige erzählten, die unmittelbar dabei waren: gegen Abend wurde Bundeskanzler Schuschnigg von einem bewaffneten SS-Mann aus dem Bunkergebäude hervor gegen das Jourhaus geleitet. (Er war am 8. April vom Lager Flossenbürg her in Dachau angekommen.) Als ihn die wartenden Österreicher erblickten – er war weiß, schritt aber sehr aufrecht –, da waren sie nicht zu halten, liefen hin, riefen ihm zu: »Hoch Österreich, hoch Schuschnigg!«, die vordersten reichten ihm die Hand. Der SS-Mann blieb zurück und ließ alles geschehen. Schuschnigg war ganz überrascht und erfreut, solches war ihm so viele Jahre nun nicht begegnet.
Endlich am Abend wurde Proviant für den Marsch ausgegeben, ein halbes Brot und eine Wurst für unbestimmt viele Tage, und als es dunkel wurde, setzte sich der Transport in Bewegung in Gruppen zu je 100 Mann. Die Geistlichen, die mit waren, etwa 90 an der Zahl, bildeten eine Hundertschaft auf diesem Marsch ins Ungewisse. Der ganze Transport umfaßte zirka 7000 Mann.
Wir Zurückbleibenden begaben uns zu Bett, etwas mehr Platz war ja nun auf diese unliebsame Art geworden. In der Nacht begann es heftig und stürmisch zu regnen, wir dachten an die Kameraden: wie wird es ihnen gehen, wo werden sie nun weilen oder wandern . . .?
Am Morgen ging das Gerücht, der Zug sei gerade erst außerhalb des Lagers in der Plantage, könne nicht weiter wegen Verstopfung der Straßen, daher würde niemand mehr evakuiert.
Im Lager brannten schon seit mehreren Tagen die Überreste eines Effektenzeltes, aus dem die SS die besseren Sachen herausgeholt und das übrige Zeug dem Feuer überlassen hatte. Es wurden auch Strohsäcke und Kleider der Typhuskranken hineingeworfen und nunmehr wurden auch von der durch den Transport zurückgebliebenen Verwüstung allenthalben Feuer gemacht und »organisierte« Kartoffeln darin gekocht. Das Bild des Lagers wurde immer mehr zigeunermäßig.
Aber bald kam Befehl: »Das ganze Lager antreten!« Mit Sack und

Pack mußte alles auf den Appellplatz. Der Befehl wurde widerrufen, alles strömte wieder zurück; er wurde neuerlich gegeben, es ging ganz durcheinander. Viele blieben oder schlichen zurück, die Lagerpolizei konnte das Lager nicht leerkriegen. Schließlich begann es aufs neue zu regnen und die ganze Platzversammlung löste sich auf, die SS tat nichts mehr dagegen.
Mittags kommt die Anordnung: »Die restlichen Deutschen, Russen, Italiener antreten zum Abmarsch. Die nicht Marschfähigen müssen sich das ärztlich bestätigen lassen.« Das ist ein großes Risiko, sich da als »invalid« zu melden. Sie ziehen sich daher immer wieder zurück und »verkrümeln« sich lieber, und es wird nichts daraus. Immer noch bedroht von neuen Befehlen, sehen alle nach feindlichen Fliegern aus, aber gerade heute, da sie die Evakuierung verhindern könnten, rührt sich nichts in der Luft, es gibt keinen Alarm. So kommt der Abend. Nächsten Morgen neuer, schwacher Befehl, es muß zum Abmarsch gerüstet werden, aber es wird kein Ernst.
Wir sind in unserem Arbeitsraum beisammen und damit beschäftigt, unsere Gestapo- und Lagerkarteikarten zu rekonstruieren. Manche hatten sie überhaupt schon vorher herausgeholt und vor Vernichtung gesichert.
Da auf einmal gegen 10 Uhr: Alarm! Die Sirenen heulen, hören nicht mehr auf – eine Minute – kurze Pause – wieder gehen sie an, eine weitere Minute, kurze Unterbrechung – aufs neue heulen sie weiter . . . Das ist ja der sagenhafte Fünfminutenalarm! Etwas wie kalt läuft es vielen über die Haut: also soweit wären wir, Panzerspitzen oder Fallschirmjäger . . .
Aber es wird wieder ruhig, wir hören wohl schießen, doch gegen Mittag endgültig Stille. Zugleich mit dem Geheul kam die Parole: »In München spricht ein Freiheitssender, es gibt eine Gegenregierung.« Zu Mittag kommt jedoch Nachricht: den Fünfminutenalarm habe die SS gegeben wegen des Volkssturms von Dachau, der zur Befreiung des Lagers anrücken wollte. Und der Befreiungsversuch sei unterdrückt. Es hieß, einige Häftlinge, die dem Fußtransport entwichen waren und nun mitkämpften, seien gefallen, was sich nachher auch bestätigte. Die Bevölkerung der Stadt Dachau hatte wegen des aufsteigenden Rauches geglaubt, die SS zünde schon das Lager an.

Nachmittags kamen wieder Flieger, überflogen das Lager schon sehr tief und die Ausländer grüßten winkend hinauf. Um das Lager waren starke Detonationen zu hören und aufsteigende Rauchsäulen zu sehen, offenbar von Brückensprengungen, deren Wirkung wir später auch aus der Nähe anschauten. Dumpfer Artilleriedonner rollte in der Ferne. Die SS packte nun immer mehr ihre Kisten, Koffer und Rucksäcke; man munkelte, es seien ihrer viele schon fort, jedoch zeigten sich immer noch genug. Samstag abends, nachdem wir uns niedergelegt hatten, sagte der belgische Pater De Coninck S. J. statt der gewöhnlichen Abendbetrachtung, zu der doch die meisten nun nicht die Ruhe hatten, einige Worte zum Tage in der allen 24 Nationen unseres Blocks verständlichen lateinischen Sprache: »Erhebet eure Häupter, eure Befreiung naht . . . socialismus nationalis moritur, requiescat in pace« (der Nationalsozialismus ist im Sterben, er ruhe in Frieden). Worauf einige Italiener aus ihren Betten sofort einfielen: »In pece, in pece!« Das ist auf Latein und Italienisch ein Wortspiel: in pece heißt: in Pech, in Schmutz, statt pace: in Frieden.

Sonntag, den 29. April, morgens, begaben wir uns in die Kapelle, da besteigt nach dem Choralamt unser Blockältester (das war nunmehr nach der Entlassung von Reinhold Friedrichs und dem Transport Gerhard Maashänsers der tschechische Priester Josef Plojhar) das Podium. Erst feierliches Schweigen, dann tut er den Mund auf zu der lateinisch gesprochenen Nachricht: »Ich verkünde euch eine große Freude: SS hat das Lager verlassen, auf dem Haupttor des Lagers weht die weiße Fahne! Haltet alle Disziplin, Vorsicht ist noch geboten, eine kleine Anzahl SS (Kampfgruppe Wicker) ist noch auf den Türmen bei den Maschinengewehren!«

Nun war es also Wirklichkeit, worum so lange die Gedanken so unwirklich und fern gekreist waren: wird es einmal sein, daß wir eines Morgens erwachen und keine SS mehr da ist? Wie wird das sein, wie wird es sich ausnehmen? Wir gehen und schauen alle die weiße Fahne an. Ja, sie weht da draußen richtig. Einmal untertags geht sie nieder, aber gleich auch wieder hoch. Das geschäftige Leben und Treiben, das stets das Jourhaus und das angrenzende SS-Lager belebte, ist verschwunden, alles scheint dort wie ausgestorben.

Feierliche Stimmung haben alle, fast so ähnlich – den fernen Kriegslärm ausgenommen –, wie es im Liede heißt: »Das ist der Tag

des Herrn . . . auf weiter Flur eine Morgenglocke nur . . . o süßes Graun, geheimes Wehn . . . der Himmel nah und fern, er ist so klar und feierlich, so ganz, als wollt' er öffnen sich. Das ist der Tag des Herrn.« Und es war ein Sonntag, frühlinghaft schön, die Luft so angenehm. Wie lange wird's noch dauern? – – –
Oder ist es doch unsicher, daß es gut ausgehen wird, ist die weiße Fahne nicht etwa ein Hinterhalt? Wir warten tagsüber auf die Dinge, die da kommen sollen. Viele steigen auf die Pappeln der prächtigen Lagerstraßenallee und schauen aus, andere steigen von innen in die Luftschächte der Barackendächer, brechen die Brettchen aus und machen sich so einen Auslug.

Es ist inzwischen ½ 6 Uhr abends geworden. Da sahen wir plötzlich vom Fenster aus, wie auf dem Nachbarblock die Späher eiligst von ihrem Auslug herunterrutschen; die Leute laufen aus dem Block, wir auch gleich aus dem Raum. Vor der Tür empfängt uns schon der Ruf: »Die Amerikaner, die Amerikaner sind da!« Wir eilen aus der Blockstraße, ich sehe mich um die Maschinengewehre der restlichen SS um und sage: »Hier nicht hinaus, da könnte noch etwas passieren, andersherum auf den Appellplatz!« Da sehen wir vor dem Jourhaus draußen vor dem Tor drei Panzerspähwagen; bisher unbekannte Uniformen entsteigen ihnen, schwer bewaffnet, und laufen im Nu auseinander nach den verschiedenen Richtungen. Ein Jubel bricht los! Ein Pole stürmt durch die Toreinfahrt hinaus den Amerikanern entgegen, die sich eben anschicken, hereinzufahren, ein Schuß fällt, der Pole war zu unüberlegt entgegengerannt, ist verwundet und muß ins Revier gebracht werden. Unter der Einfahrt werden die Amerikaner aus dem Wagen gehoben und auf den Schultern hereingetragen, ein Orkan der Freude durchbebt die Massen auf dem Appellplatz. Einer der ersten Soldaten nimmt den Helm ab – da ist es eine Frau, eine Kriegsberichterin, die gleich in die Schreibstube eilt, um Funkbericht zu geben. Die wiedervorhandene Kartei weist 32 000 Häftlinge als gegenwärtig aus.
Im selben Moment, als die Einfahrt erfolgte, ist schon ein Häftling auf dem Turm des Jourhauses und befestigt hoch oben im Fenster die weißrote polnische Flagge, andere Fahnen folgen sogleich!
Ich stehe auf dem Platz und beobachte überallhin. Die Amerikaner besetzen die leeren Zimmer des Dienstgebäudes. Beiderseits des

Tores sind die Fahrradständer der SS mit Wellblechdächern, die Häftlinge erklettern sie und steigen im ersten Stock in die Fenster der einstigen SS-Hochburg.
Plötzlich knattern Schüsse – was gibt es? Kommt noch Kampf? Soll uns jetzt am Schluß noch die tückische Kugel von irgendwoher ereilen? Die Menge lichtet sich. Da auf einmal nochmals Schüsse. Was soll das? Aufs neue steht die Gefahr auf, die kaum überwunden schien. Wir eilen umher, da sehen wir schon beim Wachturm B außerhalb Block 18 fünf SS-Männer erschossen liegen. Oben auf dem Turm ragt auf der Lagerseite noch das Maschinengewehr heraus, auf der Außenseite weht ein weißes Tuch. Die zusehenden Häftlinge erzählen, die Männer seien heruntergekommen, die Amerikaner hätten sie abgegriffen, es sei wohl etwas gesagt worden, vielleicht eine Verneinung von Waffen, plötzlich bei einem Griff zuckte der Amerikaner, zückte seine Maschinenpistole kaum merklich und durch eine kleine Fingerbewegung lagen die fünf tot auf der Erde.
Wir suchten den Grund der weiteren Schüsse. An der Lagermauer auf der anderen Seite nächst dem Plantagentor sahen wir acht SS-Männer erschossen liegen. Sie waren abgeführt worden aus den Türmen; warum sie an die Wand gestellt wurden, konnte ich nicht erfahren. Die Toten blieben tagelang liegen, bis die verschiedenen Kommissionen, politischen und militärischen Besuche kamen.
Andere Gruppen SS-Männer wurden von außen her händehoch in den Bunker geführt.[44]

Die Amerikaner waren entsetzt, was sie in den befreiten Lagern sahen, und sie zwangen die Bevölkerung der umliegenden Gemeinden sich die NS-Verbrechen anzusehen. Die Bevölkerung Weimars mußte am 12. April das KZ Buchenwald besichtigen:

Am 12. April 1945 hatte der Kommandierende der amerikanischen Truppen angeordnet, daß sämtliche Weimarer Einwohner zwangsweise durch das Lager geführt würden, um diese Einwohner als Zeugen aufzurufen für die bestialischen Verbrechen, die die SS-Banditen zwölf Jahre lang an unschuldigen Menschen verübt hatten.
In Militärlastwagen wurden Frauen und Männer herangebracht. Angesichts der Scheußlichkeiten, die ihren Augen geboten wurden,

schrien die Frauen auf, einige fielen in Ohnmacht, --- aber auch die Männer mußten sich zwingen, ihre Gefühle zusammenzuhalten. Immer und immer wieder fragten sie sich und schauten sich an: »Wie ist so etwas möglich? Warum haben wir nie etwas davon erfahren? --- Wie konnte so etwas geschehen, --- acht Kilometer von Weimar entfernt?«
Auch der Vater und die Schwester des »Reichsjugendverführers« v. Schirach wurden durch das Lager geführt. Nach der Führung durch das Lager, vorbei an den einzelnen Marterstellen, vorüber an Knochen- und Leichenteilen, erklärte die Schwester Schirachs: »Was ich heute gesehen habe, --- das hätte ich nach Erzählungen niemals geglaubt und auch niemals für möglich gehalten. Wir sind ja in das grausamste Mittelalter zurückgefallen!«
Im Anschluß an diese Zwangsbesichtigungen wurden ganze USA-Divisionen durch das Lager geführt. Die heftigen Worte, die die Amerikaner bei dieser Gelegenheit gegen die SS-Bestien aussprachen, waren Balsam für unsere wunden Seelen. Diese Greuel und Grausamkeiten wurden den amerikanischen Soldaten gezeigt, damit sie nach ihrer Rückkehr in die Heimat erzählen konnten, wofür sie kämpften.

Die Chefs der alliierten Regierungen schickten Sonderkommissionen. Mitglieder des englischen Parlaments haben es sich nicht nehmen lassen, die ihnen mitgeteilten Folter- und Mordinstrumente mit eigenen Augen zu besichtigen, – – – Menschen über Menschen strömten durch das Lager.
Und alle waren zum Schluß erschüttert. Vielen standen Tränen in den Augen. Wir Häftlinge wurden oft gefragt, wir mußten noch manche Dinge erklären. Aber auch so mancher verstehende und mitfühlende Blick traf uns.
Ganz besonders waren die Mitglieder des englischen Parlaments über die aus Menschenhaut gefertigten und zur Schau gestellten Lampenschirme, Handtaschen und andere Gegenstände erbost. Sie waren von dieser gemeinen Schinderei so beeindruckt, daß sie beschlossen, die Gegenstände im englischen Parlament auszustellen.[45]

Der Endkampf um Berlin begann mit dem Vormarsch der Roten Armee am 16. April aus den Oderbrückenköpfen heraus. In einer Zangenbewegung wurde die Reichshauptstadt von Norden und Süden umfaßt. Am 25. April war der Ring geschlossen. Zu diesem Zeitpunkt befanden sich noch 2 700 000 Personen in Berlin, davon mehr als zwei Millionen Frauen. Eine davon war Ruth Andreas-Friedrich, die in ihren Tagebuchaufzeichnungen die Alltagsprobleme der Berliner festhielt:

Samstag, 21. April 1945

Um vier Uhr morgens steigen wir aus dem Keller nach oben. Mit steifen Gliedern. Verknautscht, verquollen und mißlaunig. Reden kein Wort, sondern werfen uns stumm auf die Betten. Schlafen. Nur schlafen! Alles andere wird sich später finden.
Es findet sich! Und wie es sich findet! Als ich um neun Uhr Teewasser aufsetzen will, fließt kein Tropfen Wasser mehr aus der Leitung. Ich knipse am Schalter. Kein Strom! Ich greife zum Hörer: Die Leitung ist tot! Über Nacht hat man Berlin den Lebensfaden abgeschnitten. Von Osten her grollt es wie ferner Donner. Aber es ist ein Donner, der nicht aufhört. Der anschwillt von Stunde zu Stunde. Unerbittlich mit tödlicher Eindringlichkeit . . .
Bis zum Mittag ist die erste Pumpenexpedition organisiert. Drei

Mann mit je zwei Eimern. Die nächste Pumpe steht drei Straßenzüge entfernt, neben einem Volkssturmlokal. Über hundert Menschen drängen sich hinter dem Pumpenschwengel. Auf der Dienststelle des Volkssturms herrscht unruhige Geschäftigkeit. Motorräder knattern vor der Tür. Männer mit der schwarz-weiß-roten Binde am Arm, in selbst zusammengestoppelter Kriegsausrüstung, armselig wie Lumpenmätze, strömen hinein und heraus. Sie sehen aus, als hätten sie zehn Nächte nicht geschlafen. Und fünfzehn Tage nichts zu essen bekommen. Mit so was will man Berlin verteidigen! Ergeben scharren wir den Sandboden vor der Pumpe, bis die Reihe an uns ist, den eisernen Schwengel in Bewegung zu setzen. Sechs Eimer! Das reicht kaum zum Kochen, Abwaschen und Zähneputzen. Doch wenn es Alarm gibt? Wenn man löschen muß? Man sagt, sie haben in Berlin schon mit Magermilch und Dünnbier gelöscht. Wo aber ist die Magermilch? Von dem 1/32 Liter, der einem am Tage zusteht, wird sich ein handfester Hausbrand kaum löschen lassen. Also Eimer schleppen. Also die Badewanne füllen. Und sämtliche Behälter, die in Wohnung und Keller vorrätig sind. »Es dürfte auch Zeit sein, die Marken abzukaufen«, empfiehlt Heike und schaut besorgt auf eine zweihundert Meter lange Menschenschlange, die sich vor einem Bäckerladen staut.
Nach dem nächsten Wassergang rücken wir diesem Problem ernsthaft näher. Jeder schüttet seinen Restbestand an Monatszuteilung und Reisemarken auf den Tisch. Vier Pfund Fleisch, zwei Pfund Butter, sechs Pfund Nährmittel, zehneinhalb Pfund Brot, dreißig Semmeln. Ein ansehnliches Quantum. »Die Mädchen sollen kaufen. Wenn sie zu lange stehen müssen, lösen wir sie ab.« Heike und Dagmar ziehen los. Mit Netzen und Einkaufstaschen. Ich setze mich aufs Rad und fahre zur Kufsteiner Straße . . .
Ich radele durch ein Gewühl von Menschen und Fahrzeugen. Alles, was Beine hat, scheint heute nach Westen zu ziehen. Zwischen den Lastautos und Wehrmachtswagen schieben sich die Trecks der Flüchtenden. Leiterwagen, Schiebkarren, Kinderwagen, Puppenwagen. Bepackt mit Rucksäcken, Bündeln und Koffern. Als Vorspann müde Frauen. Als Nachhut erschöpfte Kinder. Blaß, hohlwangig, barfuß. Ein trostloser Anblick. Vor den Wasserpumpen Menschenschlangen, vor den Bäckerläden Menschenschlangen, vor den Metzgerläden Menschenschlangen. »Wissen Sie nicht, wo man

Brot zu kaufen bekommt?« fragt mich eine verhetzt aussehende Frau mit Kopftuch und Marktbeutel. »Hier in Schöneberg ist alles ausverkauft.« Ich weiß es nicht. Niemand weiß es. Man kauft, wo man etwas findet. Man rafft zusammen, was man kriegen kann. Wie ferner Donner grollt die feindliche Artillerie. Flieger schwirren über unseren Köpfen. Aber es kümmert sich keiner um sie. Jetzt hat man wichtigere Existenzfragen zu lösen.

In der Kufsteiner Straße sieht es nach Aufbruch aus. Alle Schiebladen sind herausgerissen. Halboffene Koffer stehen auf dem Fußboden. »Zeit zu packen!« empfängt mich Frank. Die große Fluchtstimmung der Stadt hat auch ihn angesteckt. Stolz weist er auf einen Haufen gefüllter Tüten, Päckchen und Schachteln. Fett, Fleisch, Brot, Nährmittel! »Wir haben alles abgekauft. Morgen wird man doch nichts mehr kriegen.« – »Schon heute nicht«, antworte ich trübselig. »Die sind ja wie Heuschrecken über alle Vorräte hergefallen.« – »Wer zuletzt kaut, kaut am besten«, brummt Jo aus dem Hintergrund. »Ich habe nicht die Absicht, für die Nazis zu verhungern.« – »Und was gedenkt ihr weiter zu tun?« – Frank zuckt die Achseln. »Abzuwarten! Was bleibt uns anderes übrig? Und zu verhüten, daß es mich nochmals vom Rade fegt, wie heute vormittag.« Jetzt erst sehe ich, daß über seine Stirn eine blutige Schramme läuft, mit Leukoplast nur ungenügend verklebt. »Was ist dir zugestoßen?« Alle charitativen Instinkte sind plötzlich bei mir wach geworden. – »Nichts weiter, als daß die Russen in den Tiergarten hineinschießen. Über das Brandenburger Tor und ins Regierungsviertel. Ich fuhr mit dem Rad durch die Linden. Da flog mir ein Ding um die Ohren. Sauste direkt in den Bürgersteig und riß mich über die Lenkstange, ehe ich bis drei zählen konnte. Platt wie eine Wanze lag ich vor dem Adlon-Hotel.« Ich streichle ihm behutsam über den rotverfärbten Leukoplast-Streifen . . .

Artilleriebeschuß – russische Schlachtflieger – englische Moskitos. Sobald die Nacht sinkt, beginnt der Tanz von neuem. Heike, Dagmar und Fabian ziehen es vor, sich grundsätzlich auf Kellerübernachtung einzurichten. Ich sitze mit Andrik oben neben der Stallaterne, trinke kalten Tee, esse Wurstsemmeln und Käsebrote, jede Sekunde bereit, nach Aktentasche und »Sturmgepäck« zu greifen, um ebenfalls in den Keller zu stürzen. Die Fensterriegel haben wir aufgestellt, daß wenigstens die letzten Glasscheiben dem

Luftdruck standhalten. Draußen knallt die Flak. Und in der Ferne grollt der Donner der russischen Artillerie. »Achtung!« schreie ich. Die Teetasse fällt auf den Tisch. Flach liegen wir beide auf dem Fußboden. Huui-i-i-i! tönt in der Nähe der Einschlag einer Moskitobombe. Huui-i-i-i! heult noch näher die zweite. »Runter!« ruft Andrik. Wie gejagte Hasen flitzen wir die Treppe hinab. Der Luftdruck hat die Pappen aus den Flurfenstern gerissen. Feuerschein beleuchtet die Stufen. »Herrgott, meine Handtasche!« Jetzt nochmals raufzulaufen, wäre Wahnsinn. Aber so ist es immer. Wenn wirklich Gefahr droht, vergißt man das Wichtigste.
Gottlob, das Haus bleibt stehen! Nur grauer Kalkstaub liegt, als wir in die Wohnung zurückkehren, in dicker Schicht über Möbeln und Fußboden. Es ist eiskalt in den Zimmern. Aber die aufgesperrten Fensterflügel haben dem Luftdruck standgehalten. Wenigstens ein Gewinn! Seufzend greift Heike zu Besen und Müllschaufel. Man kann sich doch nicht nur auf Mörtel schlafen legen. Aus den Nachbarwohnungen tönt das bekannte Spechthämmern. Dort nageln sie die Pappen wieder vor die Fenster. Es ist schon wegen der Verdunkelung wichtig. Denn wenn wir zwar gelernt haben, uns selbst im Finstern noch zurechtzufinden, so erschwert es doch das Aufräumen, wie ein Blinder zwischen den Möbeln herumzutappen. Und dabei gibt es gerade wieder mal für ein paar Stunden Strom!

Sonntag, 22. April 1945

»Der harte Geist der Front beherrscht Berlin«, verkünden die Schlagzeilen der Sonntagsblätter. »Es geht darum, die Wende dieses Krieges ertrotzen zu helfen. Jetzt kämpft Berlin. Es kämpft mit allen Konsequenzen, die diese Schlacht um Sein oder Nichtsein uns abverlangt. Es kämpft und schlägt zu, wo immer sich ein Feind des Volkes zeigt. Nun regiert der Befehl! Nun werfen wir auch das Letzte hinter uns, was uns noch an der Front hindern könnte. Das Gebot für heute, morgen und alle kommenden Tage heißt: Ohne Ausflüchte und mit verbissenster Leidenschaft: Kampf.« Da haben wir's! Kampf bis zum letzten Berliner! Schon jagt eine Notmaßnahme die andere. Ab heute Todesstrafe auf Kochstromverbrauch. Goebbels stopft der Bevölkerung mit Sonderzuteilungen das Maul. Ein Pfund Fleisch, ein halbes Pfund Reis, ein halbes Pfund Hülsenfrüchte, ein Pfund Zucker, hundert Gramm Malzkaffee, eine Konservendose und dreißig Gramm Bohnenkaffee. Was nützt das alles, wenn man keine Möglichkeit hat, die Sachen zuzubereiten? Für die Stadt tritt ein Notprogramm in Kraft. Die Standgerichte arbeiten in Permanenz. Überall schwirren widerspruchsvolle Gerüchte. Die Russen seien in Pankow und Weißensee durchgebrochen. Potsdam habe sich kampflos den Engländern ergeben. In Luckenwalde hätten sich die Alliierten vereinigt, Dahlewitz wäre genommen. Die letzten Bonzen verließen in Fieseler-Störchen Berlin. Niemand weiß, was wahr ist. Keiner ahnt, wie die Dinge in Wirklichkeit stehen. Und dabei tun die Nazis, als lebten sie noch tausend Jahre. Erst vorgestern wurde der Jahrgang der Zehnjährigen geschlossen in die Hitler-Jugend aufgenommen und auf »bedingungslose Treue zum Führer« vereidigt. Aus Lämmern werden Werwölfe! Was für eine blutige Fabel!

Auf den Straßen hat das ruhelose Getriebe nicht nachgelassen. Sie ziehen nach Westen, sie ziehen nach Osten. Und es sieht aus, als wisse eigentlich keiner, wohin und warum er zieht. Vor den Läden stauen sich auch heute die Schlangen anstehender Frauen. Vier Stunden stehen sie, fünf, sechs und sieben. Nur für die lächerliche Handvoll Kaffeebohnen, mit denen Goebbels sie zum Endspurt antreiben will. Man weiß kaum mehr: Wo sind die Verführten und wo die Verführer? »Nein!« schreit es immer noch grellrot oder schwarz von den Wänden und Mauerecken. »Nein!« Wir wollen nicht! Aber wir müssen. Müssen, bis uns der Atem ausgeht. Mitmachen oder erschossen werden. Jeder zweite Mensch ist heute ein Spitzel. Nicht, weil er ein Spitzel sein möchte, sondern weil ihm das Standgericht droht, wenn er keiner ist. Weil der nächste Laternenpfahl so nah und das Leben des einzelnen so billig ist.

Montag, 23. April 1945

. . . Wir fahren zu Hartmann. Als wir in die Reppichstraße einbiegen, kommen uns vier Frauen entgegen. Schluchzend, als hätten sie soeben furchtbares Leid erfahren. Erschrocken blicken sie auf uns und wischen hastig die Tränen vom Gesicht. Ohne Zweifel, sie fürchten sich, mit ihrem Kummer entdeckt zu werden. Gerechter Himmel! Jetzt sehen wir, was geschehen ist. Lang und hager, die Arme auf dem Rücken zusammengebunden, baumelt er vor uns am Pfahl. Baumelt hin . . . baumelt her. Zwei schlotternde Soldatenstiefel schlagen mit gespenstischem Klappern gegen den Laternenmast. Aus bläulichem Totenantlitz glotzen blutunterlaufene Augen blicklos auf das Straßenpflaster. Ein erhängter Mann! Mitten im Getümmel des Frontverkehrs. Wir steigen von den Rädern. Frank zieht die Mütze vom Kopf. Wir sehen nicht mehr die Menschen um uns. Nicht mehr die Autos, die Trecks und die Lastwagen. Wir sehen nur noch den Toten. Die ihn aufknüpften, haben ihm ein Schild um den Hals gehängt. Aus grauer Pappe, mit Bindfaden verknotet. Darauf steht in windschiefen Druckbuchstaben: »Ich, Unteroffizier Heinrich Lehmann, war zu feige, Frauen und Kinder zu verteidigen. Darum hänge ich hier.« – Du Märtyrer! denke ich. Du unglückliches Opfer einer verbrecherischen Katastrophenpolitik! . . .

Wir machen uns auf den Heimweg. Doch an der nächsten Ecke ist die Welt mit Brettern vernagelt. Richtiger gesagt: mit Balken. Mit ausrangierten Möbelwagen und undefinierbarem eisernem Gerümpel. Berlin hat die Barrikaden geschlossen. Erster Verteidigungsgürtel – zweiter Verteidigungsgürtel – dritter Verteidigungsgürtel. Jede Brücke, jeder Bahnübergang wird zum Widerstandsnest vorbereitet. Gesegnete Aussichten! Eilig läuft eine Frau an uns vorüber. »Die Russen haben Lichtenberg genommen«, ruft sie uns zu. Keiner denkt mehr an die Westmächte. Jetzt ist es selbst den Dümmsten klar, daß uns die Russen allein erobern. Wir radeln los. Sperren, wohin wir uns wenden. Auf tausend Umwegen kommen wir endlich nach Hause. Verschwitzt, verschmutzt, Knie und Hände aufgeschlagen vom heimlichen Klettern über einen nachlässig bewachten Bahndamm.

Andrik empfängt uns. »Russische Panzer in Mariendorf, in Köpenick und im Friedrichshain.« – »Und in Lichtenberg«, ergänzen wir.

Dienstag, 24. April 1945

»Aufstehen! Fertigmachen! Höchste Zeit zum Runterziehen!« schreit Jo um acht Uhr morgens. Ich fahre aus dem Bett. Krrrach! Die Wände wanken. Scherben klirren. Lehmklumpen spritzen mir ins Gesicht. »Andrik!« brülle ich. »Frank!« Ein Sausen, ein Heulen, ein zweiter Knall. Das ist das Ende! Der Lärm hat mir die Ohren verstopft. Der Dreck hat mir die Augen verklebt. Wie ein Blinder taste ich um mich herum. Lebe ich überhaupt noch? Ist das Haus eingestürzt? »Schnell, schnell!« ruft Andriks Stimme neben mir. »Auf welche Einladung wartest du noch? Stehst hier ohne Hemd im dicksten Artilleriebeschuß.« – »Einladung? . . . Artilleriebeschuß?« Langsam komme ich zu mir. Das Zimmer sieht aus, als hätte man einen Zentner Mörtel darüber ausgeschüttet. »Jetzt hat's uns also doch erwischt.« – »Unsinn!« schimpft Andrik. »Ein Granattreffer im Nachbarhaus. Wenn du dich bloß entschließen würdest, dein Hemd anzuziehen!« Kleid, Schuhe, Strümpfe. Ich nestle an Knöpfen und Haken. »Mach schon!« drängt Andrik. »Die anderen sind längst unten.« – »So ein Wahnsinn . . . so ein Wahnsinn . . .!« jammere ich. »Hol wenigstens den Waschkorb aus dem Badezimmer, daß man das Nötigste . . .« Wie ein Pfeil schieße ich durch die Wohnung. Raffe, was sich raffen läßt. Kissen, Decken, Messer, Tassen. Meine Weckeruhr, das Netz mit Kartoffeln, die Zuckerdose, die Kaffeemühle. Bloß nichts Wichtiges vergessen. Ein Stück nach dem andern fliegt in den Korb. »Fertig? Los!« Wir laufen die Treppe hinunter.

Unten wimmelt es wie in einem Ameisenhaufen. Der enge Mittelgang ist verstellt von Schachteln, Netzen, Bündeln und undefinierbaren Gegenständen. Mühsam arbeiten wir uns zu unserem eigenen Schlupfwinkel durch. Auch dort sieht es nicht sehr geräumig aus. An den Wänden bis zur Decke Koffer, Koffer über Koffer. In allen Größen und Ausführungen.

Das Leben im Keller beginnt. Eingezwängt zwischen Klamotten und Gerümpel, sitzen wir wortkarg nebeneinander. Über unseren Köpfen poltert der Krieg. Lärmt gewaltig, mit tödlichen Kanonaden. Um elf Uhr erlischt der Strom. Es ist kalt und finster. Die Diskrepanz zwischen der Hölle draußen und unserer erzwungenen Untätigkeit drinnen wird immer unerträglicher. Fabian dreht am Grammophon, legt die »Dreigroschenoper« auf. »Ihr Herrn, die ihr uns lehrt, wie man brav leben und Sünd' und Missetat vermeiden kann«, klingt es blechern durch den Raum. Tack – tack – tack – tack – tack. Das sind die ersten Maschinengewehre. Wir hören ihre Einschläge gegen die Wände klatschen.

Das Haustor fliegt auf. Herrgott, eine fremde Männerstimme! Wie Aale rutschen Frank und Jo in ihr Teppichverlies. Andrik springt zur Tür. Durch den Kellergang rennt ein Soldat. Ohne Mütze, mit offenem Uniformrock. Die Haare kleben ihm an der Stirn. Sein

Gesicht ist grau, wie ausgebrannte Asche. Andrik verstellt ihm den Weg. »Halt! Wohin wollen Sie?« – »Überallhin – nur nicht . . .« Der Fremde schüttelt sich vor Grauen. »Da draußen . . . Sie ahnen ja nicht, was da draußen geschieht.« Wir klopfen ihm auf die Schulter. »Beruhigen Sie sich erst mal. Wollen Sie Wasser?« Der Soldat verneint. »Kein Wasser. Sachen! Zivilsachen! Wenn sie mich so finden . . .« Fragend schaut Andrik mich an. »Schließlich können wir den Mann ja nicht ans Messer liefern«, flüstere ich ihm zu. »Gib ihm schon. Er wird uns nicht verpfeifen.« – »Wie heißen Sie?« – »Stolzberg, Panzergrenadier Fritz Stolzberg.« – Der Mensch sieht uns an, als hinge sein Seelenheil an unseren Lippen. »Also, Herr Stolzberg, dann kommen Sie mal mit. Ich denke, wir haben die gleiche Größe.« Fünf Minuten später ist die Verwandlung vollzogen. Wir zählen einen Zivilisten mehr im Keller. Und verstohlen schiebt Andrik das Bündel mit dem, was vor anderthalb Jahren den Tischler Fritz Stolzberg zum Panzergrenadier machte, unter eine umgestülpte Kiste . . .

Am Nachmittag ebbt die Kampftätigkeit ab. Nur feindliche Jagdflieger ziehen in pausenloser Folge ihre Schleifen um den Wasserturm. »Was hältst du von einem Spaziergang?« fragt Frank . . .

Ich nicke. »Los, gehen wir. Aber möglichst ohne Aufsehen.« Es erscheint mir etwas unverantwortlich, ausgerechnet am heutigen Tag eine Vergnügungspromenade zu unternehmen. Doch der Keller ist muffig, und draußen lockt ein leuchtender Frühling.

Wir biegen in den Bergfriedhof ein . . .

Grell pfeift es über uns. Ich spüre einen Stoß im Rücken, taumle nach vorn und stürze tief in die Hecke hinein. Wieder ein heulendes Pfeifen. Kaum zwanzig Meter vor uns birst die Erde auseinander. Brocken von Grabsteinen fliegen durch die Luft. Zerfetzte Kränze, vermoderte Holzbretter. Die Toten! Barmherziger Himmel! Die Toten! Vor mir, in den Ästen einer Trauerweide, baumelt es gespenstisch. Der Krieg hat die Toten aus ihren Gräbern gerissen. Das ist . . . nein . . . das kann kein Mensch ertragen. Gepeinigt wühle ich das Gesicht tief in die Erde . . .[46]

Viele Berliner wußten, in welcher Gefahr sie schwebten, als die sowjetischen Soldaten in ihre Stadt eindrangen. Hunderttausende von Flüchtlingen aus dem Osten hatten von den Greueltaten der

Rotarmisten erzählt. Parteiführer, höhere Offiziere und Beamte besorgten Zyankali für sich, ihre Familien und Freunde. Wer sich das rasch wirkende Zyankali nicht besorgen konnte, verschaffte sich Barbiturate oder Zyanidderivate. Der Schauspieler Heinz Rühmann hielt für alle Fälle eine Dose Rattengift in einem Blumentopf versteckt. Andere wollten sich erschießen, wenn sie in Gefahr geraten sollten. Zahlreiche Frauen trugen ständig eine Rasierklinge in ihrer Handtasche.

Während der Kampfhandlungen kamen annähernd 100 000 Zivilisten ums Leben, mindestens 20 000 Einwohner erlagen Herzanfällen, rund 6000 begingen Selbstmord. Nach Schätzungen der Ärzte wurden zwischen 20 000 und 100 000 Frauen vergewaltigt.

Die letzten Tage des Kampfes um die Reichshauptstadt erlebte der Theaterkritiker Friedrich Luft im Zentrum der Stadt mit, in unmittelbarer Nähe der Reichskanzlei, wo Hitler in den Nachmittagsstunden des 30. April Selbstmord beging:

Über die ganze Stadt in den letzten irren Tagen des Krieges war kein Bild zu gewinnen. Sogar der Weitblick des »größten Feldherrn aller Zeiten« reichte in den letzten Daten des April nicht weiter als vom Bunker seiner Reichskanzlei bis an den Tiergarten. Der Rauch der Brände, das Spritzen der Einschläge, Wolken von geschleudertem Staub und Dreck verhängten den Blick. Über die Häuser jagten die gurgelnden Geschosse der Stalinorgeln. Tiefflieger hielten auf alles, was sich unvorsichtig an die Oberfläche wagte.

Die Welt war der eigene Keller, falls der noch hielt. Ohne Licht war diese Welt oder doch nur erleuchtet von den Resten einiger Kerzen. Das Wasser war versiegt. Man trank die rostige Flüssigkeit, die aus den geöffneten Tanks der Warmwasserheizung kam. Der letzte Koffer war unsere Heimat. Draußen war das Inferno. Lugte man hinaus, sah man einen hilflosen deutschen Tank sich durch die Glut der Häuserzeilen schieben, halten, schießen, beidrehen. Hin und wieder stolperte ein Zivilist, von Deckung zu Deckung stürzend, über den aufgeborstenen Fahrdamm. Eine Mutter jagte mit ihrem Kinderwagen aus einem ausgeschossenen, brennenden Haus in die Richtung des nächsten Bunkers. Tieffliegerbrummen. Das sinnlose Reißen der nahen Abschüsse. Eine Mutter schob ihr Kind durch den letzten Aufruhr des Krieges. Einschläge unweit von ihr, daß einem

der Atem fortblieb. Und sie hatte – das rührende Bild bleibt haften – den weißen Kinderwagen mit erstem Frühlingsgrün gegen Flieger »getarnt«, wie es im Buch des Krieges gestanden hatte. Sie jagte, von Granatsplittern umfegt, dem Bunker zu. Die bittere Lektion ging zu Ende.
Vorgestern noch war der Volltreffer einer Fliegerbombe auf den Luftschutzschacht unter dem eigenen Garten gegangen. Zwei Frauen, die, uns fremd, dort Schutz gesucht hatten, lagen zerquetscht unter den zementenen Trägern. Einen Hausgenossen hatten wir herausgraben können, das Bein aufgerissen, von dem Schock für Tage gelähmt.
Vorgestern hatte man gespenstischerweise noch mit Freunden in nahen Stadtgebieten telefoniert. Sie aßen schon russisches Brot. Ein Major war bei ihnen einquartiert. Sie hatten es überstanden. Hier aber, vor dem Zentrum der Stadt, ging die Hölle noch stündlich los. Ein Mann tauchte auf; er war aus einem Gefängnis entlassen und hatte sich hierher durchgeschlagen. Eine der beiden am Vortage zerquetschen Frauen war seine. Der Mann brach zusammen.
Und mußte doch voll Vorsicht sein mit uns. Bis zuletzt gingen die Häscher der SS durch die Häuser und Keller. Bis zur letzten Minute konnte man gewärtigen, daß man in das sinnlose Toben geworfen werden sollte oder den Genickschuß erhielt. An der nahen Weidendammbrücke hingen die Leichen derer zur Schau, die die hilflosen Waffen fortgelegt hatten. Der Mord ging um.
Das Gerücht ging um. Ahnten wir, daß vor den Treppen des Reichskanzlei-Bunkers, kaum tausend Meter von hier, der »Führer Großdeutschlands«, der nun schon kaum mehr den Bezirk Berlin-Mitte beherrschte, sein kindisches Autodafé vorbereitete? Wer sagte uns, daß die norddeutsche Restregierung in Verhandlungen war? Uns war zuletzt mit dem Datum des 28. April das »Kampfblatt Berlins«, »Der Panzerbär«, zugereicht worden. Dort stand zu lesen, daß sich in Berlin die große Schlacht wenden würde. Und daß ein Herr Generalmajor Bärenfänger die »Schwerter« erhalten habe. Er hielte wacker eine U-Bahn-Station. Herr Generalmajor sei in seinem Element und zuversichtlicher denn je.
Die Reste eines OKW-Büros wurden zeitweise in unseren Keller gespült, gehetzte, willenlose, kranke Kerle. Jeder schleppte neben dem Gewehr 98 einen Pappkarton mit sich. Zivilkleidung für den

Ernstfall. Aber sie waren trotz unseres Zuredens zu feige, die rettende Konsequenz zu ziehen. Zwei grimmige Unteroffiziere wären mit ihnen. Es ging nicht. So mußten *sie* gehen. Wir wollten sie nicht als Soldaten in unserer Nähe, wenn es aufs Letzte ging. Wir selber gaben das Gerücht aus: beim Zoo sei zum Sammeln befohlen. Der Ring sei bis Spandau durchbrochen. Sie rafften sich auf mit ihren Pappkartons. Einer warf Hundert-Mark-Scheine ins Feuer, bevor er ging. Es schien doch alles gleich. Ein anderer ließ einen Koffer voll Schokolade zurück. Sie hatten auch jetzt nicht die Courage zum Zivil. Man sah sie nicht wieder.
Am gleichen Tage fegte eine Granate genau vor das Kellerfenster. Ein alter, freundlicher Mann schrie auf, kreischte und starb. Sein Leib war mitten durchschnitten. Tellerwäscher bei Aschinger war er gewesen mit einem Hang zur großen Literatur. In Gefechtspausen hatte er uns Schiller rezitiert. Und wir hatten, aufatmend gelacht, zuweilen. Jetzt trugen wir seine Reste hinaus und machten ihnen ein Grab. Die Splitter klirrten ans Haus, letzte Scheiben brachen. Jemand sprach ein Vaterunser in den Aufruhr. Dann ging es zurück in den Keller bis zum Abend.

Am Abend kam scheinbare Ruhe in die räucherige Welt. Der Artilleriebeschuß ließ nach. Vor der Potsdamer Straße klang heftiges Schießen. Hier aber war es vergleichsweise still. Die Hausfrauen regten sich. Man ging in die Reste der Wohnungen. Man ging über die Straßen und Plätze, wenn auch an der Deckung der Häuser haftend. Vor den Läden formten sich Schlangen. Man stand an wie immer. Hier gab es noch Brot. Dort sollte Fleisch zu bekommen sein. Im nächsten Kolonialwarengeschäft aber wurde schon behutsam geplündert. Ordnung und Aufruhr wohnten nah beieinander.
Drei Hinterhöfe weiter war ein Weingroßhändler angesiedelt. Er gab keinen Tropfen aus und bestand auf seinem Schein: die nächste Zuteilung sei erst in einem Vierteljahr fällig. Die Berliner zogen ab, überzeugt und von dem gestempelten Schein erschlagen. Bis ein Beherzter zur Axt griff und in eines der gewaltigen Fässer im Hofe schlug. Jetzt trugen sie den Tokaier in schmutzigen Eimern davon.
Ein Pakgeschütz fuhr im Dämmern noch an der Straßenecke auf und durchlöcherte die unheimliche Stille mit seinem Abschuß. Und die Antwort kam deutlich von allen Seiten. Die Hölle war wieder losgelassen. Die Hast in die Keller setzte ein. Der Tokaier schwappte beim Rennen. Die Schlangen vor den Geschäften lösten sich auf. Ich sah, wie eine Frau neben mir zerrissen wurde. Ich warf mich zu ihr auf das Pflaster. Ihr konnte niemand mehr helfen. Gefallen beim Gang ums Brot. Eine Mutter war tot.
Man hockte wieder auf seinem Koffer im Keller, trank Tokaier aus den schmutzigen Eimern, nährte sich von den letzten Vorräten und lauschte hinaus, wie das näher kam, bellte, heulte und schwieg. Das Krachen der Abschüsse, unterbrochen von dem rechthaberischen Mähen der Maschinengewehre. Wozu?
Ein Nachbar kroch herein und wollte wissen, die Russen seien schon am Zoo. Bald sei die Qual zu Ende. Und wieder gurgelte eine Salve der Stalinorgel heran. Er sagte, es sei an der Zeit, die weißen Fahnen bereitzuhalten. Wir hielten sie lange bereit. Ein Flieger brummte mit alarmierender Gemächlichkeit über das Haus. Der Nachbar beschwor uns, weiße Armbinden anzulegen. Wir wußten. Wir winkten ab. Auf dem Kohlenhaufen lag der aus dem Gefängnis Entlassene und sprach mit fiebriger Stimme von seiner toten Frau. Die alte Schneiderin aus dem zweiten Stock hockte auf ihrem Luftschutzklappstuhl, sie betete laut und ununterbrochen. Der Hauswart

machte sich gerade an den zweiten Eimer Tokaier. Er lallte schon. Am Boden war im Schein der Kerze die Blutlache des getroffenen Tellerwäschers zu sehen. Die Nacht wurde lang. Draußen tobte die Schlacht, unwirklich, abstrus und wie in einer fremden Welt des Irrsinns. Man war überwach und betrachtete plötzlich alles mit einer Schärfe und Abgezogenheit, als stünde man neben sich selber. Dann nickte man ein.

Und erwachte von nahem Geschrei vor der Kellertür: Hier hätten welche auf einem platten Handwagen die Leiche des gefürchteten Blockwarts gebracht, des bis vorgestern volkssturmwütigen. Er habe sich aus dem Fenster gestürzt, sich selbst und die Frau. Wohin mit der Leiche? Man solle sie in den Vorgarten werfen! Man tat es. Dort lag sie noch Tage. Wenn schon die kleinen braunen Beamten die Konsequenz zogen, dann konnte das Ende nicht fern sein. Mochte er im Vorgarten liegen und warten.

Man hockte im Keller und wartete. Ein Geruch aus Rauch, Blut, Schweiß und Fusel gemischt lag über allem. Einmal riefen sie uns heraus: In den Resten des Hauses gegenüber war ein groteskes Arsenal an Hakenkreuzflaggen und Hitlerbildern gefunden worden. Zwei ganze Räume voll. Würde der Unfug später angetroffen, wer weiß, ob man nicht uns haftbar machen würde. Die Besitzer der beiden Räume voller Gesinnung hatten schon vierzehn Tage zuvor die Stadt in donnernden Limousinen westwärts verlassen. Wir steckten hastig die Fahnen in Brand. Und die Bilder splitterten auf.

Das Gewehrfeuer kam näher. Wir duckten uns in die Keller zurück. Beim Sprung in die Haustür sahen wir eine SS-Streife den Kopf über einen Mauerrest heben. Sie »kämmten noch durch«, nach dem Gesetz, nach dem sie angetreten. Wir preßten uns neben die Tür.

Jetzt pfiffen Gewehrkugeln schon durch den Garten; bedrohlich kam das Simmsen der Querschläger bis zu uns herunter. Dann wurde es stiller. Als wir vorsichtig die schmale Treppe heraufstiegen nach einer Ewigkeit des lauschenden Wartens, regnete es sacht. Auf den Häusern jenseits des Nollendorfplatzes sahen wir weiße Fahnen glänzen. Wir banden uns weiße Fetzen um den Arm. Da stiegen schon zwei Russen über die gleiche niedrige Mauer, über die so bedrohlich vor kurzem erst die SS-Männer gekommen waren. Wir hoben die Arme. Wir zeigten auf unsere weißen Binden.

Sie winkten ab, sie lächelten. Der Krieg war aus.[47]

Der Krieg war für die Berliner zu Ende. In anderen Teilen des Deutschen Reiches wurde noch weitergekämpft. Erst eine Woche nach dem Waffenstillstand in Berlin unterzeichneten Vertreter der deutschen Wehrmacht in Reims und Berlin-Karlshorst die alliierten Kapitulationsurkunden. Freude löste dieses Ereignis nur unter den Siegern aus. Die Deutschen waren benommen, erschöpft, ängstlich. Viele dachten ähnlich wie Matthias Menzel, der am 8. Mai 1945 in sein Tagebuch schrieb:

Endlich ein Sommertag mit Sonne und gleißendem Licht. Zwischen Babylärm und polternden Russengesprächen aus der Nachbarschaft kommt die Kunde in den Garten, der uns nicht gehört: es ist in der Tat Waffenstillstand. Nirgendwo freilich regt sich ein Wunsch nach Festlichkeit. Müdigkeit und Resignation münden immer nur in den einen Wunsch, den Hunger zu stillen.
Die Urteile über Hitler werden massiver. Selbst die, die gutgläubig waren, und die, die Konjunktur hassen, beginnen jetzt zu explodieren. Sie sind aus einem Glauben gerissen, und ihr Zorn ist der Fluch über die Altäre, vor denen sie gestern noch gekniet haben, als sie die Wogen schon umspülten. Verbrecher ... Nie ist ein Wort inbrünstiger gestammelt worden als von denen, die gestern wider besseres Wissen und Ahnung noch glauben wollten.
Still ist der Himmel geworden. Ab und zu knattert ein einsamer Doppeldecker über die zerbrochenen Dächer. Alarme, Fliegergefahren, Todesangst – das soll alles zu Ende sein? Erlöst, befreit aus dem ewigen, mehrjährigen Kellerdasein ins Licht des Friedenssommers zu steigen – so haben sich wohl viele diese Stunde vorgeträumt. Nun glaubt es niemand. Was so furchtbar alles um und um spülte, zerwühlte, zerbrach, fraß – das kann nicht mit einer Feststellung, nun sei Schluß, zu Ende sein. Wir hören keine Fanfaren. Das Leid und die Not stehen riesengroß über den Salutschüssen des Friedens. Die Schatten von Hunger und ›Was nun?‹ fingern gieriger über die Seele der Betroffenen als die üppige Maisonne eines mehr als ungewissen Friedens. Ein Vakuum gähnt. Ein Riesenschlund tut sich auf, aus dem nur die eigene Stimme, hohl und gespenstisch verzerrt, zurückschlägt. Nein, einen Taumel bringt der Friede nicht – eine Stille, aus der der Moderduft des großen Grabes steigt. Wunderbar, daß Frühling ist; wunderbar die Sonne scheint. Das ist schon eine Hoffnung.[48]

S.H.A.E.F.

FALLSCHIRM-AUSGABE

NUMMER 26 Supreme Headquarters Allied Expeditionary Force 10. MAI 1945

DAS TÄGLICHE ORGAN DES ALLIIERTEN OBERKOMMANDOS

DER LETZTE AKT

KEITEL UNTERZEICHNET KAPITULATION IN BERLIN

DER letzte Akt der bedingungslosen Kapitulation aller deutschen Streitkräfte fand in den frühen Morgenstunden des Mittwoch im grossen Saal der Militär-Akademie in Berlin statt.

Das Kapitulations-Dokument wurde für Deutschland von Generalfeldmarschall Keitel, Chef des Oberkommandos der Wehrmacht, Gene·l Stumpff, Befehlshaber der Luftwaffe, und General-Admiral von Friedeberg unterzeichnet. Anwesend waren Marschall Schukov, als Vertreter der Sowjet-Union, Luftmarschall Tedder als Vertreter der westlichen Alliierten, General Spaatz als Repräsentant der US-Streitkräfte und General de Lattre de Tassigny als Vertreter Frankreichs.

Der Wortlaut Übergabe wurde in einem Kommuniquée des Alliierten Oberkommandos wiedergegeben. Danach treten die bedingungslose Übergabe an die Expeditions-Streitkräfte der Alliierten und an das sowjetische Oberkommando sowie die Einstellung militärischer aktiver Operationen am 8. Mai eine Minute nach Mitternacht für alle deutschen Streitkräfte in Kraft. Die deutschen Truppen bleiben in den derzeitigen Stellungen; keinerlei Ausrüstung darf zerstört oder beschädigt werden.

Das deutsche Oberkommando übernimmt es, Sicherheit für die Weiterleitung und Ausführung sämtlicher Befehle des Alliierten Oberkommandos an die entsprechenden Befehlshaber zu tragen.

Der Text der Kapitulation sieht weiter vor, dass die derzeitigen Vereinbarungen über die militärische Übergabe durch jede von den Vereinten Nationen auferlegte allgemeine Bestimmung abgeändert werden können und dass die alliierten Befehlshaber jede Strafmassnahme oder andere Aktion ergreifen können, wenn das deutsche Oberkommando oder jede andere ihm unterstehende Stelle sich Verstösse gegen die Kapitulations - Bestimmungen zuschulden kommen lassen. Die alliierten Truppen können nach dem Wortlaut der Kapitulation alle notwendigen defensiven Vorsichtsmassnahmen ergreifen, als Schwierigkeiten in der Nachrichtenübermittlung Verzögerungen bei der Weiterleitung der Kapitulations-Befehle verursachen können.

Die Kapitulation wurde zuerst in Reims am Montag um 2.41 Uhr von Generaloberst Alfred Jodl für das deutsche Oberkommando, von Generalleutnant Walter Bedell Smith für die West-Armeen und von Generalmajor Iwan Susloparoff für das sowjetische Oberkommando unterzeichnet. Die erste offizielle Mitteilung wurde Dienstag um 15 Uhr gleichzeitig von den Regierungs-Chefs in Washington und London gegeben. Moskau gab die erste Mitteilung über den Rundfunk Mittwoch früh.

Staatsmänner, Heerführer und Regierungsmänner der Vereinten Nationen tauschten Botschaften aus, in denen sie daran erinnerten, dass der Krieg noch im Pazifik gegen den letzten noch übrig gebliebenen Partner des Dreier-Paktes gewonnen werden muss.

DISZIPLIN BESCHLEUNIGT DIE HEIMKEHR

GENERAL EISENHOWER, der Oberbefehlshaber der alliierten Streitkräfte, hat folgende Anweisungen an alle befreiten Kriegsgefangenen, Fremdarbeiter und zwangsverschickten Personen erlassen:

1. **Bleibt an Ort und Stelle. Wartet Befehle ab.**

2. **Bildet kleine Gruppen Eurer Nationalität und wählt Führer.**

3. **Weg von den Durchgangsstrassen.**

4. **Verhütet Zerstörung von Werkanlagen, Vernichtung amtlicher Dokumente, vermeidet Unordnung, Plünderung und Sabotage, die nach den militärischen Gesetzen bestraft werden.**

Das Oberkommando gibt Euch weiter bekannt, dass das Tempo der Heimsendung für die einzelnen Nationalitäten verschieden sein wird. Die Angehörigen von Westeuropa, Engländer, Franzosen, Belgier, Holländer und Luxemburger, können schneller rückgeführt werden als die Angehörigen von Ost- und Südost-Europa.

Das Oberkommando macht also die befreiten Russen, Polen, Tschechen, Jgoslaven und Griechen darauf aufmerksam, dass sie in ihren Versammlungsräumen länger bleiben können als die Angehörigen der westlichen Nationen, und dass die Schnelligkeit, mit der ihre Rückführung in ihre Heimat durchgeführt werden kann, von ihrer Disziplin und der Befolgung der Befehle abhängt.

Das Oberkommando gibt folgende Spezialanweisungen für alle russischen Staatsangehörigen:

Alle Russen, die sich in den vom Oberkommando kontrollierten Gebieten befinden, werden so schnell wie möglich zu den russischen Behörden gebracht werden.

Für die polnischen Staatsangehörigen gelten folgende Sonderanweisungen:

Befreite Polen, die sich in den Gebieten Deutschlands befinden, die vom Alliierten Oberkommando kontrolliert werden, haben Gelegenheit, ihre Wünsche zu äussern, ob sie nach Polen zurückkehren wollen oder nicht. Jeder Fall wird individuell behandelt werden.

FREMDARBEITER-SENDUNGEN

Programme siehe Seite 2

Befreite Fremdarbeiter!

BLEIBT

wo Ihr seid, bis Eure Rückführung organisiert werden kann!

KRIEGSENDE ERLEICHTERT RÜCKFÜHRUNG

Nach einer Meldung aus New York wird mit der Beendigung des Krieges in Europa die Rückführung der Millionen zwangsverschickter Personen aus Deutschland durch die alliierten Regierungen beschleunigt werden können.

Organisationen der Vereinten Nationen sind auf Grund im voraus aufgestellter Pläne in Deutschland bereits an der Arbeit, um die Zwangsverschickten in ihre Heimat rückzuführen. Bis Mitte April wurden schon annähernd eine Million zwangsverschickter Personen durch den Vormarsch der westlichen Alliierten befreit. Unter ihnen waren Franzosen, Belgier, Holländer, Russen, Polen und Angehörige der Balkan-Staaten.

Wie es in der Newyorker Meldung weiter heisst, liegen die vorsichtigsten Schätzungen der Zahl der zwangsverschickten Personen in Deutschland zwischen 18 bis 20 Millionen. Verbindungs-Offiziere der verschiedenen Regierungen stehen der Rückführungsabteilung des Alliierten Oberkommandos helfend zur Seite. Verantwortlich in den einzelnen Gebieten für die Zwangsverschickten sind während der ersten Zeit ihrer Befreiung die zuständigen militärischen Befehlshaber. Nach Abwicklung der militärischen Phase werden die Hilfsorganisationen, wie die UNRRA, an dem Rückführungs-Werk beteiligt werden.

OKW - BERICHT: „DIE KANONEN SCHWEIGEN"

Das letzte deutsche Kommuniquée wurde am Mittwoch um 20 Uhr über Radio Flensburg verbreitet.

Es stellte lediglich fest, dass die durch deutsche Truppen noch gehaltenen Atlantik-Häfen kapituliert haben und dass seit Mitternacht „die Geschütze an allen Fronten schweigen".

Die Befreiung von Prag am Mittwoch früh wurde in einem Tagesbefehl von Marschall Stalin an Marschall Koniev in den Abendstunden des gleichen Tages bekanntgegeben.

Radio Paris hatte vorher mitgeteilt, dass die deutschen Besatzungen von La Rochelle, St. Nazaire und Lorient kapituliert haben und die Städte bereits besetzt wurden.

GÖRING UND KESSELRING ERGEBEN SICH AMERIKANERN

Reichsmarschall Hermann Göring und Generalfeldmarschall Kesselring sind, nach einer gestern vom Alliierten Oberkommando herausgegebenen Mitteilung, von der 7. USA-Armee gefangen genommen worden.

Göring ergab sich einen amerikanischen Divisions-Kommandeur in Radstadt, 56 km südöstlich von Salzburg. In seiner Begleitung befanden sich seine Frau, seine Tochter und mehrere Militärpersonen.

Wie berichtet wird, erzählte der ehemalige Oberbefehlshaber der Luftwaffe eine längere Geschichte, nach der er zum Tode verurteilt worden sei, weil er am 20. April sich selbst als Nachfolger Hitlers vorgeschlagen habe. Er sei in Berchtesgaden gefangen gehalten worden. Es sei ihm jedoch geglückt, zu entfliehen.

»Nichts als Not, Kummer und schwere Entbehrungen« *(Deutschland Mai–Dezember 1945)*

Am 9. Mai 1945 war der Krieg für alle Deutschen zu Ende. An allen Fronten trat die bedingungslose Kapitulation der deutschen Wehrmachtsverbände in Kraft. Jetzt begann auch die Besatzungszeit in den Gebieten des Deutschen Reiches, die bisher noch nicht von den Alliierten erobert worden waren. Im hessischen Lauterbach erlebte Richard Falk nach dem Einmarsch der Amerikaner am 29. März 1945 den Beginn der Besatzungszeit:

So war also auch Lauterbach nun vom Feind besetzt worden, und zwar unzerstört und so gut wie kampflos.

Noch am gleichen Tage setzte die amerikanische Militärregierung die Ausgehzeiten für die Bevölkerung auf die Stunden von 7 bis 9 Uhr vormittags und von 4 bis 6 Uhr nachmittags fest. Das Verlassen der Stadt wurde verboten. Waffen und Munition, auch Photoapparate, Sendegeräte mußten sofort auf der Bürgermeisterei abgeliefert werden. Am folgenden Tage wurde die Bevölkerung aufgefordert, den Bürgersteig zu benutzen und die Fahrbahn freizulassen. Die ersten gedruckten Proklamationen des Oberbefehlshabers der Alliierten Streitkräfte, des Generals Eisenhower, und der Militärregierung wurden an verschiedenen Stellen in der Stadt plakatiert. Der Stadtkommandant – er wechselte anfangs mit den durchziehenden Truppen wiederholt – ein Major, hatte seinen Sitz in der Bürgermeisterei. Als Dolmetscher fungierte deutscherseits ein Dipl.-Ing. Dr. Sch., Assistent am Physikal. Chem. Institut der Landesuniversität Gießen, der seit mehreren Wochen, nachdem Gießen durch Terrorangriffe zerstört worden war, mit dem Institut in Lauterbach untergebracht worden war. Weitere Maßnahmen, welche das zivile Leben sehr fühlbar beengten, wurden zunächst nicht getroffen, obwohl man auf Grund der vorausgegangenen deutschen Propaganda damit glaubte rechnen zu müssen. So erging zum Beispiel kein Befehl, daß die Bevölkerung die amerikanischen Offiziere zu grüßen oder gar vor amerikanischen Soldaten den

Bürgersteig zu verlassen habe, oder daß die männliche Bevölkerung unter besondere Bewachung gestellt oder abtransportiert werde. Die amerikanischen Soldaten nahmen gegenüber der deutschen Bevölkerung eine gemessene Haltung ein und vermieden es, mit ihr in engeren Kontakt zu kommen.
Der Karfreitag und Karsamstag verliefen, abgesehen von den geräuschvoll durchrasenden Truppentransporten, verhältnismäßig ruhig. Daß die Alarmsirenen keine Luftgefahr mehr anzeigten, wurde mit Erleichterung wahrgenommen.
Ab und zu erschienen in den ersten Tagen vereinzelt noch deutsche Flieger, die mit Bordwaffen auf feindliche Truppen etc. schossen, es waren letzte, schwächliche Widerstandshandlungen der sterbenden deutschen Wehrmacht. Davon abgesehen war die Stadt und ihre nächste Umgebung keinen Kampfhandlungen mehr ausgesetzt. Die allgemeine Verdunkelung mußte aber auf Befehl der Amerikaner auch weiterhin streng durchgeführt werden. In den ersten beiden Nächten entstand bei vielen Einwohnern dadurch Aufregung, daß Fernkampfartillerie, die südlich der Stadt in Stellung gegangen war, stundenlang über die Stadt hinwegschoß. Wie man später erfuhr, handelte es sich um amerikanisches Störungsfeuer, das auf die ostwärts führenden Marschstraßen gelegt wurde.

Verwundert sah die deutsche Bevölkerung in diesen ersten Tagen der Besetzung die endlos, in ungeheurer Zahl die Stadt durchfahrenden amerikanischen Waffen aller Art und Kaliber, darunter nie gesehene schwerste Tanks. Hervorragendes und überaus reichhaltiges Kriegsmaterial. Die Soldaten bestens uniformiert, bewaffnet und ausgerüstet, die Verpflegung ausgezeichnet. Viele Sanitätsformationen. Alle Truppenteile restlos motorisiert. Man sah keinen einzigen amerikanischen Soldaten zu Fuß oder zu Pferd oder auch nur auf dem Fahrrad marschieren, kein einziges Pferdefuhrwerk.
In den folgenden Tagen füllte sich die Stadt mehr und mehr mit Truppen. Den schnellen Vorausabteilungen, den gefürchteten Panzerspitzen, folgten nun die Infanterie, die Artillerie, der Troß, Sanitätsverbände, aber auch in erheblicher Stärke die vortrefflich ausgestattete Militärpolizei (Military-Police = MP) und die Sicherheitsgarde (Security Guards = SG). Auch alle diese Truppen sind restlos motorisiert. Die Stadt glich immer mehr einem Heerlager. In die Fahrbahnen und Bürgersteige gruben sich vielfach die Räder der überschweren Lastfahrzeuge und Tanks zerstörend ein.
Die verhältnismäßige Ruhe, die am Karfreitag und Karsamstag

herrschte, war nun geschwunden. Die Ostertage brachten der Bevölkerung Lauterbachs manche Aufregung und Lasten.
Die Truppen nahmen in weitgehendem Maße Bürgerquartiere in Anspruch, und zwar, indem sie kurzerhand, vorwiegend in den Straßen um die Heerlager sowie in Straßen mit schönen Villen, die Hausbewohner aufforderten, binnen 2 Stunden, mitunter sogar nur binnen 1 Stunde ihre Wohnungen und Häuser zu verlassen. So wurde in rücksichtsloser Weise ein großer Teil der Bevölkerung Lauterbachs auf die Straße gesetzt. Mit Bettzeug, Kleidern, Lebensmittelvorräten etc. suchten die so aus ihren Heimen vertriebenen Menschen, darunter auch viele ausgebombte Flüchtlinge und Evakuierte, bei anderen Ortseinwohnern ein Unterkommen. Nicht wenige aus ihren Wohnungen vertriebene Einwohner hatten das besondere Pech, in den folgenden Tagen aus der soeben bezogenen Notunterkunft abermals vertrieben zu werden.
Nur mit Mühe konnte die Bevölkerung in den 4 Stunden Ausgehzeit ihre Einkäufe tätigen und sich verpflegen. Die Belieferung der Stadt aus den Dörfern und mit der Eisenbahn war nicht mehr möglich, auch die Milchzufuhr stockte fast völlig, die Molkerei konnte nicht mehr arbeiten, ihre Vorräte an Käse konnten nicht abtransportiert und versandt werden. Vor den Ladengeschäften standen überall lange Schlangen. Das Schlimmste war aber, daß alle Ausländer, insbesondere auch die Ostarbeiter und Polen, gemäß Anweisung der amerikanischen Behörde, beim Einkaufen vor der deutschen Bevölkerung befriedigt werden mußten. So blieb für die deutsche Bevölkerung an Lebensmitteln und Bedarfsartikeln nur übrig, was die Ausländer nicht in Anspruch nahmen. Diese nützten die günstige Gelegenheit reichlich aus, sich neu einzukleiden. Viele Ausländer deckten ihren Bedarf nicht nur durch Kauf – oft kauften sie im Übermaß –, sondern auch durch Plünderung. Sie drangen in Wohnungen und Geschäfte ein und nahmen mit, was ihnen gefiel. Auch vor Straßenraub schreckten manche nicht zurück, z. B. um in den Besitz von Fahrrädern zu gelangen. Die Besatzungsmacht schritt tagelang nicht ein, nahm die Ausländer auch noch in Schutz. Deren Ausgangszeit war nicht auf 4 Stunden beschränkt, sie hatten fast unbeschränkten Ausgang und machten sich dies bei Tag und Nacht zum Nachteil der deutschen Bevölkerung zu Nutzen. Obwohl in den ersten Tagen größere Mengen von Ostarbeitern und

MILITÄRREGIERUNG-DEUTSCHLAND

KONTROLLGEBIET DES OBERSTEN BEFEHLSHABERS

BEKANNTMACHUNG

Ausgangsbeschränkung

Vom 16. Juni bis 30. Juni 1945 darf sich niemand im besetzten Gebiete ohne Erlaubnis der Militärregierung von **22.45** Uhr bis **5.00** Uhr im Freien oder ausserhalb des Hauses aufhalten.

Wer in der angegebenen Zeit ohne solche Erlaubnis im Freien oder ausserhalb des Hauses angetroffen wird, wird mit Geld- oder Freiheitsstrafe bestraft.

Warnung: Die Militärwachen haben Befehl erhalten, auf alle Personen zu schiessen, die während der Ausgangsbeschränkung ausserhalb ihres Hauses gesehen werden, falls sie sich zu verbergen oder zu entkommen versuchen.

IM AUFTRAGE DER MILITÄRREGIERUNG.

GA/GI 2a

Polen durch die Amerikaner abtransportiert worden waren, nahm ihre Zahl offensichtlich zu, da immer neue Ausländer zuströmten und sich breit machten.
Die Lebensmittel wurden in den ersten Tagen des April vorübergehend merklich knapp. Die Gastwirtschaften mußten schließen, weil sie auf die Marken nicht mehr genügend Ware erhalten konnten. Am 3. April gab das Hotel Schütz zum letzten Mal Essen aus. Die Stadtküche sprang für zahlreiche Flüchtlinge, die nicht in einem Haushalt verpflegt waren, ein. Sie lieferte auch die Gemeinschaftsverpflegung für die Hilfspolizei, für das Hilfslazarett des DRK und für das Gefängnis. Durch Sonderzuteilung von Käse in reicher Menge, der sich in der Molkerei infolge Absatz- und Transportschwierigkeiten angehäuft hatte, konnte die Verpflegungslage in der Stadt erheblich gebessert werden.
Um dem Bedarf der Bevölkerung Rechnung zu tragen und größere Warenläger nicht der Plünderung anheimfallen zu lassen, ging man seitens der deutschen Behörden dazu über, außer dem Käse auch sonstige Vorräte an Lebensmitteln und Bedarfsartikeln an die Bevölkerung käuflich durch den Einzelhandel abzugeben, so Eier, Spinnstoffe, Schuhe, Blechwaren (aus der Lauterbacher Blechwarenfabrik), Branntwein (aus der Neidhardt'schen Likörfabrik und einem rheinhessischen Ausweichlager). Doch drängten sich bei allen diesen Verkäufen die Ausländer nach vorne und die deutsche Bevölkerung, die stunden- und tagelang Schlange stehen mußte, hatte den Ärger und oft das Nachsehen. Trotz ihrer Vorzugsbehandlung plünderten viele Ausländer, insbesondere Polen und Ostarbeiter, ganze Lager von Schuhen, Spinnstoffen, Schnaps, Käse usw. An dem Schnapseinkauf nahmen auch viele amerikanische Soldaten teil. Die Militärbehörde hatte wiederholt größere Mengen Lebensmittel und Bedarfsartikel für Heereszwecke beschlagnahmt.
Infolge Störung des Molkereibetriebes lieferten vom 7. bis 11. April die Landwirte viel Vollmilch an die Milchgeschäfte, so daß die Bevölkerung mit nahrhafter Vollmilch beliefert werden konnte. Seit dem 12. April ist die Molkerei wieder in vollem Betrieb und die Milch wird wie früher in der Hauptsache als Magermilch abgegeben.
Am 4. April wurde durch Lautsprecher um 8 Uhr vorm. bekanntge-

geben, daß ab 9 Uhr bis auf weiteres für alle Einwohner, auch für Ausländer, eine völlige Sperre der Ausgehzeit eintrete. Da man den Grund für diese scharfe Maßnahme nicht kannte, entstand begreifliche Aufregung. Um 9 Uhr begannen die Security Guards mit Haussuchungen in allen Wohnungen. Im Hause Krömmelbein erschienen zu diesem Zwecke 3 bewaffnete Soldaten, die z. T. etwas deutsch sprachen, aber offenbar Weisung hatten, sich der deutschen Sprache möglichst nicht zu bedienen. Sie ließen die 12 Hauseinwohner in einem Zimmer zusammentreten, prüften sehr genau die Personalausweise und durchsuchten die Zimmer, Schubladen, Schränke und Koffer nach verdächtigen Schriftstücken und vor allem nach Waffen. Die Familie D. sollte abgeführt werden, da 3 Personen ohne Kennkarte waren. Ein herbeigerufener Offizier oder Unteroffizier sah aber schließlich davon ab, da die eine Tochter eine Kennkarte besaß. Die Durchsuchung des Hauses dauerte 1 Stunde. Erst gegen Abend wurde das völlige Ausgehverbot wieder aufgehoben. Der Grund für die Maßnahme und für die starke Truppenbelegung scheint gewesen zu sein, daß in Lauterbach vorübergehend der Stab eines Oberkommandos liegen sollte.

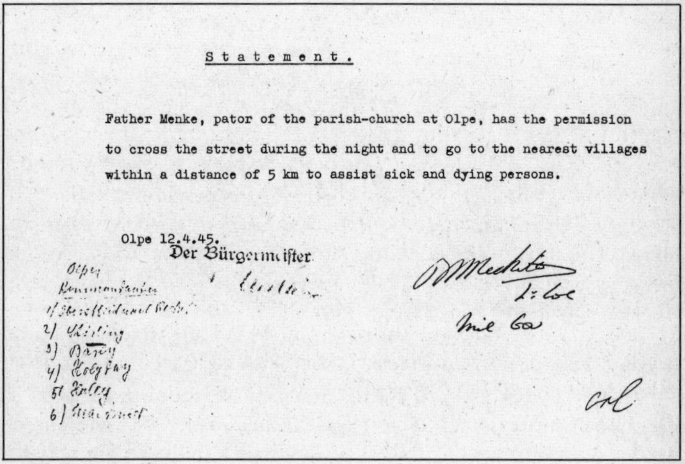

S t a t e m e n t .

Father Menke, pator of the parish-church at Olpe, has the permission to cross the street during the night and to go to the nearest villages within a distance of 5 km to assist sick and dying persons.

Olpe 12.4.45.
Der Bürgermeister

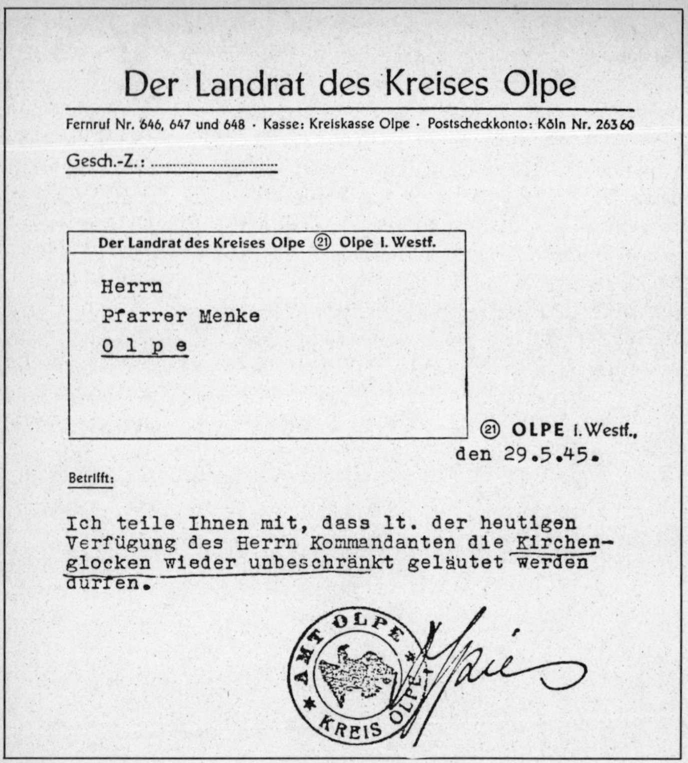

Der Landrat des Kreises Olpe

Fernruf Nr. 646, 647 und 648 · Kasse: Kreiskasse Olpe · Postscheckkonto: Köln Nr. 26360

Gesch.-Z.: ....

Der Landrat des Kreises Olpe (21) Olpe i. Westf.

Herrn
Pfarrer Menke
O l p e

(21) OLPE i. Westf.,
den 29.5.45.

Betrifft:

Ich teile Ihnen mit, dass lt. der heutigen Verfügung des Herrn Kommandanten die Kirchenglocken wieder unbeschränkt geläutet werden dürfen.

Von Samstag, den 7. April an hörte der Truppendurchmarsch im wesentlichen auf und die einquartierten Truppen zogen größtenteils ab. Das Hohhaus wurde nahezu frei von Soldaten. Die aus ihren Wohnungen gewiesenen Einwohner konnten wieder einziehen, mußten aber meist feststellen, daß die Wohnungen in größte Unordnung versetzt, die Lebensmittelvorräte verbraucht waren; in manchen Häusern hatten Polen und andere Ausländer geplündert.
Von Montag, den 9. April an lief eine neue Versorgungsperiode, zu den Lebensmittelmarken ähnlich wie bisher ausgegeben wurden. Es muß anerkannt werden, daß trotz aller Schwierigkeiten die Lebens-

mittelverteilung in Lauterbach in der ersten Hälfte April noch immer gelenkt blieb, so daß trotz Verknappung der Lebensmittel ein Hungern der Bevölkerung, auch der Flüchtlinge, nicht eintrat. Die Stadtküche trug dazu nicht unwesentlich bei. Sie gab ab 9. April die Tagesverpflegung zu je 1 RM ab. Auch sei vermerkt, daß trotz des Auftretens der zahlreichen Ausländer, die im Übermaß kauften, aber vielfach auch plünderten, von chaotischen Zuständen, mit denen man gerechnet hatte, nicht gesprochen werden kann. Die öffentliche Ordnung blieb dank der Disziplin der einheimischen Bevölkerung und der deutschen Flüchtlinge, dem Funktionieren der Stadtverwaltung und den Bemühungen der Metzger, Bäcker, Kleinhändler usw. im großen und ganzen gewahrt.
Am 10. April wurden im Zusammenhang mit dem Abrücken der Truppen die Sperrzeiten erheblich gelockert, indem die Ausgehzeit von 6 Uhr vorm. bis ½ 9 Uhr abends festgesetzt wurde. Schon seit einigen Tagen konnte man, wenn man Glück hatte, vom Kommandanten einen Passierschein in Orte bis zu 10 km Entfernung erhalten. Bis zu 6 km von der Stadt entfernt bedurfte es überhaupt keines Passierscheines mehr.
Die kurzen Befehle an die Bevölkerung läßt der Kommandant durch die Bürgermeisterei mit Lautsprecher, bei Stromsperre mit der Ortsschelle bekanntgeben. Zum Teil werden sie außerdem plakatiert. Die Gesetze, Verordnungen, Proklamationen werden gedruckt und zweisprachig an mehreren Stellen der Stadt plakatiert. Sie sind unterschrieben: »Im Auftrage der Militärregierung.« Ein Datum tragen sie nicht. Offenbar werden in allen neu besetzt werdenden Städten die gleichen Plakate durch das Militär angeschlagen.
Die amerikanische Militärregierung setzte den Griffen der ausländischen Arbeiter im wesentlichen ein Ende, indem sie auch gegenüber den Ausländern endlich die Zügel schärfer anzog. Plünderungen scheinen im großen Maße nicht mehr vorgekommen zu sein, von Einzeldiebstählen hörte man aber noch oft, insbesondere von Fahrraddiebstählen. Die Molkerei war wieder in vollem Betrieb. Mit Ausnahme der Hutfabrik Wegener und einer Weberei scheint die Industrie stillzuliegen. Das Finanzamt nahm, unbehelligt von den Amerikanern, den Dienst wieder auf. Die Versorgung der Bevölkerung war, unter Beschränkung auf den Kreis Lauterbach,

planvoll gelenkt und ausreichend, jedenfalls erheblich besser, als sie nach den spärlich eintreffenden Mitteilungen in den zerstörten Großstädten wie Frankfurt, Darmstadt, Mainz und Wiesbaden ist. Man merkt, daß man sich in einem landwirtschaftlich reichen und hochentwickelten Kreise befindet, der nicht in unmittelbarer Nähe einer Großstadt liegt und daher als Überschußkreis die Bevölkerung des Kreises aus eigenen Erzeugnissen ernähren kann. Nur wenig amerikanisches Militär liegt in der Stadt. Truppendurchmärsche finden nicht mehr statt. Die »Burg« (innerhalb der Stadt gelegener großer Hof, der einem Zweige der Freiherren Riedesel zu Eisenbach als Wohnsitz dient) ist mit Ausnahme der Burgwirtschaft von den Amerikanern beschlagnahmt und als Kaserne belegt. Das »Hohhaus« (mitten in der Stadt, am Löwendenkmal gelegenes kleines Barockschloß der Riedesel, in dem das bekannte Heimatmuseum untergebracht ist) war während der zweiten Hälfte des Monats in der Hauptsache von militärischer Einquartierung frei, blieb aber als Kaserne beschlagnahmt und wurde am letzten Tag des Monats mit Polen voll belegt, die bisher in der Schule lagen und mit zahlreichen guten Betten und Möbeln aller Art, wohl meist gestohlenem Gut, von der Schule ins Hohhaus übersiedelten. Eine polnische Fahne (weiß-rot) wurde am Hohhaus von den Polen gehißt. Von meinem gegenüber gelegenen Zimmer konnte ich beobachten, wie Polen Museumsstücke aus dem Hause wegtrugen.
In der Bahnhofstraße wurden erneut einige Häuser beschlagnahmt.
Man spricht davon, daß die Amerikaner, vermutlich auf Grund von Denunziationen, mehrere Einwohner verhaftet haben, welche in der Partei eine besondere Rolle gespielt oder sich sonst mißliebig gemacht haben sollen.
Am 24., 25. und 26. April mußten alle in Lauterbach sich aufhaltenden deutschen Männer von 18 bis 65 Jahren in drei nach Straßen aufgerufenen Gruppen, zu bestimmter Stunde bei der amerikanischen Militärbehörde vor dem ehemaligen Standartenhause zur Prüfung ihrer Papiere antreten. Die Kontrolle nahm an jedem Tage etwa 3 bis 4 Stunden in Anspruch, wer Pech hatte und zu den letzten gehörte, mußte 3 bis 4 Stunden warten. Das Verhalten der amerikanischen Militärs hierbei war nicht zu beanstanden. Es fiel amerikanischerseits kein Kommando, es herrschte auch kein Kommandierton. Kriegsbeschädigte wurden zuvorkommend behandelt. Es

brauchte nicht stillgestanden zu werden. Deutsche Hilfspolizisten riefen die Männer straßenweise auf und ordneten sie ein. Es wurden Fragen gestellt, ob man der SA angehört habe, ob man Waffen besitze und dgl. Von den amerikanischen Militärpersonen, welche die Kontrolle vornahmen, war einer, der etwa 20 Jahre alte, aus Lauterbach stammende Jude H. H.

Am 30. April ließ der Bürgermeister durch Lautsprecher bekanntgeben, daß am 1. Mai sämtliche Behörden und Geschäfte zu schließen hätten. In den Ausländerlagern ging es an diesem Tage laut her, aber offenbar ohne viel Alkohol. Im Dorfe Heblos bei Lauterbach waren einem Bauern in der Nacht zuvor 18 Hühner abgeschlachtet und gestohlen worden, sie mögen den Feiertagsbraten in einem Ausländerlager gebildet haben.

Die Amerikaner vermeiden nach wie vor engen Konnex mit der Bevölkerung. Sie sind zurückhaltend, fordern die deutsche Bevölkerung nicht heraus, Frauen und Mädchen werden im allgemeinen nicht belästigt. Das Café Duchard wurde von den Amerikanern beschlagnahmt und ist ausschließlich den amerikanischen Soldaten vorbehalten. Beim Quartiermachen und als Einquartierte in Bürgerquartieren benehmen sich allerdings die Amerikaner vielfach recht rücksichtslos.

Wie es an den Fronten steht und was in der Politik vorgeht, weiß niemand mit Sicherheit. Als einzige deutsche Sender melden sich nur noch Hamburg und München, die man aber mit dem Volksempfänger nicht hören kann. Die amtlichen Auslandssender halten sich auffallend zurück. Um so lauter sind ausländische Hetzsender. Es gehen Gerüchte um, daß Göring »wegen Herzleidens« seine Ämter niedergelegt habe, daß Himmler den Engländern und Amerikanern, nicht aber auch den Russen die bedingungslose Kapitulation der Wehrmacht angeboten habe, daß Reichswirtschaftsminister Funk eine neue Regierung mit General von Brauchitsch als Kriegsminister bilde, daß Mussolini am Comer See, unweit der Schweizer Grenze, von Italienern festgenommen und bald darauf erschossen worden sei, daß seine Leiche in Mailand ausgestellt sei und von der Bevölkerung besichtigt werden könne, daß der Führer einen Schlaganfall erlitten habe und im Sterben liege, daß er im Kampf verwundet worden sei, daß er kämpfend in Berlin gefallen sei, daß er seine gesamten Rechte auf Admiral Dönitz übertragen habe, usw. Alle diese Nachrichten und Gerüchte werden von der deutschen Bevölkerung in Lauterbach mit Skepsis aufgenommen, da Nachprüfung nicht möglich ist, den Meldungen feindlicher Sender nicht geglaubt wird und die Meldungen zu widersprechend sind. Um die Mitte des Monats ließ die Militärbehörde die Nr. 2 des »Kölnischen Kurier« vom 9. April und um den 25. April die Nr. 1 der »Frankfurter Presse« vom 21. April kostenlos unter die Bevölkerung verteilen, zwei von der amerikanischen Armee herausgegebene Blätter in deutscher Sprache. Sie sind natürlich stark propagandistisch gefärbt. Andererseits hat aber die Bevölkerung in den letzten Wochen zu sehr erfahren müssen, wie sehr die deutsche Propaganda sie immer wieder irregeführt hat. Verraten und verlassen kommt sich die Bevölkerung vor.[49]

Lauterbach war unzerstört geblieben und demzufolge vollzog sich hier der Übergang vom Krieg zum Frieden ohne gravierende Probleme. In den meisten Städten war das anders, hier herrschte das Chaos. Nach seiner Ankunft in Darmstadt schrieb ein amerikanischer Offizier an seine Dienststelle:

Alles Leben in der Stadt war zum Stillstand gekommen. Es gab weder Polizei noch Feuerwehr, die Banken waren ge-

schlossen, ebenso alle Geschäftshäuser und Industriewerke, die Licht-, Gas- und Wasserversorgung war zerstört oder schwer beschädigt, die Verteilung von Lebensmitteln war zu diesem Zeitpunkt nicht in Ordnung, die Unterbringung der Menschen war ungenügend, dennoch lebten 40 000 Menschen in den Trümmern.[50]

Der spätere bayerische Ministerpräsident Wilhelm Hoegner erkannte sein geliebtes München kaum wieder, als er nach zwölfjährigem Exil in die Landeshauptstadt zurückkehrte:

Nach tagelangen Wanderungen durch die Straßen Münchens gewann ich allmählich einen Überblick über den Umfang der Zerstörungen. In der Innenstadt, in Schwabing und Sendling, in Giesing und Neuhausen lagen ganze Stadtviertel in Trümmern oder waren doch ausgebrannt. Nur die Ludwigskirche war noch benutzbar, die meisten anderen Kirchen waren schwer beschädigt, darunter auch das Schiff der Frauenkirche. In Schutt lag das alte Rathaus, das neue war zum größten Teil erhalten geblieben. Die Staatsbibliothek schien zunächst gänzlich vernichtet, von der Universität stand noch der Teil an der Amalienstraße. In Trümmern lag die Residenz, an der jahrhundertelang gebaut worden war, schwer angeschlagen war der Justizpalast, ausgebrannt war das Nationalmuseum. Überall ragten Schutthaufen, stehengebliebene Vorder- oder Rückfronten von Häusern auf. Das ausgegrabene Pompeji schien mir im Vergleich zu München gut erhalten zu sein. Öffentliche Verkehrsmittel gab es nicht mehr, keine Straßenbahn, keine Eisenbahn fuhr, man mußte alle Strecken zu Fuß zurücklegen. Handel und Wandel waren tot. Die einfachsten Gegenstände des täglichen Bedarfs wie Zündhölzer oder Reißnägel waren nicht zu haben. Die Gasversorgung war unterbrochen, das Essen mußte man am Feuerherd kochen, das Frühstück an der elektrischen Lichtleitung.[51]

Erschüttert war auch der stellvertretende amerikanische Militärgouverneur General Clay, als er Anfang Juni 1945 zum erstenmal Berlin sah:

Wohin wir blickten, sahen wir Verwüstung. Die Straßen waren voll von Trümmern, an vielen Stellen ließen sie zwischen hochgetürmten Schutthaufen nur einen engen Durchlaß in eine Richtung. Wegen der zerstörten Brücken und Überführungen mußten häufig Umwege gemacht werden. Die Deutschen schienen schwach und eingeschüchtert zu sein und sich vom Schock der Schlacht um Berlin noch immer nicht erholt zu haben. Wie eine Stadt der Toten lag Berlin da.[52]

In diesen Trümmerstädten versuchten die Bewohner zu überleben. Drei Tage nach der Eroberung des linksrheinischen Köln durch amerikanische Truppen besuchte ein britischer Kriegsberichterstatter die Stadt und beschrieb in einem Bericht seine Begegnung mit den Katakomben-Menschen von Köln:

Köln, am Donnerstag
Es wird behauptet, es wohnten noch hunderttausend deutsche Zivilisten in diesem toten stumpfsinnigen Schutt, der einst Köln gewesen ist. Wir werden tief graben müssen, bis wir sie finden. Sie

sind da unten irgendwo in der dumpfigen Finsternis, 50 Fuß unter den Straßen. Dort haben die meisten von ihnen seit zwei Jahren gelebt.
Gelegentlich, wenn man über den Schutt daherstolpert, der einst eine Straße gewesen ist, nimmt man ein Gesicht wahr, das aus dem Souterrainfenster eines zerstörten Hauses späht.
Wenn man dem Körper nachgeht, der zu jenem schnell wieder verschwindenden Gesicht gehört, so stößt man auf ein ganzes geheimes Untergrundleben, das mit dem Kriege keinen Kontakt hat.
Fünfmal bin ich heute seit Tagesanbruch in dies Maulwurfsleben der Kölner hinuntergestiegen. Jedesmal hat es mich erschüttert und erschreckt, daß menschliche Wesen dem Tier so nahe kommen können und sich so wenig daraus machen.
Als wir in Köln einzogen, herrschte eine erschütternde Ruhe in der Luft nach soviel Bombardement.
Ich stoppte meinen Jeep ab neben einem brennenden Mark IV-Tank, neben dem ein deutsches Jüngelchen mit einem Samtkäppchen spielte. Er schaute auf. »Wein für Offizier im Keller«, rief er und führte mich durch einen schlüpfrigen, schwelenden Unrat in eine tiefe Katakombe hinunter. Wir gingen einige hundert Yards weit, indem wir eine Kerze hochhielten, und kamen zu einer Tür, an der eine jüngere Frau im Morgenrock lehnte. Sie führte uns noch ein paar hundert Yards weiter durch Gewölbe, die durch zusammengerückte Fässer gebildet wurden, und sprach dabei schnell und in geschäftsmäßiger Art und Weise von den Vorzügen französischer Weine. In der Dunkelheit schwenkten ältere Deutsche Kerzen und schrieen einander zu. Indem sie Weinflaschen sortierten, drängten sie uns französischen Armagnac und holländischen Bols auf, die die deutsche Wehrmacht erbeutet hatte.
Wieder auf die Straße zurückgekehrt, gerade unter der großen und schönen Kathedrale mit ihren zerschmetterten Fenstern und ihren Bombenlöchern, die ihre Majestät in der Silhouette noch spiritueller erscheinen lassen, sah ich, wie ein amerikanischer Oberst seinen Jeep abstoppte: »He, Kamerad, wenn Ihnen irgendwelche Zivilisten auffallen, die Keller plündern, so sagen Sie ihnen, sie sollten das bleiben lassen, sonst würden sie erschossen.«
Gegenüber war der Haupteingang eines Baugerippes, das einst die

Kaufhof-Gesellschaft gewesen ist, anscheinend also für Köln das, was bei uns Selfridges sind. Trübselige Wachspuppen, die keine Kleider mehr anhatten, flankierten die Tür. Als wir durch den Schutt hinunterstiegen, stießen wir wieder auf die von uns jetzt bereits bekannten schwarzen Tunnelkorridore; sie waren leer, bedrohlich. Als wir sie leise entlanggingen, konnten wir Flüstern hören und Wärme spüren, die hinter verschlossenen Türen hervordrang.

Eine Tür ging auf, und in dem plötzlichen Licht schlüpfte ein kleiner Mann heraus mit einer schweren Rolle Bettleinen über der Schulter. Hinter ihm saßen 60 Deutsche, in der Mehrzahl Frauen mittleren Alters. Sie waren friedlich am Essen: Schwarzbrot, Kartoffelbrei, gekochten Weißkohl, der mit Margarine besprengt war. Als wir eintraten, entstand ein Fußscharren, weil sie aufstanden und sich verbeugten. Auf den Tischen standen frische Narzissen und Tulpen.

Ich fragte sie, wie lange sie schon hier lebten, wieviel Nahrung sie noch hätten, und warum sie denn nicht auf die andere Rheinseite gegangen wären, als die Behörden Köln verließen. Sie antworteten, sie hätten auch den Befehl bekommen, ostwärts über den Rhein zu gehen, aber der Befehl sei zu spät gekommen. Der Bürgermeister hätte sich davongemacht und den Evakuierungsbefehl einem seiner Untergebenen übergeben. Die Hohenzollernbrücke wäre schon gesprengt gewesen, ehe sie ihren Keller hätten verlassen können.

Ich habe den Verdacht, daß sie bereits so lange in dem Keller und in so verhältnismäßiger Sicherheit lebten, daß sie keine Lust verspürten, Flüchtlinge zu werden. Sie hatten noch genug Nahrung für sechs weitere Wochen, bevor sie in die Lage gekommen wären, die alliierte Militärregierung um Hilfe angehen zu müssen. Sie konnten auch Sachen verkaufen. Ich fragte sie, was sie denn zu verkaufen hätten. Im zweiten Keller, d. h. zwei Stockwerke unter der Erde, hatten sie Warenlager in Untergrund-Verkaufsräume umgewandelt, mit elektrischem Licht, Waagen und Kassen. Und einer anscheinend mit ihrem Leben sehr zufriedenen Katze.

Unter der Führung des Lagerdirektors und eines zischenden, bebrillten kleinen Herrn vom öffentlichen Dienst aus dem Rathause gingen wir um Regale herum, die voll waren von Porzellan, von Bohnenbüchsen, Zuckerpaketen, Maissäcken. Es gab Fahrräder zu

kaufen, Lampen, Fackeln. Jedes Regal war durch Vorlegeschloß gegen Plünderer gesichert. Aber jetzt sind viele Vorlegeschlösser gebrochen.
Es war in einer Art traurig, diese wichtigtuenden Untergrundleute zu sehen, die so eifrig mit ihren Schlüsseln rasselten und Türen aufschlossen, um zu zeigen, welche Ordnung sie gehalten hatten, wo doch so vielen unglücklicheren Kölnern die Türen eingeschlagen worden waren, so daß sie jetzt in einem anderen Loche in der Erde Zuflucht suchen mußten.
Wieder auf die Straße zurückgekehrt, sah ich ein paar Amerikaner, die von der Freitreppe des Domes aus Aufnahmen machten. Quer über den Domplatz, auf dem ein brennender Tank lag, und der im Frieden des Todes ruht – die Zerstörung ist unbeschreiblich –, schleppte sich eine Kavalkade durch den Schmutz: ein ältlicher Hotelmanager im Ballonhut, sein runzliger französischer Küchenchef und Katja Zhanym, ein schwarzäugiges, keckes kleines russisches Küchenmädchen aus Zhaporozbo am Dnjepr.
Unser Wirt erzählte, bis vor fünf Tagen hätte er noch täglich 400 Diners mit Fleischbeilage im Keller seines Hotels an deutsche Offiziere ausgegeben. Er wäre nicht betrübt darüber, daß wir gekommen seien. Er hoffe, daß nun bald eine Zeit kommen werde, wo er ein ruhiges Leben führen und ein selbständiges Geschäft betreiben könne.
Köln ist durch die Bombengeschwader der R.A.F. schon vor vielen, vielen Monaten eingenommen worden. Die Leute in Köln haben jetzt nur den einen Gedanken, am Leben zu bleiben, bis der Friede und die Wärme und die Ruhe wiederkehren.[59]

Wie sollte es weitergehen? Die Deutschen reagierten auf Niederlage und Chaos wie alle Völker, die gerade besiegt worden sind: Sie waren apathisch, ohne inneren Antrieb, abwartend – und viele begannen zu verdrängen, was zwölf Jahre ihr Lebensinhalt gewesen war. Ein amerikanischer Geheimdienstoffizier beschrieb Mitte April 1945 Haltung und Stimmung der Deutschen in den besetzten Gebieten:

Lebensbedingungen
Wie der durchschnittliche Deutsche heute in den besetzten Gebieten lebt, hängt weitgehend davon ab, wo er lebt. In den kleineren

unzerstörten Städten geht es ihm ziemlich gut. In Bad Nauheim und Krefeld lebt er unter beinahe normalen Verhältnissen – in jeder Wohnung eine Familie und zwei oder drei Evakuierte (häufig Verwandte). Wenn die Amerikaner aber in diesen Städten ein Hauptquartier aufgeschlagen haben, wird dort alles etwas knapper. In Bonn und Wiesbaden drängen sich in jedem Haushalt zwei oder drei Familien (oft Fremde, im besten Fall Nachbarn), denn dort mußten große Wohngebiete für die Unterbringung der Truppen geräumt werden. In den großen zerstörten Städten bestimmen Zerstörung und Evakuierung die Wohnverhältnisse. Zwei Beispiele mögen diesen Sachverhalt verdeutlichen: In Saarbrücken, das zu über 90% zerstört ist, blieben von 132 000 Einwohnern nur 1000 in der Stadt, somit gibt es dort keine Wohnprobleme. Kassel, das zu weit über 80% zerstört ist, hatte früher 230 000 Einwohner; dort blieben 40 000, so daß die Häuser, die noch stehen, viel überfüllter sind. In solchen Fällen hält es die Militärregierung für zweckmäßig, der Zivilbevölkerung die Erlaubnis zu geben, in Gebieten mit großen Bunkern zu bleiben, sich bei anderen Deutschen einzuquartieren, wenn sie keine Unterkunft haben, und im übrigen die Rückkehr in die Stadt zu verbieten.
Für die reicheren Deutschen ist das Leben natürlich viel einfacher. Ihre Wohnungen sind größer, sie haben mehr zu essen und mehr anzuziehen; in dieser Beziehung ist aber auch die Lage des durchschnittlichen Deutschen nicht kritisch. Die meisten Deutschen, die man auf den Straßen sieht, sind anständig gekleidet, sehen ganz gesund aus und viele tragen häufig eine Aktentasche bei sich – eilen geschäftig hin und her, als ob sie eine Vorstandssitzung aufsuchen wollten. In allen Städten schienen die Arbeiterquartiere entvölkert zu sein. Es sah so aus, als ob das Proletariat vollständig in der Wehrmacht aufgegangen oder anderswohin geschickt worden sei, um befördert und weniger zu mechanischer Arbeit herangezogen als vielmehr in Aufsichtspositionen eingesetzt zu werden: Die eigentliche Arbeit in den Industriebetrieben wurde größtenteils von ausländischen Arbeitern getan, die deutschen Vorarbeitern unterstellt waren. Die wenigen Industriearbeiter und die etwas größere Zahl kleinerer Ladenbesitzer, mit denen wir sprachen, schienen ausreichend Unterkunft, Kleidung und Nahrung zu haben.

Ein normaler Tagesablauf

In den erst vor kurzem besetzten Städten haben im Augenblick nur wenige Deutsche Arbeit. Auf dem Land haben die Bauern zu dieser Jahreszeit ziemlich viel zu tun, aber die deutsche Bevölkerung in den Städten tut hauptsächlich gar nichts. Viele erscheinen nicht einmal, um das von der Militärregierung oder dem Bürgermeister festgesetzte Arbeitspensum zu erfüllen. Der Anblick so vieler Deutscher, die den ganzen Tag herumspazieren und nichts tun, hat bei ausländischen Arbeitern, alliierten Soldaten und selbst bei einigen Deutschen manch bittere Bemerkung hervorgerufen. In Köln, das über die tatkräftigste und ideenreichste Abteilung der Militärregierung verfügt, die ich gesehen habe, wurden demjenigen strenge Strafen angekündigt, der zu der ihm zugewiesenen Arbeit nicht antrat.

In den meisten Städten sind alle Läden geschlossen, es sei denn, sie werden für die Verteilung von Nahrungsmitteln benötigt. Ebenso sind Kinos und andere Vergnügungsstätten geschlossen. Da es gegenwärtig immer später dunkler wird und deshalb die Ausgangssperre später einsetzt, sind die Straßen auch abends noch von Frauen bevölkert, die sich um Lebensmittel anstellen, und auch von Männern, die nur so herumstehen.

Verhalten gegenüber den Amerikanern

Von wenigen Ausnahmen abgesehen, gibt es zwischen Amerikanern und Deutschen wenig Kontakt. Bei den Deutschen, die wir trafen, fiel besonders auf, wie sehr sie sich bemühten, solche Kontakte herzustellen und zu zeigen, wie nett sie sind. Fast jedesmal, wenn wir einen Deutschen heranriefen, um ihm eine Frage zu stellen, kam er gerannt – manchmal den gezogenen Hut in der Hand. Wenn sie mit Angehörigen der US-Streitkräfte einige Worte wechseln, hört man viel häufiger »danke sehr« und »bitte schön«, als es selbst die übertriebenste Höflichkeit rechtfertigen könnte. Häufig erweist sich dies nur als Einleitung für eine Bitte um Informationen oder um eine bevorzugte Behandlung.

Quantität und Qualität der militärischen Ausrüstung der Amerikaner haben die Deutschen enorm beeindruckt und sie häufig in der Überzeugung bestärkt, die Alliierten hätten die Deutschen nur auf Grund des besseren Materials besiegt und nicht etwa, weil ihre Truppen besser gekämpft hätten. Viele Deutsche gehen davon aus,

daß man nur so Kriege gewinnen kann, und erklären dies ziemlich offen. Andere halten an dem Mythos von der Überlegenheit des deutschen Wesens fest; deshalb ist für sie ein Sieg, der auf Grund besseren Materials erfochten wurde, nicht so ehrenhaft; sie zögern jedoch, diese Ansicht zu vertreten.
Viele Deutsche klagen im Gespräch über die Zerstörung ihrer herrlichen Städte, lassen das Thema aber fallen, wenn man sie an Rotterdam, Warschau, russische und englische Städte oder die Normandie erinnert. Offenbar schreiben sie die Schuld für die Zerstörung der Städte nicht nur einer Seite zu, denn allgemein schien die Ansicht vorzuherrschen, beide Seiten hätten diese Art der Kriegführung angewandt, um militärische Vorteile zu erringen (und insofern sei es legitim gewesen). Dieses Thema wurde von den Deutschen hauptsächlich aufgebracht, um sich beim Gesprächspartner einzuschmeicheln. Überraschend viele bemerkten, neben den völlig zerstörten Städten gäbe es riesige Industrieanlagen, die kaum zerstört seien, z. B. die Röchling Eisenwerke in Saarbrücken, die Werke der IG-Farben in Frankfurt und die Fordwerke in Köln. Äußerungen von deutschen und ausländischen Arbeitern zu diesem Thema ließen einen gewissen Argwohn erkennen (die meisten G.I.s in Köln waren ziemlich verbittert, als sie hörten, daß die Fordwerke verschont geblieben waren).

Angst und Furcht vor den Amerikanern sind bei den Männern meist größer als bei den Frauen. Die Frauen sind nicht weniger willfährig, zeigen aber etwas mehr »Stolz«. Weder Männer noch Frauen zögern jedoch, sich über belanglose Kleinigkeiten zu beschweren. Viele Deutsche, die ausgeharrt hatten, schienen anfangs geglaubt zu haben, was Goebbels über die amerikanische Besatzung prophezeit hatte. In jeder Stadt hatten viele Frauen die wilden Geschichten gehört, nach denen Vergewaltigungen an der Tagesordnung sind; ebenso waren Gerüchte über die Bildung von Arbeitsbataillonen, die in den Osten geschickt werden sollten, und über die allgemein schlechte Behandlung durch amerikanische Truppen verbreitet. Einige sagten, sie hätten sich in den ersten Tagen der Besatzung aus Angst versteckt. Als das Leben jedoch normal weiterzugehen schien, trauten sie sich bald wieder auf die Straßen und es dauerte nicht lange, bis sie – die erwarteten Vergewaltigungen und Brutalitäten waren ausgeblieben – die ersten Beschwerden erhoben, ein amerikanischer Soldat habe ihr Radio genommen und ein anderer bei der Durchsuchung ihres Hauses eine Truhe aufgebrochen. Ein Einwohner Krefelds war sogar so voreilig, an seine Tür zu schreiben:

»Hier lebt ein friedliebender Deutscher. Sein Haus wurde bereits fünfmal nach verborgenen Waffen durchsucht.«

Die Wirkung der Aufschrift konnte ich selbst feststellen: Als ich an die Tür kam, hatte ein amerikanischer Soldat bereits die Fünf durchgestrichen und in »sechsmal« umgeändert.

Was Deutsche fragen

Was die Deutschen im Augenblick mehr als alles andere von den Besatzungsbehörden wollen, sind Informationen. Nie ging es unmittelbar um materielle Dinge, es ging höchstens um Transportmöglichkeiten. Ich habe Deutsche gesehen, die mehr als eine Stunde anstanden, um Informationen zu erhalten. Das sehen auch die örtlichen Militärregierungen und deshalb begrüßen sie jede Hilfe der Abteilung für psychologische Kriegführung vor Ort. Am meisten sind die Deutschen an Informationen zu folgenden Themen interessiert (die Angaben beruhen auf einer Auswertung von Anfragen, die mir vom Informationsdienst in Krefeld mitgeteilt wurden):

a) lokale Nachrichten – wann die neuen Zuteilungskarten heraus-

kommen, wann Strom und Wasser zur Verfügung stehen, wann sie wieder arbeiten dürfen.
b) Nachrichten von Verwandten – ob wir sie in Kontakt mit ihren Verwandten in anderen Städten oder bei der Wehrmacht bringen können. (Viele Fragen betreffen die Kinder, die im Rahmen der Kinderlandverschickung evakuiert worden waren.)
c) Fortgang des Krieges.
d) »Was passiert mit uns?«
e) »Was werdet ihr mit Deutschland machen?«

Die Flucht aus der Verantwortung
In den ersten Tagen konnte man keinen einzigen Nazi in Deutschland finden; das ist längst vorbei. Jetzt gibt es viele Deutsche, die zugeben, Mitglied der Nazipartei gewesen zu sein, und manchmal sind sie ziemlich dreist. Der Bürgermeister von Dudweiler z. B. sagte einfach: »Natürlich war ich Nazi, sonst hätte ich nicht Bürgermeister sein können.«
Jetzt heißt es, man »mußte« Nazi sein. Beharrliches Befragen all der »Muß«- und »Zwang«-Nazis, die jetzt überall im besetzten Deutschland wieder den Mund aufmachen, ergibt, man habe Nazi »sein müssen«, um seine wirtschaftliche Stellung zu verbessern, seine Stelle zu behalten oder um Beziehungen zu haben. Einige »mußten« Nazis werden, da ein örtlicher Parteifunktionär sie zum Beitritt aufgefordert hatte. Es ist wohl kaum jemandem der Gedanke gekommen, sich zu weigern und die Konsequenzen zu tragen.
Es ist weitgehend auf diese Selbstrechtfertigung zurückzuführen, daß unter den Deutschen ein klares Bewußtsein ihrer Niederlage und deren Implikationen völlig fehlt. Die meisten rechnen damit, daß die Alliierten helfen werden, Deutschland zu ernähren und wiederaufzubauen, und daß außer einigen hohen Parteifunktionären kein Deutscher bestraft werden wird (oder bestraft werden sollte). Dieses Bemühen, die Partei gegenüber der Besatzungsmacht als Sündenbock für all das geschehene Unglück hinzustellen, ist wie der Versuch, einem Löwen zur Besänftigung ein Stück Fleisch vorzuwerfen. Denn ein »Mußnazi«, der gezwungen wurde, der Partei gegen seinen Willen beizutreten, ist der Ansicht, man könne ihn nicht für Verbrechen verantwortlich machen, die von der hohen oberen Parteiführung angeordnet worden seien. Selbst die Deut-

schen, die »die Schuld der deutschen Nation« anerkennen, zählen sich nur selten zu den Schuldigen.
Dieses ausgeklügelte System psychologischer Ausflüchte gründet auf einem tiefsitzenden Schuldgefühl. Fast jeder Deutsche hat etwas von den Greueln, die in Deutschland und im Ausland begangen wurden, gewußt. Eine überraschend große Zahl gibt zu, von den Gaswagen und deren Verwendungszweck gewußt zu haben – beim Namen Lublin fällt ihnen jedoch nichts ein. Wenn man beharrlich das Argument vorbringt, die Deutschen – was immer sie jetzt auch über ihre Ansichten sagen mögen – hätten nichts getan, um das Regime zu stürzen, was sie angeblich ja so verabscheut haben, bringt man den Befragten fast immer dazu einzugestehen, daß er oder sie auch einen Teil der Schuld trägt. An dieser Stelle zeigt jedoch die Abstraktheit solcher Diskussionen, wie notwendig eine sorgfältig dokumentierte und nüchtern dargestellte Aufklärungskampagne über die menschlichen Leiden ist, die der deutsche Ehrgeiz verursacht hat.

Die Nachwirkungen des Nationalsozialismus

Die Unschuldsbeteuerungen der Deutschen verlieren in den Gesprächen oft durch Worte, die ihnen herausrutschen, und durch Fehler, die ihnen unterlaufen, an Glaubwürdigkeit. Diese Ausrutscher sind manchmal nur ein Zeichen für einen unbewußten Wortgebrauch. Um ihrer Erzählung von den zahlreichen Bombenangriffen und Evakuierungen besonderes Gewicht zu verleihen, sprach beispielsweise eine Frau in Frankfurt von »Terrorangriffen«, Goebbels' Sprachregelung für Luftangriffe der Alliierten. Auf die Frage, woher sie diesen Begriff habe, antwortete sie ganz naiv: »Aus der Zeitung.« Sie benutzte das Wort nur, da es geläufiger war als der neutrale Ausdruck »Luftangriffe«.
Häufig jedoch sind die Nazibegriffe, die immer noch zum deutschen Wortschatz gehören, ein wichtiger Hinweis auf die tiefsitzende Beeinflussung durch die Nazizeit. Ein Mädchen in Bad Nauheim erklärte, warum sie ihre Verlobung mit einem Franzosen, die sie vor dem Krieg eingegangen war, 1943 gelöst hatte. Sie war der Meinung, diese Verbindung verstieße irgendwie gegen die Gesetze von Mensch und Natur. Als sie versuchte, die Ansicht zu erläutern, behauptete sie, eine solche »Mischehe« einer Deutschen könne nur

zu einer Schwächung des »gesunden Volksempfindens« führen. Da hielt sie plötzlich inne und gab ziemlich betreten zu, die Verwendung dieses Lieblingsausdrucks Hitlers ließe ihre Beteuerungen, sie sei niemals Anhänger der Nazis gewesen, unglaubwürdig erscheinen.
Solche Äußerungen tauchten fast in jeder Befragung gebildeter Deutscher auf. Der jetzt in Mode gekommene Ausdruck »belogen und betrogen« ist nur eine fromme Lüge, durch die der Deutsche, der ihn gebraucht, unbedacht zugibt, daß er irgendwann einmal an die Nazis geglaubt und ihnen gefolgt ist. Sonst könnte er jetzt nicht behaupten, »belogen und betrogen« worden zu sein.
In dem, was die Deutschen tun, zeigen sich die Überreste des Nationalsozialismus genauso sehr wie in dem, was sie sagen. Die Deutschen, die für die Besatzungsbehörden arbeiten, und vor allem diejenigen, die die weiße Armbinde mit der Aufschrift »MG Police« tragen, legen einen Eifer an den Tag, andere Deutsche herumzustoßen, der beinahe zu weit geht. Und die Deutschen, die herumgestoßen werden, beschweren sich nicht einmal. Anschwärzen und Denunzieren sind bei Gesprächen in Deutschland gang und gäbe. Die Frage, ob er Parteianhänger gewesen sei, wird ein Deutscher immer verneinen. Gleichzeitig wird er aber einen Nachbarn nennen, auf den dies zutrifft. Der Glaube an amtliche Papiere ist offenbar eine nationale Krankheit. Ein Deutscher ohne Ausweis oder ohne Lebensmittelkarte, ohne amtliche Erlaubnis zu sein, wo er ist, und zu tun, was er tut, scheint sich so unwohl zu fühlen wie ein Nackter auf der Straße. Das ist wohl schon immer ein typischer Zug der Deutschen gewesen, der sich jetzt unter dem Einfluß der Nazis noch tiefer eingegraben hat.
Kaum einer dieser Deutschen ist ein »Muster-Nazi«; er ist, was Hitlers frühe Analyse von ihm annahm: Bauer, Ladenbesitzer, Arbeitsloser, gieriger Kapitalist, Nationalist, Rassist und Abenteuerer, der sich wegen des einen oder anderen Programmpunktes mit dem Ganzen abfinden würde. Beispielsweise behaupten jetzt viele Deutsche, sie seien niemals für die Verfolgung der Juden, die Greueltaten gegen die Polen und Russen oder für den Ausbruch des Krieges gewesen. Sie vergessen dabei nur zu erwähnen (weil sie »das niemals so sahen«), daß sie um einer Arbeitsstelle, einer Pension, einer Unterstützung oder eines »Großdeutschlands« willen in wilde

Begeisterungsstürme ausbrachen, als deutsche Panzer im Blitzkrieg nach Polen rollten.[54]

Es waren die Militärregierungen, die die Initiative übernahmen und Verwaltung und Wirtschaft wieder ankurbelten. Zunächst bauten sie den Verwaltungsapparat auf. Bürgermeister und Landräte wurden eingesetzt, wobei die Offiziere der Militärregierung darauf achteten, daß Mitglieder der NSDAP nicht in den öffentlichen Dienst übernommen wurden. Die Bewerber für den öffentlichen Dienst mußten Fragebogen ausfüllen und damit Rechenschaft über ihre politische Tätigkeit während des Dritten Reiches ablegen. Nachdem die Mitgliederkartei der NSDAP aufgefunden worden war, wurden falsche Angaben auf den Fragebogen mit empfindlichen Strafen geahndet. Bei der Besetzung der wichtigsten Posten hielten sich die Offiziere der Militärregierungen an sogenannte weiße Listen, die nach Angaben von Emigranten politisch vertrauenswürdige Personen verzeichneten. Wenn der vorgesehene Kandidat verstorben oder nicht erreichbar war, dann wurden andere Personen herangezogen, wobei die Offiziere gern den Rat von Geistlichen einholten. Der erste Nachkriegsoberbürgermeister von Frankfurt, Hans Hollbach, wurde auf recht unkonventionelle Art und Weise ins Amt berufen. Hans Bülow hat diesen Vorgang aufgezeichnet:

Ich weiß nicht mehr, wie wir uns zum Postgebäude am Südbahnhof, dem Hauptquartier der »Psychologischen Kriegführungsabteilung«, die die Militärregierung zu bilden hatte, durchgefragt haben. Das Zimmer, in das wir schließlich von einem Posten gebracht wurden, war wohl ein Schulraum gewesen. Jetzt war er von Soldaten überfüllt. Karten bedeckten die Tische, überall lagen Helme und Waffen herum. Ordonnanzen kamen und gingen unter flackerndem Kerzenschein. Wir erregten als Zivilisten ein ziemliches Aufsehen, aber zunächst wußte in der allgemeinen Geschäftigkeit niemand recht etwas mit uns anzufangen. Dann kam ein hünenhafter Offizier auf uns zu und fragte uns aus. Er gab uns nicht die Hand, aber er war freundlich, etwas ungemein Strahlendes, eine jungenhafte Fröhlichkeit ging von ihm aus. Wir wollten also helfen, das Leben in der toten Stadt wieder in Gang zu bringen? Er fand das ausgezeichnet; endlich zeigten sich mal ein paar Bürger, sie hätten schon darauf gewartet. Darauf, nach einer kurzen Beratung mit einem höheren Offizier, auf H. deutend, auffordernd und als sei es das Selbstverständlichste von der Welt: »You are the Bürgermeister and you (zu mir) his interpreter.« So wurden wir Bürgermeister und Dolmetscher.[55]

Den neuen Bürgermeistern händigten die Offiziere der Militärregierungen einen »Instruktionsbrief« aus, der ihre Amtsbefugnisse regelte. Für den Wiesbadener Bürgermeister Georg Krücke lautete er folgendermaßen:

An Dr. Georg Krücke, Wiesbaden

1. Sie sind bis auf weiteres als Oberbürgermeister von Wiesbaden eingesetzt. In dieser Eigenschaft werden Sie restlos alle Erlasse der Militärregierung durchführen in bezug auf:
   a. die Aufrechterhaltung von Recht und Ordnung;
   b. die Ausrottung des Nationalsozialismus, nationalsozialistischen Beamtentums, deren Helfershelfer und aller militärischen Tendenzen;
   c. die Ausmerzung jeglicher unterschiedlicher Behandlung auf Grund von Rasse, Religion oder politischer Überzeugung.
2. Sie werden sich mit allen Erlassen der Militärregierung vertraut machen und dafür sorgen, daß dieselben zur Kenntnis aller Behörden und der Zivilbevölkerung in Ihrem Amtsbereich gelangen.
3. Sie werden keinerlei Anordnungen höherer Verwaltungsbehörden durchführen bis und lediglich in dem Rahmen, in welchem diese von der Militärregierung genehmigt sind.
4. Sie werden die Leitung aller Regierungsbehörden in Ihrem Amtsbereich übernehmen, einschließlich der Polizei und aller Unterbehörden von Reichsstellen. Sie werden der Militärregierung vorschlagen, welche Organisationsformen der Partei Sie, nach Ausmerzung alles nationalsozialistischen Personals, für erforderlich erachten, im Interesse der Bevölkerung beizubehalten.
5. Sie werden alle Beamten und öffentlichen Angestellten unterrichten, daß sie bis auf Widerruf auf ihrem Posten zu bleiben

und ihre Tätigkeit fortzusetzen haben, soweit dies nicht gegen die in § 1 angeführten Prinzipien oder andere Anordnungen der Militärregierung verstößt.

6. Sie werden für die Verteilung der Personalfragebogen an alle Beamte und öffentlichen Angestellten sorgen, ebenso für die Ablieferung der vollständig und richtig ausgefüllten Fragebogen innerhalb der dreitägigen Frist.
7. Sie werden Beamte und Angestellte vorschlagen und, wenn von der Militärregierung genehmigt, diese bis auf weiteres ernennen, um freie Stellen in der Verwaltung zu besetzen, falls die Besetzung solcher Stellen für die ordnungsgemäße Verwaltung erforderlich ist.
8. Bei allen Vorschlägen und Ernennungen werden Sie dafür sorgen, daß in den wichtigen Verwaltungsstellen Angehörige aller erlaubten politischen Überzeugungen und Wirtschaftsgruppen vertreten sind.
9. Sie sind für den Gewahrsam und Schutz aller öffentlichen Archive und Urkunden verantwortlich. Im Falle, daß derartige Archive oder Urkunden bei Ihrer Amtsübernahme nicht vorhanden sind, haben Sie dieses unverzüglich der Militärregierung mitzuteilen.
10. Sie müssen jegliche unloyale Handlungsweise oder Dienstverweigerung seitens eines Beamten oder öffentlichen Angestellten zur Kenntnis der Militärregierung bringen. Sie werden ebenfalls alle Handlungen, welche die Interessen der Militärregierung schädigen, wie die Zerstörung oder das Entfernen von Archiven oder Urkunden, melden.
11. Sie werden auf das genaueste alle Anordnungen der Militärregierung in bezug auf das Wohlergehen aller Zivilpersonen und Kriegsgefangenen der Vereinten Nationen befolgen. Mangels derartiger Vorschriften haben Sie alle erdenklichen Maßnahmen für Obdach, Verpflegung, ärztliche Hilfe und allgemeine Wohlfahrt dieser Personen zu treffen. Sie werden der Militärregierung unverzüglich die Anzahl solcher Personen, ihre Staatsangehörigkeit und ihr Geschlecht melden.
12. Sie werden ausnahmslos alle Anweisungen, die sie von der Militärregierung erhalten, befolgen. Alle in den obigen §§ angeführten Vorschriften können jederzeit von der Militärre-

gierung aufgehoben, ergänzt oder anderweitig geändert werden.[56]

Die von den Militärregierungen eingesetzten Bürgermeister und Landräte mußten regelmäßig Bericht erstatten. Der Oberbürgermeister von Heilbronn und zugleich Landrat des Großkreises Heilbronn berichtete der zuständigen Militärregierung am 1. und 2. Mai 1945 über seine in die Wege geleitete Maßnahmen:

Ich hatte gestern eine Besprechung von ½ 1 Uhr bis 3¼ Uhr auf dem Rathaus in Ilsfeld, und zwar mit den Bürgermeistern der folgenden 10 Gemeinden:
Ilsfeld, Gronau, Auenstein, Schmidhausen, Untergruppenbach, Neckarwestheim, Lauffen, Beilstein (letzterer Ort gehört nicht zum Kreis, ich habe aber den Bürgermeister von Beilstein geladen, wegen den Zusammenhängen mit den Kreisgemeinden, damit er unterrichtet ist), Schozach, Talheim, einschließlich der Teilgemeinden, die keine eigenen Bürgermeister haben.
Ich habe die bisher erlassenen Verfügungen, Erläuterungen und allgemeinen Richtlinien gegeben. Auch die Sicherstellung von Vorräten, den notwendigen Anbau von Nährmitteln aller Art, Passierscheine, sowie Beschlagnahmungen, daß die nur von mir ausgestellt werden dürfen und zu beantragen sind, wurde besprochen.
Ebenso das Sammeln von Munition und Munitionsteilen, damit diese von den Feldern kommen, ebenso die Unterstände einzuebnen, ausbessern von Straßen, Beseitigung der Schlaglöcher, Verwendung von Holz aus den Waldungen, das bereits geschlagen ist; Schutz der Warenlager, welche ausgelagert sind.
Fleischbeschau, Schlachtungen und, daß für alle Nahrungsmittel die bisherigen Regelungen bleiben müssen und die vorhandenen Nahrungsmittel an die Bevölkerung gerecht verteilt werden, daß keine Notschlachtungen stattfinden, oder solche, die dadurch getarnt werden.
Ich habe angeordnet, daß alles Getreide wie Weizen, Roggen, Gerste 94% ausgemahlen werden muß und nur ein Einheitsmehl hergestellt wird, was auch für die Selbstversorger gilt; dieselben dürfen auch für sich kein Weißmehl mahlen lassen. Die Mühlenbetriebe wurden gewarnt, daß ich mit schärfsten Mitteln einschreite,

wenn mir Verstöße gemeldet werden. Nötigenfalls wird die Mühle geschlossen und der Betrieb einem kommissarisch beauftragten Müller übertragen.
Ich habe gestern einen Metzger, der bisher kein Geschäft führte und in Unterheinriet einfach Vieh schlachtete und an die Bevölkerung verteilte, verhaften lassen. Festgestellt habe ich auch, daß in einzelnen Gemeinden mehr Vieh als notwendig geschlachtet wurde und das Fleisch, Fett und Schmalz an die Bevölkerung ohne die vorgeschriebenen Nahrungsmittelkarten abgegeben wurde; auch hier werde ich in diesem Sinne vorgehen.
Die Bürgermeister sind aufgefordert worden, die Fliegerschäden in den Gemeinden festzustellen und zu berichten.
Ich habe auch über den Feuerschutz und die Instandsetzung der Feuerwehrgeräte gesprochen, ferner mitgeteilt, daß Gottesdienste abgehalten werden dürfen und die Schulen vorläufig geschlossen bleiben müssen; auch, daß der Orts- und Hilfspolizei keine Nazi angehören dürfen. Es wurde auch die Kohlenversorgung gestreift, sowie die Meldung der verfügbaren Kartoffelbestände . . .
Es wurde auch sehr viel über Plünderungen geklagt, an der sich die deutsche Bevölkerung ebenso beteiligt wie die Ausländer. Einmütig war das Urteil, daß von Franzosen nichts geplündert wurde, und daß sich dieselben durchweg als recht anständig benommen haben.
Besprechungen derselben Grundlage hatte ich von 4 bis 7 Uhr mit den Bürgermeistern bzw. ihren Stellvertretern von Untereisesheim, Duttenberg, Obereisesheim, Tiefenbach, Gundelsheim, Höchstberg, Bachenau, Untergriesheim, Obergriesheim, Bad Friedrichshall-Jagstfeld. 1. Mai 1945
Ich hatte heute eine Besprechung in Neuenstadt a. K. von ½4 Uhr bis 7 Uhr auf dem Rathaus mit den Bürgermeistern der folgenden Gemeinden:
Neuenstadt, Dahenfeld, Kochertürn, Bürg, Brettach, Cleversulzbach, Lampoldshausen, Gochsen, Ödheim, Kochersteinsfeld und Degmarn.
Ich habe die bisher erlassenen Verfügungen, Erläuterungen und allgemeinen Richtlinien gegeben . . . [wie am 1. Mai].
Weiterhin, daß aus allen Gemeindestempeln, Siegeln usw. oder ihnen gleichzuachtenden Formularen etc. das Hakenkreuz bzw. Parteizeichen der NSDAP entfernt wird. Ebenso wurde die Entfer-

nung von Kränzen und Schleifen auf Gräbern, welche das alte Hoheitszeichen tragen, angeordnet.
Die Bürgermeister sollen die Bestände an Kartoffeln, die der Ernährung zugeführt werden könnten, melden, damit über dieselben verfügt werden kann.
Auch in diesem Gebiet wurde viel geschlachtet, ohne daß die vorgeschriebenen Fleischmarken abgegeben wurden. Ich habe vor weiteren derartigen Vorgängen gewarnt und empfindliche Strafen in Aussicht gestellt.
Den Forstmeister habe ich angewiesen, aus dem Wald das erforderliche Holz abzugeben, damit die überall zerstörten Notbrücken über den Kocher wieder befahrbar werden.
Die Bürgermeister wurden aufgefordert, Bericht zu erstatten über die Zerstörungen und Brandfälle, die in ihren Gemeinden vorgekommen sind, damit eine allgemeine Übersicht über den Kreis selbst zusammengestellt werden kann.
Die in der Umgebung in Fabriken vorhandenen landwirtschaftlichen Geräte habe ich beschlagnahmt, um sie den Landwirten des Kreises, soweit diese keine Geräte mehr haben, zuzuführen, da ohne diese Geräte eine ausreichende Bewirtschaftung der Felder für die Ernährung nicht möglich wäre.
Ich wurde gefragt, wie es mit dem Schul- und Religionsunterricht sei. Schulunterricht darf ja bekanntlich vorerst nicht gehalten werden und ich habe darin auch den Religionsunterricht verstanden. Ich habe bekanntgegeben, daß gegen die Abhaltung von Gottesdiensten für die verschiedenen Konfessionen nichts einzuwenden sei.
Ich habe auch über den Feuerschutz und die Instandsetzung der Feuerwehrgeräte gesprochen, auch daß der Orts- und Hilfspolizei keine Nazi angehören dürfen. Es wurde auch die Kohlenversorgung behandelt. 2. Mai 1945.[57]

Die vorrangigste Aufgabe in den Städten war die Schuttbeseitigung. Riesige Trümmerfelder bedeckten die Stadtgebiete: 50 Millionen cbm in Berlin, 6 Millionen cbm in München, 12 Millionen cbm in Frankfurt, 8 Millionen cbm in Stuttgart. Die städtischen Verwaltungen erließen Aufrufe zur Beteiligung an der Enttrümmerung:

Wir bauen auf

Ganz bescheiden können wir das vorläufig nur; denn erst gilt es, Berge von Trümmern zu beseitigen, bevor wieder ein Boden gefunden wird, auf dem gebaut werden kann. Die Trümmer all dessen, was zerschlagen ist, sind uns noch im Wege. Am besten fängt man damit an, den Schutt zu beseitigen und nach einem alten Sprichwort zuerst einmal den vor der eigenen Türe. Damit werden wir schon fertig werden. Schwieriger ist es schon, wenn ein glücklich Heimgekehrter vor seiner zerbrochenen Hütte steht, in der er gerne wieder hausen möchte. Da muß mit seit Jahren erprobter Kunstfertigkeit gehämmert und gezimmert werden, bis man wieder drin wohnen kann. Bei Sonnenschein geht es dann so einigermaßen, es muß aber auch einmal regnen, wenn die Kartoffeln wachsen sollen. Dann aber wird der sturmerprobte Mannheimer sehr nachdenklich, wenn es gluck-gluck im rhythmischen Gleichmaß von der Decke tropft und das fantasievoll neu zusammengestellte »kombinierte« Wohn- und Schlafzimmer in ein Planschbecken verwandelt wird. Was tun? Selbsthilfe ist nur dann möglich, wenn man über Dachpappe oder Dachziegel verfügt, was leider oft nicht der Fall sein wird. Es ist daher ein Trost, zu hören, daß die Abteilung Sofortmaßnahmen in den nächsten Tagen ihre Tätigkeit aufnimmt. Zunächst können allerdings nur die allernotwendigsten Instandsetzungsarbeiten an Dächern und Fenstern usw. in Angriff genommen werden, um die Räume wieder bewohnbar zu machen. Damit möglichst vielen und schnell geholfen werden kann, ist es nötig, daß jeder, der von früheren Arbeiten her noch Restbestände an Dachdeckungsmaterial, wie Pappe und Ziegel hat, diese unverzüglich an das zuständige Bezirksbaubüro abgibt.

Es werden in nächster Zeit, so hoffen wir, wieder Dachdeckungsmaterial und Fensterglas zur Verfügung stehen, so daß die dringendsten Schäden ausgebessert werden können. Bei der großen Zahl der Schäden ist aber Selbsthilfe immer noch die schnellste Hilfe. Wer sich rechtmäßig Material beschaffen und sich damit zuerst einmal selbst helfen kann, soll es tun. Er soll auch, wenn er über die Barmittel verfügt, seinem Lieferanten die Ware bezahlen und seine Auslagen, die selbstverständlich durch Rechnungen nachgewiesen sein müssen, bei der Abteilung Sofortmaßnahmen vormerken lassen. Es wird kaum damit zu rechnen sein, daß vorerst größere Hilfen von seiten

der öffentlichen Hand gewährt werden können. Der Einzelfall indessen bleibt der individuellen Behandlung vorbehalten.
So wollen wir wieder aufbauen, zuerst ganz bescheiden, Schritt für Schritt, damit erst einmal wieder Fenster und Dach zu sind, dann werden wir weiter sehen.
Mannheim, 23. 4. 1945[58]

Die Bereitschaft zu freiwilligen Aufräumungsarbeiten war jedoch gering, so daß die Stadtverwaltungen die Mitarbeit an der Schuttbeseitigung zur Pflicht machten:

Bald nach Kriegsende wurden an Samstagnachmittagen und Sonntagvormittagen freiwillige Arbeitskräfte aus der Bevölkerung zu Aufräumungs- und Säuberungsarbeiten an den Hauptschadensstellen im Stadtgebiet eingesetzt. Auf Anordnung der Militärregierung verpflichtete der Landrat des Kreises Wetzlar jeweils eine Anzahl von Fuhrwerken aus benachbarten Kreisgemeinden zum Abfahren von Schutt. So waren beispielsweise am 7. und 8. Juli 1945 je 20 Fuhrwerke und 433 bzw. 342 Personen eingesetzt. Bisweilen kamen auch zwangsweise ehemalige Mitglieder der NSDAP und ihrer Gliederungen aus den Kreisgemeinden in Wetzlar zum Einsatz.
Allmählich zeigte es sich jedoch, daß die Arbeitsleistungen und die Beteiligung nicht ausreichten, um mit einer Räumung der Straßen von Trümmern und Schutt noch im Laufe des Jahres 1945 rechnen zu können.
Deshalb entschloß sich der Bürgermeister, durch eine Bekanntmachung vom 31. 7. 1945 die Wochenendarbeit zum Wiederaufbau ganz allgemein zur Pflicht zu machen; er stützte sich dabei auf die Notdienstverordnung vom 15. 10. 1938. Alle Männer im Alter von 15 bis 60 Jahren und alle Frauen im Alter von 16 bis 45 Jahren hatten an jedem Wochenende eine Pflichtschicht von 4 Stunden zu leisten; nur Arbeitsunfähige, Mütter von Kindern unter fünf Jahren und Personen, die durch unaufschiebbare Dienstobliegenheiten verhindert waren, durften von der Arbeit befreit werden. Arbeitspflichtige mit den Anfangsbuchstaben A bis M hatten samstags von 15 bis 19 Uhr, solche mit den Anfangsbuchstaben N bis Z sonntags von 7 bis 11 Uhr zu arbeiten; zuvor hatten sie sich an den Sammelplätzen (Goldfischteich, Arbeitsamt, Leitzplatz, Kirchplatz in Niedergirmes) mit Arbeitsgerät einzufinden. Die Oberleitung der Arbeiten hatte das Stadtbauamt; die Aufgabe örtlicher Bezirksleiter und Obleute war es, den Einsatz zu leiten und zu überwachen. Die Stadt war in insgesamt 16 Bezirke eingeteilt, in denen unter der Überwachung von 16 Bezirksleitern und 135 Obmännern gearbeitet wurde.
Nach der Verordnung Nr. 8 des Regierungspräsidenten in Wiesba-

den vom 1. 8. 1945 wurden auf Befehl der Bezirksmilitärregierung alle Personen, die zu irgendeiner Zeit Mitglieder der NSDAP waren, ohne Rücksicht auf ihre Stellung im bürgerlichen Leben verpflichtet, wöchentlich 12 Stunden Aufräumungs- und Säuberungsarbeiten gegen Entgelt zu leisten. Der Arbeitseinsatz war von den zuständigen Arbeitsämtern zu leisten. Personen, die in einem Arbeitsverhältnis standen, mußten die Arbeiten außerhalb ihrer regulären Arbeitszeit ausführen. Von der Arbeitsverpflichtung waren Männer über 60 Jahre, Frauen über 40 Jahre und Personen, die laut amtsärztlichem Zeugnis zu der geforderten Arbeitsleistung nicht in der Lage waren, ausgenommen. Das Arbeitsamt Wetzlar ordnete daraufhin am 28. 9. 1945 für alle ehemaligen Mitglieder der NSDAP und ihrer Gliederungen diese Arbeiten an.
Deshalb konnte ab 1. 10. 1945 der Wochenendeinsatz auf Grund der Bekanntmachung vom 31. 7. 1945 wieder eingestellt werden; bis dahin waren etwa 90 Prozent der Hauptstraßen vom Schutt freigemacht.
Der Wochenendeinsatz der Parteimitglieder erfolgte ab 6. 10. 1945 jeden Samstag von 8 bis 12 und von 13 bis 17 Uhr für alle männlichen Personen aus Stadt und Kreis Wetzlar im Alter von 16 bis 65 Jahren, soweit sie mit irgendwelchen Verkehrsmitteln nach Wetzlar kommen konnten; Anmarschwege von 5 km bis zur nächsten Bahnstation galten als zumutbar. Die Arbeitspflichtigen mußten in Arbeitskleidung mit Hacke oder Schaufel an festgelegten Sammelpunkten antreten.
Die Zahlen der Beteiligung an den ersten fünf Einsätzen zeigen, wie diese Wochenendarbeiten allmählich von immer weniger Personen ausgeführt wurden; zahlreiche Gemeinden hielten Männer zum Holzeinschlag zurück, eine Bezahlung erfolgte trotz anderslautender Regierungsverordnung nicht.[59]

Groß war die Wohnungsnot in den Städten. Die größten Wohnungsverluste hatten Berlin, Hamburg und Köln erlitten. Köln hatte vor dem Krieg 250 000 Wohnungen für 750 000 Menschen gehabt. Im Mai 1945 wohnten nur noch 42 000 Menschen in der Ruinenstadt. Einen Sonderfall nahmen Jülich und Düren ein, die durch den monatelangen Stellungskrieg fast ganz vernichtet wurden. Im Raum der heutigen Bundesrepublik waren ungefähr 41 Prozent des Wohnraumbestandes von 1939 zerstört oder beschädigt. Trotz dieses dezimierten Wohnraumbestandes versuchte ein großer Teil der während des Luftkrieges evakuierten Bevölkerung in ihre Heimatstädte zurückzukehren. Frauen und Kinder mit Gepäck auf dem Rücken und improvisierten Wägelchen zogen auf allen Landstraßen ihren Heimatorten entgegen. Die Rückkehrer suchten in Kellern, Bunkern, Wohnlauben und unter notdürftig geflickten Dächern Unterschlupf. Viele fanden keine Unterkunft. Vor den Toren Hamburgs stauten sich die Evakuierten gemeinsam mit heimgekehrten Wehrmachtssoldaten und aus den Ostgebieten Ausgewiesenen zu Zehntausenden. Die britische Besatzungsmacht hatte die Elbbrükken gesperrt, da die Trümmerstadt keine Wohnmöglichkeiten bot und außerdem Seuchengefahr drohte. In München stieg die Bevölkerung im Mai 1945 um 14 000 Menschen, im Juni um 33 000 und im Juli um 40 000 an. Um den Zustrom zu kanalisieren, wurden Zuzugssperren erlassen und eine Wohnraumbewirtschaftung eingeführt. Als diese Maßnahmen nicht griffen, ergingen Räumungsanordnungen: Die Betroffenen mußten zurück aufs Land:

Die Schaffung von Wohnraum gehört zu den schwierigsten Fragen, die zur Zeit zu lösen sind. Arbeitgeber und Arbeitnehmer des Bauhandwerks haben sich bisher nicht in genügender Zahl für die Wiederaufbauarbeit zur Verfügung gestellt. Dies hat zur Folge, daß die Arbeiten noch nicht im erwünschten Umfang in Angriff genommen werden konnten.
Um eine gerechte Verteilung des vorhandenen Wohnraums zu ermöglichen, muß das Städt. Wohnungsamt nach strengen Grundsätzen verfahren. So kann Ortsfremden, d. h. solchen Personen, die bisher nicht in Mannheim gewohnt haben, eine Zuzugsgenehmigung unter keinen Umständen erteilt werden. Dies ist zur Zeit auch nicht im Wege der sogenannten Verwandtenhilfe möglich. Familien mit arbeitsfähigen männlichen Mitgliedern können nur dann eine Wohnung erhalten, wenn diese die Arbeit aufgenommen oder sich zumindest beim Arbeitsamt gemeldet haben.
Außer der Kochgelegenheit kann jeweils nur 1 Zimmer zugewiesen werden für:
a) Ehepaare
b) 2 erwachsene Kinder gleichen Geschlechts
c) 3 Kleinkinder bis zu 14 Jahren.

Zuzug nach Düsseldorf verboten!

Der Zuzug nach Düsseldorf nimmt ständig an Umfang zu, was bei der jetzigen Wohnungslage zu immer größeren Schwierigkeiten in der Unterbringung der Zuziehenden und zur Vergrößerung der Ernährungsschwierigkeiten führt. Deshalb ist der Zuzug von Personen, die früher nicht in Düsseldorf gewohnt haben, verboten. Ausnahmen sind nur aus Arbeitseinsatzgründen zulässig. In diesen Fällen ist vorher meine Zuzugserlaubnis einzuholen.

Ich warne vor unberechtigtem Zuzug, da eine Registrierung von Personen, die entgegen diesem Verbot zuziehen, nicht erfolgt und eine polizeiliche Anmeldung nicht entgegengenommen wird. Lebensmittelkarten werden an die Betreffenden nicht ausgegeben.

Der Oberbürgermeister
Dr. Füllenbach

Zum Anschlag genehmigt durch die Abtlg. 120 der Mil.-Reg.

Ein Arbeitszimmer kann nur ausnahmsweise und in Fällen unumgänglicher Notwendigkeit zugestanden werden.
Wohnräume, insbesondere vollständige Wohnungen, zu anderen als Wohnzwecken zu benutzen, ist nach wie vor verboten.[60]

Bekanntmachung des Oberbürgermeisters

Die Notlage auf dem Wohnungsmarkt kann ohne einschneidende Maßnahmen nicht behoben werden. Es ist unmöglich, die obdachlosen Familien unterzubringen, ohne tief in die Rechte derjenigen einzugreifen, die durch ein günstigeres Geschick ihre Wohnungen und Möbel behalten konnten. Rationierungskommissionen werden den noch vorhandenen Wohnraum nach neuen Richtlinien verteilen. Der Bevölkerung wird geraten, die dann ergehenden Zwangseinweisungen des Wohnungsamtes nicht abzuwarten. Wer sich freiwillig beschränkt, indem er schon jetzt obdachlos gewordene Mitbürger aufnimmt, hat noch Gelegenheit, den zukünftigen Mitbewohner auszuwählen. Bei einer Zwangseinweisung wird dies nicht mehr möglich sein. Die freiwillige Aufnahme von Obdachlosen ist dem Wohnungsamt zu melden.
Wer durch sein Bekenntnis zum Nationalsozialismus für den heutigen Zustand mitverantwortlich ist, wird in größerem Umfange als andere Mitbürger zu den Opfern herangezogen werden müssen. Die für die Rationierung geltenden Richtlinien werden gegen ehemalige Parteigenossen mit einer dem Empfinden der geschädigten Volksteile entsprechenden Schärfe angewandt. Alte Kämpfer (Parteieintritt bis zum 1. April 1933), Terroristen, Denunzianten und ihre Familien können ihre Wohnungen nicht behalten. Die ihrer Verfügung unterstehenden Räumlichkeiten (Wohn- und gewerbliche Räume) werden hiermit beschlagnahmt. Der freiwerdende Wohnraum soll vor allem Mitbürgern zugute kommen, die durch Terrorakte geschädigt worden sind. Von der übrigen Bevölkerung wird die Einsicht erwartet, daß die Niederlage ernste und langjährige Beschränkungen mit sich bringt. Jeder tut gut daran, auch die sich vermindernden Einkommensverhältnisse rechtzeitig in Rechnung zu stellen.
Die Rationierung wird vorläufig nach folgenden Grundsätzen durchgeführt:

Ein Erwachsener darf höchstens einen Wohnraum bewohnen (2 Kinder unter 12 Jahren gelten als ein Erwachsener). Die Küche zählt als Wohnraum.
Abgeschlossene Wohnungen werden den Familien zugewiesen. Alleinstehende, die solche Wohnungen noch bewohnen, müssen in Einzelzimmer umziehen.
Politische Opfer des Nationalsozialismus genießen besonderen Schutz.
Der Berufstätige hat vor dem Nichtberufstätigen Anspruch auf Wohnraum.
Gewerbliche Räume sollen, soweit dies möglich ist, für Wohnzwekke erfaßt werden.
Vor dem Zuzug nach Düsseldorf wird gewarnt. Niemand hat Anspruch auf Wohnraum, dessen Rückkehr nach Düsseldorf aus beruflichen Gründen nicht dringend erforderlich ist.
Die Hausbesitzer und Hausbeauftragten werden aufgefordert, jeden nach diesen Richtlinien erfassungsfähigen Wohnraum dem Wohnungsamt zu melden.
Das engere Zusammenleben der Bevölkerung erfordert besondere Disziplin. Wer dem anderen das Zusammenleben durch Schikanen erschwert, kann auf den Schutz des Wohnungsamtes nicht rechnen.
Asoziale Elemente, die sich durch ihr Verhalten des Zusammenlebens unwürdig erweisen, werden in minderwertigeren Unterkünften (Baracken) untergebracht.
Düsseldorf, 2. Juli 1945[61]

Herrn Gottlieb H. . . .
Heidelberg
R. . . str. 20.

Räumungsanordnung

Im Vollzug einer Anordnung der Militärregierung müssen Sie mit Ihren Familien- und Hausangehörigen Heidelberg verlassen und werden im Gebiet Nordbaden untergebracht. Der Transport zu Ihrer neuen Unterkunft geschieht durch einen Lastkraftwagen. Das notwendige Gepäck kann deshalb mitgenommen werden. Zum Schutz sonstigen Eigentums werden Sie gebeten, einen Treuhänder

zu bestellen, dem Sie die erforderliche Vollmacht ausstellen. Eine Abschrift der Vollmacht ist ihrem Hauseigentümer zu übergeben und der Name des Treuhänders dem Städt. Wohnungsamt schriftlich anzuzeigen. Der Treuhänder ist berechtigt, Ihr Eigentum an Ihren neuen Wohnort verbringen zu lassen. Als Treuhänder kann auch der Hausbesitzer benannt werden.
Sie haben sich mit Ihrer Familie ab

15. Okt. 1945, ab 9 Uhr vormittags

in Ihrer Wohnung zum Abtransport bereitzuhalten. Lebensmittelkarten und Ausweispapiere, insbesondere der von der Polizei ausgestellte rote Personalausweis sowie die Polizeiliche Anmeldung für sich und ihre Angehörigen sind mitzubringen.
Es sind von der Umquartierung befreit:

1. Personen, die bei einer amerikanischen Dienststelle beschäftigt sind und dieses schriftlich nachweisen können;
2. Personen in der öffentlichen Verwaltung mit dem Sitz der Verwaltung in Heidelberg

Ferner können Personen von der Umquartierung befreit werden, die

1. für die reibungslose Abwicklung der zivilen Wirtschaft (Lebensmittelgeschäfte, Bekleidungsgeschäfte, Transportgewerbe) unbedingt notwendig sind und darüber eine schriftliche Bestätigung der Wirtschaftskammer Heidelberg bzw. der Kreishandwerkerschaft nachweisen;
2. Geistliche und Lehrer, die sich im Amt befinden.
   Kranke, die ihre Transportunfähigkeit durch ärztliches Zeugnis nachweisen, können zeitweilig zurückgestellt werden.

Beschwerden, die sich ausschließlich auf obengenannte Befreiungsgründe stützen müssen, können nur bei der deutschen Beschwerdestelle: Stadtkaserne, Seminarstraße unter Vorweisung der schriftlichen Nachweise und dieser Räumungsverordnung vorgebracht werden; sie haben keine aufschiebende Wirkung.
Bei der amerikanischen Behörde können nur in ganz besonderen Härtefällen nach dem Auszug und nur auf schriftlichem Wege Vorstellungen erhoben werden.

Der Oberbürgermeister[62]

Die Requirierungen für die Besatzungsmächte und die aus den Ostgebieten Vertriebenen, die seit Ende 1945 verstärkt in die Besatzungszonen strömten, verschärften die Wohnraumnot noch weiter. Die Flüchtlinge wurden auf die Landgemeinden verteilt. Ein Runderlaß der hessischen Regierung an die Oberbürgermeister und Landräte vom 1. November 1945 regelte die Einzelheiten:

Nach einer von der Militärregierung und dem Herrn Minister für Arbeit und Wohlfahrt ergangenen Mitteilung sind im Bereich des Regierungsbezirks Hessen (Darmstadt) 400 000 Flüchtlinge unterzubringen. Es muß damit gerechnet werden, daß die ersten Transporte bald eintreffen werden. Die erforderlichen Vorbereitungen müssen daher schnellstens getroffen werden, und zwar so, daß die Unterbringung und Verpflegung der Flüchtlinge reibungslos vor sich geht. Die Durchführung dieser Aufgabe ist nur möglich, wenn die Mithilfe aller zuständigen staatlichen und privaten Stellen und Organisationen gewährleistet ist.
Da die Durchführung dieser großen komplizierten Aufgabe den vollen Einsatz verlangt, ist bei jedem Landrat ein besonderer Flüchtlingsausschuß zu bilden, der sich aus Vertretern der bereits erwähnten Dienststellen und Organisationen zusammensetzt. Der Flüchtlingsfürsorgeausschuß muß sich zumindest zusammensetzen aus Mitgliedern, die je verantwortlich eines der nachstehenden Aufgabengebiete übernehmen. Diese Tätigkeit ist selbstverständlich ehrenamtlich ...

Die einzelnen Sachgebiete sind folgende:
1. Unterbringung:
⅔ der kommenden Flüchtlinge sind in Oberhessen und ⅓ in Starkenburg unterzubringen. Das besagt, daß in jedem oberhessischen Kreis ungefähr 53 000 Menschen und in jedem Kreis in Starkenburg 23 000 Menschen zusätzlich aufgenommen werden müssen. Bei der am Dienstag, den 6. ds. Mts. stattfindenden Besprechung sind von Ihnen genaue Unterlagen vorzulegen, wie die Verteilung durchgeführt werden soll. Es muß aus einer vorzulegenden Aufstellung ersichtlich sein, welche Einweisungen in die einzelnen Ortschaften vorgenommen werden. Die erforderlichen Unterbringungsräume sind für diese Zwecke zu beschlagnahmen und so

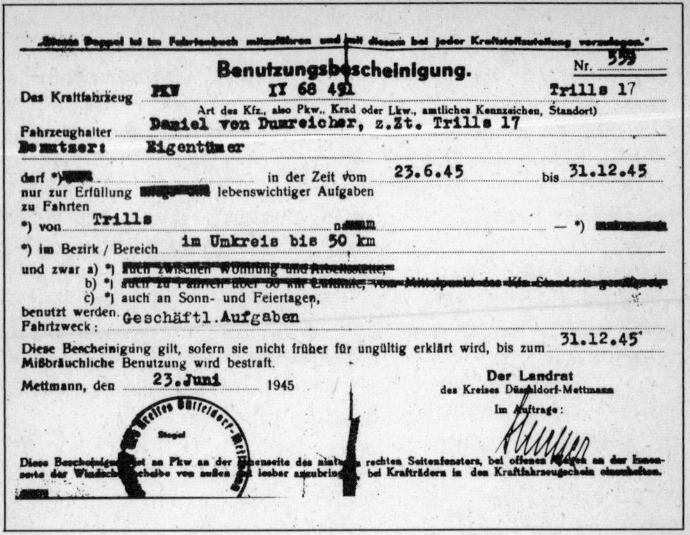

„[illegible] Doppel ist im Fahrtenbuch mitzuführen und mit diesem bei jeder Kraftstoffzuteilung vorzulegen."

Benutzungsbescheinigung. Nr. 599

Das Kraftfahrzeug PKW IY 68 491 Trills 17
Art des Kfz., also Pkw., Krad oder Lkw., amtliches Kennzeichen, Standort)

Fahrzeughalter Daniel von Dumreicher, z.Zt. Trills 17

Benutzer: Eigentümer

darf *) [redacted] in der Zeit vom 23.6.45 bis 31.12.45
nur zur Erfüllung [redacted] lebenswichtiger Aufgaben
zu Fahrten

*) von Trills n[redacted] — *) [redacted]

*) im Bezirk / Bereich im Umkreis bis 50 km

und zwar a) *) ~~auch zwischen Wohnung und Arbeitsstätte,~~
b) *) ~~auch zu Fahrten über 50 km Luftlinie, vom~~ [redacted]
c) *) auch an Sonn- und Feiertagen,
benutzt werden.

Fahrtzweck: Geschäftl. Aufgaben

Diese Bescheinigung gilt, sofern sie nicht früher für ungültig erklärt wird, bis zum 31.12.45
Mißbräuchliche Benutzung wird bestraft.

Mettmann, den 23. Juni 1945

Der Landrat
des Kreises Düsseldorf-Mettmann
Im Auftrage:
[Unterschrift]

Siegel

Diese Bescheinigung [illegible] an Pkw an der [illegible]seite des [illegible] rechten Seitenfensters, bei offenen [illegible] an der Innenseite der Windschutzscheibe von außen [illegible] lesbar anzubringen, bei Krafträdern in den Kraftfahrzeugschein [illegible].

herzurichten, daß beim Eintreffen der Flüchtlinge die Räume bewohnbar sind (Einrichtung, Heizung und sanitäre Anlagen). Es muß darauf geachtet werden, daß die Familien möglichst zusammenbleiben.

2. Verpflegung:
Für die in jedem Kreis, jeder Stadt und jedem Ort unterzubringenden Flüchtlinge muß die Verpflegung sichergestellt werden. Soweit in den Wohnhäusern Unterbringungsmöglichkeit besteht, ist die Kochgelegenheit in dem betr. Hause in Anspruch zu nehmen. Bei Sammeltransporten muß die Essenausgabe möglichst in Form von Massenspeisungen erfolgen, wofür sowohl die technischen Voraussetzungen sofort zu schaffen, wie auch Verpflegungslager anzulegen sind. In dem Plan sind die Lebensmittellager und Verpflegungsdepots für jeden Stadt- oder Landkreis gesondert anzulegen und gleichzeitig dort, wo Massenspeisung durchgeführt wird.

3. Bekleidung:
In jedem Stadt- und Landkreis ist sofort eine Kleider-Sammelaktion durchzuführen. Die gesammelten Kleidungsstücke sind zu lagern.

4. Gesundheitsbetreuung:
Für die gesundheitliche Betreuung sind alle Vorkehrungen zu treffen, insbesondere muß das Hereintragen von Seuchen verhindert werden. Zu diesem Zweck sind bei Eintreffen der Transporte sofort Untersuchungen und Entlausungen durchzuführen, bevor die Flüchtlinge in die Quartiere eingewiesen werden. In Verbindung mit den amerikanischen Besatzungsbehörden ist zu versuchen, deren erprobte Entlausungsanlagen zur Verfügung zu bekommen . . .

5. Berufsmäßige Erfassung und Arbeitseinsatzlenkung:
Nach Eintreffen der Transporte ist durch das Arbeitsamt die statistische Erfassung nach der berufs- und einsatzmäßigen Gliederung durchzuführen. Die Arbeitsämter werden anhand von Statistiken den Arbeitseinsatz der Flüchtlinge überprüfen und regeln. Die ankommenden Flüchtlinge sind auch durch die Einwohnermeldebehörden zu erfassen.

6. Transport:
Für die Weiterleitung und den Transport sind alle erforderlichen Vorkehrungen zu treffen, damit nach Eingang des Flüchtlingszuges auf der für jeden Kreis bestimmten Zielstation und nach Erledigung der Übernahmeformalitäten die Weiterleitung an den Bestimmungsort erfolgen kann. Beim Abtransport aus dem Lager muß das erforderliche Begleitpersonal mitgegeben werden: 1 Transportleiter und Schwestern oder Fürsorgerinnen.

7. Gesundheitswesen:
Ein Krankendienst – ärztliches Personal – muß sofort nach Eingang eines Transportes bereitgestellt werden. Das gleiche gilt für 1 bis 2 Hebammen, die auf Abruf bereitstehen müssen. Da es vorkommt, daß Patienten, insbesondere Wöchnerinnen nicht imstande sind, den Weitertransport an einem der nächsten Tage mitzumachen, müssen in einer Krankenanstalt für solche Fälle Betten bereitgehalten werden.

8. Kulturelle Betreuung:
Bei den Flüchtlingen ist der Wille zur allgemeinen Aufbauarbeit zu wecken und zu stärken. Insbesondere der Jugend und den Kindern ist eine positive Ausrichtung zu geben. Hierbei ist an Vorträge und kulturelle Veranstaltungen gedacht.

9. Die allgemeine Fürsorge und soziale Betreuung:
Sie wird ein besonderes Aufgabengebiet der sozialen Organisation sein. Es darf niemand geben, der sich bei der Mitarbeit ausschaltet. Es ist anzunehmen, daß sich in den Reihen der Flüchtlinge sehr viele ehemalige Parteigenossen befinden. Bei der Ankunft erhält jeder Flüchtling einen Fragebogen, den er auszufüllen hat, um eine politische Überwachung durchführen zu können. Über die Behandlung dieser Fragebogen ergeht noch Sonderanweisung.[63]

Die Wohnungsnot war katastrophal, aber der sonnige und trockene Sommer 1945 machte das Leben in den Ruinen erträglich. Stärker fielen schon die Verluste an Hausrat, Möbeln, Kleidung und Bedarfsgütern aller Art ins Gewicht. Es fehlte an allem: Es gab kaum Seife und Waschpulver; Sohlen zum Reparieren der Schuhe waren ebenso Mangelware wie Zündhölzer, Brillen und Nähmittel. Bezugsscheine für Möbel und Hausrat wurden ausgegeben, konnten aber nicht eingelöst werden, da keine Waren vorhanden waren. In Mainz beschlagnahmte die Stadtverwaltung Möbel und andere bewegliche Gegenstände, deren Eigentümer nicht in Mainz waren, und gab sie an Fliegergeschädigte weiter:

Zur Behebung der dringendsten Bedürfnisse der Bevölkerung an Möbeln wird folgendes verordnet:
§ 1
Das Wirtschaftsamt der Stadt Mainz ist ermächtigt, Möbel und andere bewegliche Gegenstände, deren Eigentümer sich im Augenblick des Einmarsches der alliierten Truppen nicht in Mainz aufhielten, zu beschlagnahmen.
§ 2
Die beschlagnahmten Möbel können durch das Wirtschaftsamt fliegergeschädigten Mitbürgern leihweise überlassen werden. Das Eigentumsrecht an den Möbeln bleibt unberührt.

§ 3
Die Benutzer solcher leihweise überlassenen Möbel sind verpflichtet, sie pfleglich zu behandeln und auf Anfordern des Wirtschaftsamtes jederzeit an dieses oder den Eigentümer herauszugeben.
Die Verbringung von solchen Möbeln und Einrichtungsgegenständen in andere Wohnungen und die Überlassung an Dritte ohne Genehmigung des Wirtschaftsamtes ist untersagt.
§ 4
Alle Personen, die seit dem Einmarsch der alliierten Truppen Möbel und andere Gegenstände übernommen haben, sind verpflichtet, diese Gegenstände binnen einer Frist von einer Woche schriftlich dem Wirtschaftsamt anzumelden.
§ 5
Die Festsetzung einer Vergütung für die Benutzung der Möbel bleibt vorbehalten.
§ 6
Zuwiderhandlung gegen diese Verordnung wird wegen Plünderns von dem Militärgericht abgeurteilt.
Mainz, den 8. Mai 1945 Der Oberbürgermeister[64]

In Göttingen wurden Kleider- und Wäschesammlungen veranstaltet, um den Bedürftigen auszuhelfen:

Durch Anordnung der Militärregierung ist der Stadt Göttingen über den Herrn Regierungspräsidenten in Hildesheim nachstehendes Ausbringungssoll auferlegt worden;

1. für Männer: je 1790 Stück
Überzieher oder Regenmäntel
Hosen
Hemden
Westen
Unterhosen
Socken
Schuhe oder Stiefel
Hüte oder Mützen
Unterziehjacken oder Pullover
Binder
Jacken
Skimützen (8055 Stück)

2.	für Frauen:	Mäntel oder Regenmäntel	895 Stück
		Schlüpfer	1342 Stück
		Unterröcke oder Unterkleider	1342 Stück
		Schuhe	1342 Stück
		Strümpfe	1342 Stück
		Hüftgürtel	537 Stück
		Büstenhalter	1074 Stück
		Nachthemden oder Pyjamas	1342 Stück
		Pullover	890 Stück
		Westen	1342 Stück
		Kleider oder Blusen und Röcke	1342 Stück
3.	für Kinder:	je 410 Stück:	
		Mäntel	Strümpfe
		Kleider oder Anzüge	Schuhe
		Unterwäsche	
4.	für Kinder bis zu 4 Jahren:	je 134 Stück:	
		Mäntel	Unterwäsche
		Kleider	Strümpfe
		Anzüge	Schuhe
5.	Wäsche:	Handtücher	3580 Stück
		Taschentücher	8900 Stück
		Decken	12 956 Stück
		Bettlaken	1770 Stück
		Kissen	650 Stück
		Kissenbezüge	1305 Stück

Hierzu ordne ich an:
Alle Angehörigen und Förderer des nationalsozialistischen Systems haben je Haushalt abzugeben:

a) 1 Männerausstattung wie unter A 1
b) 1 Frauenausstattung wie unter A 2
c) wahlweise 1 Kinderausstattung wie unter A 3 oder 4, je nachdem, ob zum Haushalt Kinder im Alter von 2–3 und 5–14 Jahren gehören,
d) die unter A 5 »Wäsche« aufgeführten Sachen sind je Haushalt einmal abzugeben.

Die Ablieferung hat am

Sonnabend, 27. Oktober 1945, in der Zeit von 14–17 Uhr,
Sonntag, 28. Oktober 1945, in der Zeit von 7.30–13 Uhr und 14–17 Uhr

an folgenden Stellen zu erfolgen:

Albani-Schule und Pestalozzi-Schule.

Bei Abgabe der Bekleidung und Wäsche ist der Haushaltspaß vorzulegen. Über die abgegebenen und nach Gebrauchswert gruppierten Stücke wird eine Bescheinigung ausgestellt. Eine Aufstellung der abzuliefernden Sachen ist in doppelter Ausfertigung mitzubringen.

Mit der Festsetzung der Vergütung und der Anweisung sind die Kreiskriegsschädenfeststellungsbehörden beauftragt.

Nichtbefolgung dieser Anordnung zieht härteste strafrechtliche Verfolgung nach sich.

Göttingen, am 25. Oktober 1945. Der Oberbürgermeister[65]

Großer Resonanz erfreuten sich die Tauschzentralen. Die erste Tauschzentrale wurde im Juli 1945 in München eröffnet:

Als der Erfinder und Leiter der Münchener Tauschzentrale . . . mit seiner Idee hervortrat, lachte man ihn aus. Heute besitzt das Unternehmen, das am 11. Juli startete und dessen erstes Geschäft der Tausch von einem uralten Globus von Anno 1914 war, ein Warenlager von einer halben Million. Allein 8000 Paar Schuhe sind ständig vorhanden. Davon werden 600 bis 800 durchschnittlich täglich umgesetzt.

Eine Tauschgebühr von 10 bis 15 Prozent wird erhoben. Kommt der Tausch nicht zustande, gehen 5 Prozent wieder an den Kunden zurück. Wenn man bedenkt, daß täglich fast 6000 Personen durch die Tauschzentrale gehen, kann man sich vorstellen, welchen Umfang das Lager angenommen hat. 30 Personen sind dort beschäftigt mit Schätzung und Ausgabe.[66]

Die Ernährungslage war kurz nach Kriegsende nicht besorgniserregend, noch gab es ausreichend Lebensmittel. In den letzten Kriegstagen waren zahllose Lebensmitteldepots geplündert worden, und viele Menschen hatten sich einen kleinen Vorrat zugelegt. Langsam gingen aber auch diese Vorräte zur Neige, und die Menschen begannen zu hungern. Im Herbst 1945 kam die Bevölkerung von Konstanz nur auf einen Kaloriensatz von 800 Kalorien pro Tag, das waren 700 Kalorien weniger als von den Besatzungsmächten vorge-

sehen. Der Ausfall der landwirtschaftlichen Überschußgebiete im Osten machte sich immer bemerkbarer. Der westdeutschen Landwirtschaft fiel die Aufgabe zu, durch Erhöhung der Produktion die Ernährung der Bevölkerung sicherzustellen. In der britischen Zone wurden Zentralstellen für Ernährung und Landwirtschaft geschaffen, die die Steigerung und Verteilung der landwirtschaftlichen Produktion überwachten. Trotz aller Bemühungen ging die landwirtschaftliche Produktion immer weiter zurück, da es an allem, was für eine ertragreiche Landwirtschaft notwendig war, fehlte: Keine Düngemittel, keine Landwirtschaftsmaschinen, keine Arbeitskräfte, kein Futter für das Vieh. Aufschluß über die Schwierigkeiten der landwirtschaftlichen Betriebe im Rheinland gibt ein Lagebericht des Landrates des Kreises Kleve vom Juni 1945:

Der Landrat Bedburg-Hau 26. Juni 1945
Zentralstelle für Landwirtschaft und Ernährung.

Bericht über die Lage der Landwirtschaft im Kreise Kleve!

Der Kreis Kleve, sowohl in seiner Gesamtheit als auch auf landwirtschaftlichem Gebiet, hat durch die Kriegsereignisse außerordentlich Schweres erlitten. Mit der Landung der alliierten Truppen am 17. September 1944 begannen die Kampfhandlungen im Kreise Kleve, die erst nach der Überschreitung des Rheines durch die alliierten Truppen ihr Ende fanden. Durch die deutschen Behörden wurde nach Erklärung großer Gebietsteile zur roten Zone eine vollständige Räumung von Menschen und Vieh angeordnet und zwangsweise durchgeführt. Der gesamte übrige Kreis wurde aufgelockert, d. h. es wurden 20% der Viehbestände abgetrieben. Durch die Kampfhandlungen selbst wurden eine außerordentlich große Anzahl von landwirtschaftlichen Betrieben ganz oder teilweise zerstört, die Ländereien konnten nicht mehr bewirtschaftet werden und sind heute noch zum Teil in einem Zustande, der eine Bewirtschaftung vollkommen unmöglich macht, abgesehen von dem Umstand, daß allenthalben im Kreise noch Minen sich befinden, die eine Bewirtschaftung nicht nur erschweren, sondern teilweise auch verbieten. So ist beispielsweise in der Gemeinde Asperden noch ein Minenfeld von etwa 200 preußischen Morgen.
Bei keiner Behörde sind irgendwelche brauchbaren Unterlagen

Besetztes DEUTSCHLAND

Wieder Gottesdienst im Rundfunk

BAD HOMBURG. — Wie der Leiter des Informationskontrolldienstes der amerikanischen Streitkräfte in Europa, Generalmajor Robert A. *McClure*, bekannt gibt, haben die Rundfunkstationen in der amerikanischen Besatzungszone die Sendung von Gottesdiensten wieder eingeführt. Die Stationen in *München* und *Frankfurt* bringen Sendungen römisch-katholischer, lutherischer, methodistischer, baptistischer und altkatholischer Gottesdienste. Die erste Rundfunkpredigt am Münchener Sender wurde am 8. Juli gehalten, der erste protestantische Gottesdienst am Frankfurter Sender fand am 15. Juli statt, der erste katholische Gottesdienst am gleichen Sender wird am 22. Juli abgehalten werden. Sobald die aus den Konzentrationslagern zurückkehrenden jüdischen Bürger wieder ihre Synagogen eingeweiht haben, werden auch jüdische Gottesdienste übertragen werden. Die Sendezeiten sind mit größter Rücksicht auf die Wünsche der einzelnen Bekenntnisse gewählt worden. In München haben Geistliche von fünf Bekenntnissen die Zeiteinteilung festlegen helfen. Die Gottesdienste am Münchener Sender werden allsonntäglich um 9 Uhr, am Frankfurter Sender um 11.30 Uhr stattfinden. Alle Geistlichen stimmten in der Anerkennung dieser Maßnahmen überein: „Wir begrüßen", so sagten sie, „die Gelegenheit, uns zum ersten Male in zwölf Jahren frei und ohne Furcht vor der Gestapo an die Gesamtheit unserer Gemeinden wenden zu können." Wie weiter verlautet, werden katholische und protestantische Gottesdienste sich am Münchener Sender Sonntag für Sonntag abwechseln. Außerdem wird jeden Sonntag eine allgemeine Andachtsstunde abgehalten werden, an der sich methodistische, baptistische und altkatholische Geistliche beteiligen werden. Ferner sind Sendungen an religiösen Feiertagen vorgesehen.

Vorortsverkehr eröffnet

MÜNCHEN. — Die Reichsbahndirektion München gibt bekannt, daß ab Montag, den 23. Juli 1945, der Personenzugverkehr in etwa 50 Kilometer Umkreis um München wieder aufgenommen wird. Insgesamt werden 67 Züge eingesetzt werden. Vorerst werden mit der Bahn wieder erreichbar sein: Gauting, Starnberg, Tutzing, Unterpfaffenhofen, Weßling, Herrsching, Nannhofen, Dachau, Schleißheim, Freising, Moosburg, Grafing, Johanneskirchen, Fürstenfeldbruck, Großhesselohe, Deisenhofen, Sauerlach, Holzkirchen, Markt Schwaben, Erding und Höhenkirchen. Die Benutzung der Züge bleibt ausschließlich Berufstätigen vorbehalten. Es werden von der Militärregierung hierfür besondere Reiseerlaubnisscheine ausgegeben werden. Daneben ist noch eine normale Fahrkarte zu lösen. Einzelheiten können langsam oder schnell umgebracht zu werden. Dr. Valentin *Faltlhauser*, der „Chefarzt" von Kaufbeuren, entschied darüber, wer in Kaufbeuren und wer außerhalb Kaufbeurens sterben sollte.

Betriebsratswahl in der „Münchener Zeitung"

MÜNCHEN. — Die „Münchener Zeitung", das alliierte Nachrichtenblatt der amerikanischen 12. Heeresgruppe, wird bekanntlich auf den Rotationsmaschinen hergestellt, auf denen früher der „Völkische Beobachter" gedruckt wurde. Die Arbeiterschaft und die Angestellten des nunmehr aufgelösten Buchgewerbehauses M. Müller & Sohn nahmen kürzlich im Einvernehmen mit der amerikanischen Betriebsleitung die Wahl eines Betriebsrates vor. Die Durchführung des Wahlaktes erfolgte absichtlich nach einem etwas komplizierten Modus, um hierdurch die Tatsache, daß nach zwölfjähriger Unterbrechung die absolut freie und geheime Wahl wieder Möglichkeit geworden war, sinnfällig zum Ausdruck zu bringen.

Luftpolizei über Deutschland

LONDON. — Unter dem Oberbefehl des Luftmarschalls Sir *Douglas* ist eine britische Besatzungsluftflotte für Deutschland aufgestellt worden. 90 000 Mann der Royal Air Force gehören zu dieser Einheit, deren Aufgabe es sein wird, als eine Art *Luftpolizei* den Raum über der britischen Besatzungszone zu sichern.

Neuer Postpräsident

MÜNCHEN. — Die Militärregierung für Bayern hat am 14. Juli Dr. Ludwig *Geiger* zum vorläufigen Postpräsidenten für Bayern ernannt. Dr. Geiger ist gebürtiger Nürnberger und steht seit 1911 im bayerischen Postdienst, nachdem er vorher Rechtswissenschaft an den Universitäten München, Berlin und Erlangen studiert hatte. Von 1913 bis 1923 war Dr. Geiger in der Reichspostdirektion Nürnberg tätig, und von 1923 bis 1934 stand er als Oberpostrat und Ministerialrat im Dienste der Reichspostdirektion München.

Die ersten Verleger

WIESBADEN. — Die amerikanischen Kontrollbehörden haben zum erstenmal seit der Besetzung Deutschlands zwei Genehmigungen für die Eröffnung von Buchverlagen erteilt. Eins dieser Unternehmen ist der Hermann-*Meister*-Verlag, der voraussichtlich die Selbstbiographie Benjamin Franklins veröffentlichen wird. Die zweite Genehmigung wurde Herrn *Schauer* vom Verlag des Börsenvereins der deutschen Buchhändler, Zweigstelle Wiesbaden, erteilt. Schauer beabsichtigt, ein Fachblatt für den Börsenverein herauszugeben.

Im französischen Bezatzungsgebiet

Trotz der schweren Schäden, die in mehreren Städten des französischen Besatzungsgebietes durch den sinnlosen Widerstand der Wehrmacht verursacht wurden, meldet die französische Militärregierung auch für die vergangene Woche erfreuliche Fortschritte in der Wiederherstellung normaler Verhältnisse in den betroffenen Gemeinden.

Karlsruhe

Zur weiteren Sicherstellung der Nahrungsmittelversorgung der badischen Landeshauptstadt hat man einen Wagenpark von 30 Lastkraftwagen zusammengestellt. Auch die Milchversorgung funktioniert zufriedenstellend.

Zur Wiederbelebung der Wirtschaft haben einige der Versicherungsgesellschaften ihre Geschäftstätigkeit wieder aufgenommen.

Im Lybelhaus der Karlsruher Lessingschule wurde ein neues, 300bettiges Krankenhaus eröffnet. Die Militärregierung hat allen Aerzten und medizinischem Hilfspersonal durchgehende Ausgeherlaubnis erteilt.

Eine Frau, die es sich herausnahm, in provozierender Weise und mitten auf der Straße den Hitlergruß abzugeben, wurde durch das Militärgericht zu 500 RM Geldstrafe und einer Gefängnisstrafe verurteilt.

Freudenstadt

Die durch die Kämpfe stark beschädigten Kanalisationsanlagen in der Stadtmitte werden zur Zeit repariert. Wasser und Strom konnten bereits wiederhergestellt werden und der Gesundheitszustand der Bevölkerung ist zufriedenstellend.

Biberach

Schon 24 Stunden nach der Besetzung der Stadt durch französische Truppen wurde die Ernährung der Bevölkerung durch Rationierung, Ablieferung durch die Landwirte und Milchverteilung sichergestellt.

Um den Besuch der katholischen und protestantischen Gottesdienste zu erleichtern, ist das Ende der Sperrzeit für sonntags von 8 Uhr auf 7 Uhr morgens zurückverlegt worden.

Reutlingen

Maßnahmen zur Weiterversorgung von 24 Gemeinden durch das hiesige Wasserwerk sind getroffen worden. Die Wiederherstellung der Strombelieferung der Bevölkerung wird ebenfalls von der Militärregierung in die Hand genommen.

In Reutlingen, Tübingen wie auch in der ganzen Umgebung sind Ruhe und Ordnung wieder eingekehrt. Die Ernährung der Bevölkerung ist gewährleistet und der Gesundheitszustand läßt nichts zu wünschen übrig. einrückten. Für diese Einstellung spricht die Militärregierung ihre Anerkennung aus und wird auch in Zukunft die vornehme Gesinnung der Bevölkerung berücksichtigen.

Alle Zufahrtsstraßen nach Offenburg sind wieder dem Verkehr übergeben worden.

Süddeutsche Fabriken fangen zu arbeiten an

KARLSRUHE, 17. Mai. Die Industrie in diesen Teilen Deutschlands hat vor kurzem begonnen, ihre Arbeit in kleinem Umfange wieder aufzunehmen. Es wird geplant, die kleineren Betriebe in den verschiedenen Landkreisen wieder zu beleben, damit die wichtigen Gebrauchsartikel und Waren weiter geliefert werden können.

Eine Seifenfabrik in Böblingen ist arbeitsbereit, es fehlt aber noch der zum Betrieb erforderliche Treibstoff.

In Leonberg konnte eine Schuhfabrik bereits letzte Woche wieder eröffnet werden.

Die Eßlinger Lokomotiv- und Waggonwerke haben am 14. Mai wieder angefangen zu arbeiten. Andere große Betriebe, die der deutschen Rüstung dienten, sind in gutem Zustande erhalten geblieben und werden voraussichtlich für die Herstellung wichtiger Erzeugnisse umgebaut.

Neue Wochenzeitung erscheint in München

MÜNCHEN, 16. Mai. Anfang nächster Woche erscheint in München eine neue Zeitung. Das Blatt, das vorerst nur einmal wöchentlich herausgegeben wird, hat die Aufgabe, die Bevölkerung von München und Umgebung mit Nachrichten über das Weltgeschehen, sowie über Neuigkeiten von örtlichem Interesse zu versorgen.

Synagoge wird wieder hergestellt

AUGSBURG, 16. Mai. Die von den braunen Brandstiftern am 10. November 1938 ausgebrannte Augsburger Synagoge ist wieder notdürftig instand gesetzt worden. Der erste Gottesdienst wurde Ende letzter Woche abgehalten.

Die Zivilverwaltung in Bayern wird von Nazis gesäubert

MÜNCHEN, 16. Mai. Eine weitgehende Aussiebung nationalsozialistischer Elemente in der Münchner Stadtverwaltung wird zur Zeit von der Militärregierung durchgeführt. In anderen Städten und Landkreisen Bayerns finden ähnliche Neuordnungen statt.

vorhanden, die für die zu treffenden Maßnahmen und Entscheidungen zur Hand sein müßten. Auf dem landwirtschaftlichen Sektor fehlen alle statistischen Unterlagen, sowie auch alle einschlägigen gesetzlichen Bestimmungen. Alle Maßnahmen mußten nach eigenem Ermessen der dazu eingesetzten Beamten in Übereinstimmung mit den Weisungen der alliierten Militärregierung durchgeführt werden.

Keine Molkerei, kein Mühlenbetrieb, kein Einzelhandelsgeschäft, keine Bäckerei und keine Metzgerei, mit Ausnahme der in der Anstalt Bedburg-Hau befindlichen, war betriebsfähig. Es mangelte und mangelt heute noch an dem notwendigsten Transportraum, um die Versorgung der Bevölkerung auch nur einigermaßen sicherzustellen.

Vor dem Kriege hatte der Kreis Kleve 87 000 Einwohner. Gleich nach der Besetzung durch die alliierten Truppen, waren etwa 28 000 Menschen anwesend. Diese Zahl hat sich inzwischen auf etwa 43 000 erhöht.

Der Kreis Kleve besitzt eine landwirtschaftliche Nutzfläche von etwa 36 000 ha, davon sind rund 19 000 ha Ackerfläche, 16 000 ha Weiden. Der Rest besteht aus Gartenland. Während früher etwa 10 000 ha mit Getreide bestellt waren, kann die jetzige Getreidefläche auf etwa 5–6000 ha geschätzt werden. Die Kartoffelanbaufläche, die früher etwa 2000 ha betrug, beläuft sich auf eine geschätzte Fläche von etwa 1000 ha. Alle übrigen Schätzungen sind unmöglich. Eine in Vorbereitung befindliche Bodenbenutzungserhebung wird in Kürze durchgeführt, um brauchbare Unterlagen für Bewirtschaftungsmaßnahmen zu erhalten. Ein großer Teil der Fläche ist, sowohl in Folge von Kampfhandlungen als auch aus Mangel an Arbeits- und Gespannkräften, Brache. Entlang der deutsch-holländischen Grenze ist auf Anordnung der Militärregierung ein Grenzstreifen völlig evakuiert und darf nicht benutzt werden. Die in dieser toten Zone liegende Fläche beläuft sich auf insgesamt etwa 3000 ha Acker und Weiden. Zur Zeit erhalten die aus diesen Grenzstreifen evakuierten Bauern eine Genehmigung besonderer Art zur Heuwerbung. Die Bewohner des Grenzstreifens sind in den benachbarten Gemeinden behelfsmäßig untergebracht. Es sei an dieser Stelle bemerkt, daß das Auftreten des Kartoffelkäfers wegen der Schwierigkeit der Bekämpfungsmaßnahme in der toten Zone eine besondere Gefahr bildet.

Die Viehbestände sind durch die Kriegsereignisse vollständig dezimiert. Am 12. Mai 1945 wurde eine amtliche Viehzählung durchgeführt. Aus besonderen Gründen konnten nur folgende Gruppen in die Zählbogen eingesetzt werden, bei denen gleich das Ergebnis der Zählung vermerkt werden soll:

1.	Alle Kühe (in Milch oder nicht)	9 820
2.	Deckfähige Bullen	261
3.	Kälber unter 3 Monate	2 339
4.	Jungvieh u. alles übrige Rindvieh	4 807
5.	Gesamtzahl des Rindviehes:	17 227.

Eine einzige Unterlage aus den gesamten Akten der Kreisbauernschaft Kleve war durch besondere Umstände erhalten geblieben, nämlich das Viehzählungsergebnis der Zählung vom 3. Dezember 1943, so daß ein Vergleich zwischen diesen beiden Stichtagen möglich war, wobei bei dem Viehzählungsergebnis 1943 die Gruppen entsprechend zusammengefaßt wurden. Das prozentuale Verhältnis war folgendes:
Am 12. Mai 1945 waren entsprechend den obigen Gruppen gegenüber dem 3. Dezember 1943 prozentual folgende Bestände:

1. 45,8%
2. 54,2%
3. 109,1%
4. 25,7%
5. 40,3%.

Vor Beginn des Rheinüberganges hatten die alliierten Militärbehörden einen breiten am Rhein entlang laufenden Streifen von der Bevölkerung vollständig evakuiert. Dieser Streifen war zum Teil infolge Hochwassers durch die Kampfhandlungen nur geringfügig in Mitleidenschaft gezogen. Die Bauern konnten ihr Vieh nicht in Betreuung nehmen, da sie alle in das Internierungslager Bedburg kamen. Es lief herrenlos in den Monaten März bis gegen Ende April im Kreise umher und konnte weder gefüttert und gepflegt noch gemolken werden. Die Auswirkung auf die Viehbestände im allgemeinen und die Milchkühe insbesondere, brauchen nicht näher erörtert zu werden. Durch diese Umstände wurden aber auch die Viehbestände so durcheinandergewirbelt, daß die wenigsten Bauern noch ihr eigenes Vieh ausschließlich im Besitz hatten bzw. in Besitz nehmen konnten, als sie wieder auf ihre Höfe zurückkehren konnten. Die Auswirkung dieser Kriegsereignisse ist aber auch nach einer anderen Richtung außerordentlich schwer und schmerzlich. Die einst so hochstehende Rindviehzucht im Kreise Kleve ist in ihren Grundfesten erschüttert. Sie muß vollständig neu wieder aufgebaut werden.

Im ganzen Kreise Kleve war keine Molkerei mehr betriebsfähig, als das Internierungslager Bedburg um den 17. April herum aufgelöst wurde. Noch während der Internierung war mit Hilfe der Militärregierung der Ausbau der elektronischen Leitung von der Anstalt Bedburg-Hau zur nächstgelegenen Molkerei Hasselt in Angriff genommen. Die ziemlich gut erhaltene Molkerei Huisbarden konnte mit Hilfe von 2 standfesten Benzinmotoren wieder betriebsfähig gemacht werden. Am 25. April nahmen beide Molkereien den Betrieb wieder auf, wobei der Molkerei Hasselt am 1. Tage 6474 l und der Molkerei Huisbarden 2474 l Milch zugeleitet wurden. Inzwischen sind die Molkereien in Keeken, Wissel, Grietherort und in jüngster Zeit noch die Molkerei Mehr-Hiel wieder in Betrieb gekommen, während die Molkereien Pfalzdorf und Uedem noch instandgesetzt werden und hoffentlich in Kürze die Arbeit wieder aufnehmen können.

Die Milcherfassung wurde in der Zwischenzeit mit allen Mitteln gefördert. Es wurden Milchtanks beschafft, Milcheinzugsgebiete neu festgelegt, so daß die Gesamtmilchanlieferung im Kreise Kleve bis zum 21. 6. auf rund 45 000 l gesteigert werden konnte. Als Vergleich sei hier die Tagesmilchmenge angegeben, die im Mai 1944 noch anfiel, mit 200 000 l. Früher waren im Kreise Kleve zur Verarbeitung dieser Milchmenge 20 Molkereien in Betrieb. Auch aus diesem Unterschied kann man die schmerzliche Einbuße feststellen, die der Kreis Kleve durch die Kriegsereignisse erlitten hat.

Bei den Pferden ergab die amtliche Viehzählung vom 12. Mai 1945, daß gegenüber dem Zählungsergebnis vom 3. Dezember 1943 nur noch 60,2% der Pferde insgesamt vorhanden sind, wobei auf die Gruppe 1943 und früher geboren 62,2%, auf die Gruppe 1944 geboren (Jährlinge) 83,9% und auf die Gruppe 1945 geboren (Fohlen) 37,1% entfallen. Der Mangel an Pferden zur Bodenbearbeitung macht sich außerordentlich lähmend bemerkbar. Es müssen unbedingt Pferde aus anderen Gebietsteilen beschafft werden.

Der Schweinebestand betrug am 12. Mai 1945 noch 4398 Stück, oder 12% des Bestandes nach der Zählung vom 3. Dezember 1943 mit 35 212 St. Der Schweinebestand hatte sich aber damals noch gegenüber dem normalen Vorkriegsbestand, der etwa 55–60 000 Stück betrug, erheblich vermindert.
Geflügel ist im Kreise Kleve eine Seltenheit. Am 3. Dezember 1943 war der Hühnerbestand etwas über 96 000, während er auf Grund einer, allerdings primitiv gemachten Erhebung, Ende April nur noch bei etwa 3000 Stück lag.
Die einst so blühende Landwirtschaft des Kreises Kleve ist heute völlig verarmt. Das durch die deutschen Behörden weggeführte Vieh ist den Bauern nicht vergütet worden. Kein einziger Pfennig wurde dafür bezahlt. Die Gehöfte sind durch die Kriegsereignisse, wie oben schon dargelegt, in erheblichem Umfange zerstört oder beschädigt. Die Maschinen fehlen teils vollständig, teils sind sie nicht mehr reparaturfähig, teils sind sie veraltet. Während im Jahre 1944 noch 75 Traktoren für landwirtschaftliche Arbeiten tätig waren, betrug die Zahl der gebrauchsfähigen Traktoren Ende April 1945 etwa 15 Stück. Jetzt sind 34 wieder in Betrieb.
Wenn der Landwirtschaft des Kreises Kleve nicht geholfen wird, so wird der Wiederaufbau sich über Jahre erstrecken. Da es an den notwendigsten Einnahmen und Geldmitteln fehlt, können Anschaffungen an Vieh, an Maschinen, an Handelsdüngemitteln, an Mitteln zum Wiederaufbau der zerstörten Wohn- und Wirtschaftsgebäude und an Arbeitslöhnen nicht aus eigener Kraft beschafft werden. Zwar würde ein Viehausgleich innerhalb des Kreises vorgenommen, wobei die Tiere nicht bezahlt zu werden brauchten, da sie nicht bezahlt werden konnten. Durch diesen Viehausgleich konnten den schwerstgetroffenen Gemeinden nur im kleinen Maße geholfen werden. Ein Viehausgleich in einem erheblich erweiterten Gebiet scheint aber unbedingt notwendig.
Die Versorgung der Bevölkerung macht erhebliche und fast unüberwindliche Schwierigkeiten. Da im Kreise Kleve, abgesehen wiederum von der Anstalt Bedburg-Hau, kein elektrischer Strom bis heute vorhanden ist, können die vorhandenen Groß- und Mittelmühlen nicht arbeiten. Einige kleinere Mühlen stellen mit Hilfe von stationären Benzinmotoren notdürftig den Tagesbedarf an Roggenschrot her. Eine Weizenmühle ist überhaupt noch nicht in Betrieb. In den

Bekanntmachung Nr. 67

Nach der Botschaft des Oberbefehlshabers der amerikanischen Streitkräfte in Europa, General Eisenhower, vom 6. d. M. an die deutsche Bevölkerung werden in diesem Winter keine Kohlen zur Beheizung von Wohnhäusern zur Verfügung stehen. Die Bevölkerung wird in dieser Botschaft aufgefordert, zur Deckung des notwendigsten Bedarfs genügend Holz in den Wäldern zu fällen oder einzusammeln. Hierzu ist jedoch in jedem einzelnen Falle die Erlaubnis der zuständigen Forstbehörde einzuholen. Die unerlaubte Entnahme von Holz aus dem Walde ist Diebstahl und verboten. Jede Willkür führt zur Unordnung und ist geeignet, den heimatlichen Waldbestand ernstlich zu gefährden.

Da viele Bewohner der Stadt, namentlich kranke und sieche Personen, auch infolge Fehlens von Arbeitsgerät und Fahrzeugen, zur Beschaffung von Holz aus dem Walde mit eigenen Kräften und Mitteln nicht in der Lage sein werden, sind in engster Zusammenarbeit mit der Forstbehörde und anderen in Frage kommenden amtlichen Stellen allgemeine Maßnahmen zur Sicherung des Brennstoffbedarfs an Holz für die Bewohnerschaft Kassels in Vorbereitung. Zu deren erfolgreicher Durchführung bedarf es der tatkräftigen Mithilfe männlicher Kräfte.

Ich wende mich daher in dieser Notzeit an die Opferbereitschaft und an den Gemeinsinn der Bewohnerschaft Kassels mit der dringenden Bitte, sich zum Fällen von Holz unter Anleitung und Aufsicht der Forstbehörde gegen entsprechende Entlohnung bereitzufinden. Gleichzeitig fordere ich alle im Besitze geeigneten Arbeitsgeräts (Schrotsägen, Äxte usw.) und von Fahrzeugen befindliche Personen auf, diese gegen Zahlung einer angemessenen Benutzungsgebühr für die im Interesse der Allgemeinheit zu treffenden Maßnahmen leihweise zur Verfügung zu stellen.

Anmeldungen nimmt das Kohlenwirtschaftsamt, Rathaus, Zimmer 78, in der Zeit vom 20. bis einschl. 25. d. M. während der Dienststunden mündlich oder schriftlich entgegen.

Kassel, den 14. August 1945

Der kommissarische Oberbürgermeister:
Seidel

Bauernbetrieben kann das ungedroschene Getreide nocht nicht gedroschen werden, weil der elektrische Strom fehlt.
Die Sammlung von gedroschenem Getreide stößt auf unüberbrückbare Schwierigkeiten, weil es an brauchbaren Säcken fehlt. Dazu tritt der Mangel an Transportraum. In der Villermühle der Firma Gebr. Mathysen sind beispielsweise durch die letzten Kriegsereignisse für etwa 25 000,– RM Gewebesäcke abhanden gekommen. Nebenher sei erwähnt, daß das in der Villermühle lagernde Brotgetreide zur Zeit notdürftig mit Hilfe eines landwirtschaftlichen Traktors bearbeitet wird. Etwa 100–150 t Roggen sind beschädigt, können jedoch bei Verschnitt mit Roggen neuer Ernte für die menschliche Ernährung noch verwandt werden. Mit allem Nachdruck wird von hier aus darauf hingewirkt, daß auch die allgemeine Speditionsgesellschaft in Kleve, in deren Silos ebenfalls noch ältere Mengen an Brotgetreide lagern, mit elektrischem Strom versorgt wird, um die Bearbeitung zu ermöglichen.
Zu den täglichen Sorgen gehört auch die Sorge um die Heranschaffung von Braunkohlenbriketts für die Bäckereien. Zeitweise stockte die Brotversorgung allein deshalb beinahe vollständig, weil nicht die notwendige Menge an Heizmaterial zu beschaffen war. Die Heranschaffung von Briketts ist ausschließlich eine Frage des Transportraumes. Wenn nicht zufällig Fahrzeuge der Militärbehörden, die hier eingetroffene deutsche Flüchtlinge nach Köln bringen mußten, hätten gewonnen werden können, als Rückfracht Briketts mitzunehmen, so würde im Augenblick eine Versorgung mit Brot nicht möglich sein.
Bei den Lebensmittelgroßhandlungen des Kreises waren Vorräte nur in ganz beschränktem Umfange nach der Besetzung noch vorhanden, so daß in der ganzen Zeit bis heute erst einmal eine Zuteilung an Nährmittel gemacht werden konnte. Infolge der isolierten Lage des Kreises Kleve, konnte von auswärtigen Lebensmittelgroßhandlungen nichts herangeschafft werden. Zucker konnte in der ganzen Zeit überhaupt nicht ausgegeben werden, während an Rübenkraut bzw. Marmelade nur ein einziges Mal eine Zuteilung von 250 g je Kopf der Bevölkerung gemacht werden konnte.
Daß die Fleischversorgung bei einem Viehbestand von nur 40,3% außerordentlich schwer ist, versteht sich von selbst. Desgleichen

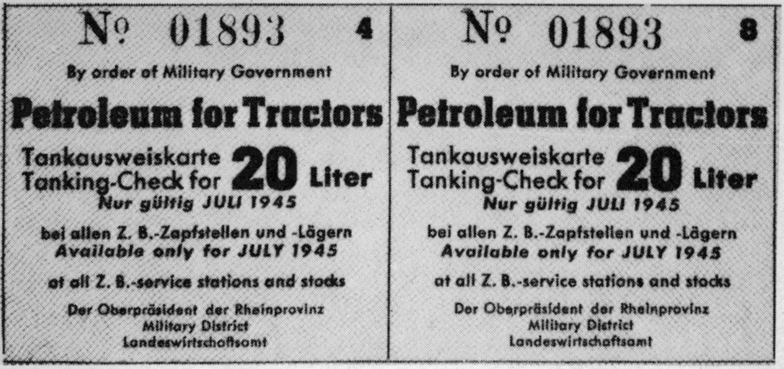
№ 01893 4
By order of Military Government
Petroleum for Tractors
Tankausweiskarte
Tanking-Check for 20 Liter
Nur gültig JULI 1945
bei allen Z. B.-Zapfstellen und -Lägern
Available only for JULY 1945
at all Z. B.-service stations and stocks
Der Oberpräsident der Rheinprovinz
Military District
Landeswirtschaftsamt

№ 01893 8
By order of Military Government
Petroleum for Tractors
Tankausweiskarte
Tanking-Check for 20 Liter
Nur gültig JULI 1945
bei allen Z. B.-Zapfstellen und -Lägern
Available only for JULY 1945
at all Z. B.-service stations and stocks
Der Oberpräsident der Rheinprovinz
Military District
Landeswirtschaftsamt

war auch die Versorgung mit Kartoffeln, obwohl für die Bevölkerung des Kreises mengenmäßig genügend vorhanden war, aus Transportgründen außerordentlich schwierig, zumal auch rein landwirtschaftliche Gebiete in der ehemaligen deutschen roten Zone mit Kartoffeln versorgt werden mußten. Noch heute stößt die Versorgung mit Kartoffeln allein aus Transportgründen auf große Schwierigkeiten. Die Versorgung einiger landwirtschaftlicher Gebiete mit Kartoffeln ist auch um des Willen notwendig, weil die in diesem Gebiete noch vorhandenen Kartoffelbestände durch unsinnige, von deutschen Behörden veranlaßte Deichsprengungen zur Zeit des Hochwassers, vernichtet worden sind.
In diesem Zusammenhang sei zum Schluß noch darauf hingewiesen, daß durch die Kriegsereignisse auch die Deiche zum Schutz gegen das Hochwasser vielerorts stark beschädigt sind. Auch hier sind bereits Maßnahmen in die Wege geleitet, die Deiche wieder fest zu machen, um die landwirtschaftlichen Kulturen des Niederrheins vor den Zerstörungen und Beschädigungen durch Hochwasser zu schützen. Der Kreis Kleve wurde während des Winters 1944/45 zweimal vom Hochwasser betroffen, wodurch in den Hochwassergebieten die Einsaat an Wintergetreide zum Teil vernichtet, zum Teil beschädigt wurde.[67]

Nicht nur die Städter hatten darunter zu leiden, daß sie nach ihrer Rückkehr vor den Trümmern ihrer Existenz standen. Auch Bauern hatten den Verlust von Hab und Gut zu beklagen:

Nikolaus I.
Pfalzdorf

Pfalzdorf, den 19. Sept. 1945
K. . . . str. Nr. . . .

An den Herrn Landrat
– Abt. Landwirtschaft und Ernährung –, Bedburg-Hau.

Hiermit möchte ich die Notlage meines Hofes schildern. Vor 3 Wochen wurde ich von den Soldaten entlassen, nachdem ich durch Urlaubssperre 2 Jahre nicht mehr zu Hause war. Der Hof ist bei den Februarkämpfen fast völlig vernichtet worden. Wohnhaus und Stallungen sind vollkommen abgebrannt, die Felder zum größten Teil durch unzählige Panzerspuren vernichtet. Das Vieh ist zum Teil verbrannt, zum Teil durch den starken feindlichen Artilleriebeschuß umgekommen, als es aus dem brennenden Stall getrieben wurde. 2 wertvolle, eingetragene Stuten sind verbrannt, ein 3. Pferd wurde von einer Einheit mitgenommen. Das Jungvieh, welches in einem andern, nicht abgebrannten Stall, den wir jetzt als Notwohnung benutzen, stand, wurde auf Befehl der Militärregierung nach Berntenhof getrieben. 15 Schweine und 80 Hühner wurden Beute der feindlichen Soldaten. Mein Vater wurde sofort von den amerikanischen Soldaten verhaftet und abgeführt. Als er nach 3 Wochen zum ersten Mal aus dem Lager Bedburg nach Hause durfte, fand er den Hof total ausgebrannt vor, und meine Schwester war im Haus verbrannt. Am 10. 2., als schon die feindlichen Granaten an unserm Hof einschlugen, wollte meine Frau unsere beiden Kinder, 4 und 7 Jahre alt, nach rechtsrheinisch zu Verwandten bringen, da die Kinder durch die schwere Bombardierungen in der Nacht zum 8. 2. 1945 seelisch schon schwer mitgenommen waren. Sie selbst wollte unbedingt wieder auf den Hof zurück und ließ alles zurück, sämtliche Vorräte, auch die ganze Hausschlachtung und alle Kleider, und nahm nur für die Kinder die notwendigsten Sachen mit. Durch das rasche Vordringen der Amerikaner gelang die Rückkehr nicht mehr, und sie erhielt erst nach großer Mühe am 10. 5. 1945 einen Passierschein nach linksrheinisch und stand nun, als sie nach Hause kam, vor dem Nichts. Kein Wohnraum mehr, alle Kleidung verbrannt und vor allem kein Vieh mehr. Nachdem mein Vater und meine Frau des öfteren bei Herrn Honig vorstellig waren um Vieh, erhielten sie endlich 2 Kühe zugeteilt.

Unser Betrieb, Lehrbetrieb, hat normal immer 35–40 Stück Vieh, so ist also der jetzige Bestand erst auf 5% ausgeglichen. Um auch nur annähernd an den jetzigen allgemeinen Satz an Viehbestand heranzukommen durch Zukauf, fehlen mir die Barmittel, da ich den Hof mit großen Verpflichtungen übernommen habe und die laufenden Einnahmen zum großen Teil durch Zinsen, Pacht usw. verschlungen wurden. Das wenige jetzt noch vorhandene Bargeld brauche ich dringend für die laufenden Ausgaben, Löhne, Steuern, Ankauf der notwendigsten Sachen, da alles restlos verbrannt ist, vor allem auch die gesamte Wäscheaussteuer meiner Frau und sämtliche Zimmereinrichtungen, die zur Zeit noch großen Altertumswert hatten (alte Truhen und Schränke). Der Erlös aus der diesjährigen Ernte wird auch nur sehr gering sein, da sie vielleicht ¹⁄₁₀ der Normalernte einbringt, ca. 1000 Granat- und Bombentrichter, außer der zahlreichen Panzerspuren, haben die Einsaat verwüstet. Noch jetzt liegen ca. 6 ha brach wegen Minengefahr. Aus einem 800 Ruten großen Roggenstück, welches wegen Minengefahr und Panzerspuren ganz mit der Hand gemäht werden mußte, wurden von uns 4 Minen entfernt.
Auf Grund dieser Verhältnisse fehlen mir also vollkommen jegliche Einnahmen, wenn nicht der Viehbestand in etwa ausgeglichen wird. Nebenbei bemerken möchte ich noch, daß unser Hof in bezug auf Milchablieferung immer mit an der Spitze stand, zum Beispiel die letzte Molkereiabrechnung im Januar 1945 ergab rund 800,– RM und jetzt im Juni erhielt ich bei der Molkereiabrechnung 10,50 RM ausbezahlt. Nach meinen bisherigen Erkundigungen hat fast jeder Hof 30–60% seines Viehbestandes ausgeglichen bekommen. Nachdem ich nochmals Herrn Honig um Viehzuteilung gebeten hatte, verwies er mich an Bedburg mit dem Bemerken, daß die Viehzuteilung nur noch durch Bedburg geregelt würde. Ich bitte Sie deshalb dringend, mir in meiner großen Notlage helfen zu wollen.
Außerdem möchte ich anfragen, ob nicht eine Freigabe von Baumaterial erfolgen kann, hauptsächlich Dachziegel. Die Scheune ist zu ¾ unbrauchbar, kann aber ohne größeren Aufwand, da die Mauern alle stehen, wieder in Ordnung gebracht werden. Sie soll gleichzeitig für Kühe und Pferde als Stall dienen.
Wir selbst wohnen notdürftig im Stall, der aber auf die Dauer zu eng und vor allem für den Winter zu kalt ist. Ich habe aber die Möglichkeit, mit geringem Material 2 Räume zusätzlich bewohnbar

zu machen, die früher Stallungen waren. Auch hierzu fehlen mir hauptsächlich Dachziegel. Ich bitte Sie höflichst und dringend, mir Ihre Unterstützung nicht zu versagen, und bei den zuständigen Stellen ein positives Ergebnis meiner Vorstellungen erwirken zu wollen.

Hochachtungsvoll!

gez. Klaus I.[68]

Lange Käuferschlangen vor den Geschäften, gehörten in den Städten zum alltäglichen Bild. Stundenlang warteten die Frauen, um dann zu erfahren, daß die Waren verkauft oder wiederum kein Mehl, keine Milch, kein Brot, abgegeben werden konnte. Als die Reisebeschränkungen für die Deutschen gelockert wurden, fuhren viele Menschen aufs Land, um die völlig unzureichende Versorgung durch Einkauf oder Tausch beim Produzenten zu verbessern. Vergeblich versuchten die Behörden, diesen Handel zu unterbinden. Ebenso erfolglos waren sie gegenüber dem Schwarzmarkt, der schon im Krieg bestanden hatte und nun eine neue Blüte erlebte. In allen Städten gab es den Schwarzmarkt, und die Treffpunkte waren stadtbekannt. Die amerikanische Journalistin Margaret Bourke-White erlebte den Schwarzmarkt in Berlin:

In Sanssouci, wo Friedrich der Große seine Soldatenstadt mit dem französischen Namen und dem preußischen Geist gebaut hatte, hielten wir an und fragten einen alten Mann, wo der Schwarzmarkt sei.
»Unten am Wilhelmplatz«, sagte er und zeigte dabei Zähne, die so braun waren wie die Knöpfe an seiner Jacke.
Ich gab ihm zwei Zigaretten für seine Auskunft. Er sah sie ehrfürchtig an, nahm seine Mütze ab, legte die Zigaretten vorsichtig in den Deckel und sagte: »Das ist etwas sehr Kostbares.«
Am Wilhelmplatz parkten wir am Straßenrand und blieben im Jeep sitzen, während der Hauptmann seine Hand draußen baumeln ließ, um seine Uhr verlockend darzubieten. Es war fast vier Uhr und die Menge begann, sich anzusammeln, meist deutsche Zivilisten mit ein paar Russen und ein paar amerikanischen Soldaten darunter. Am Rand, gleich neben uns, standen drei russische Soldatinnen in gut sitzenden Röcken und hochgeknöpften Jacken mit Lederstiefeln bis an die Knie. Sie berieten über ein robust aussehendes Stück Unterwäsche, das ihnen eine Deutsche unbedingt verkaufen wollte.

Gleich daneben blätterte ein GI prüfend in einem Briefmarkenalbum.
»Der ist gescheit, wenn er sein Geld in Briefmarken anlegt«, sagte der jeep driver. »Der macht ein solides Geschäft, wenn er Briefmarken aufkauft. Mit dem Umtausch wird er keine Schwierigkeiten haben. Er wird sein Geld leicht nach Hause bringen.«
»Ich kenne einen, der kauft nur Gold«, sagte der Gefreite. »Armbänder und Eheringe.«
»Einen fremden Ehering könnte ich nicht nehmen«, sagte der jeep driver. »Das finde ich zu hart.«
Das Gedränge wurde immer stärker, es bildeten sich jene dichten kleinen Knoten von drei oder vier Leuten, die die Köpfe zusammensteckten, wie ich sie überall in Europa als Kennzeichen des Schwarzmarkts erkennen gelernt hatte. In unserer Nähe ging am Rand eines Kanallochs eine interessante Transaktion vor sich. Ein kleiner Mann mit einem Stück Klebeband auf seiner Oberlippe, schlüpfte mit einem Zwanzigliter-Kanister Benzin aus dem Schacht, goß etwas in ein Litergefäß, bekam eine Handvoll Mark – wieviel, konnte ich nicht sehn – und verschwand wieder im Schacht. Ich sah, daß es »weißes Benzin« war, gewöhnliches farbloses Benzin, im Gegensatz zu unserem alliierten »rosa Benzin«.
Mit diesem rosa Benzin zu handeln, wäre für Deutsche sehr gefährlich gewesen, es setzte hohe Strafen, wenn man es in ihren Autos fand.
Im nächsten Augenblick kam ein russischer Offizier, um nach der Uhr des Hauptmanns zu fragen. Es war eine sehr gute Uhr, stoßgesichert und wasserdicht, aber gerade ihre Vorzüge waren jetzt ein Nachteil, weil niemand einen Schlüssel hatte, mit dem sie sich öffnen ließ. Russische Uhren-Kunden pflegten den Deckel aufzumachen, das Werk abzuhorchen und die sichtbaren Steine zu zählen. Amerikaner und Russe verständigten sich rasch mit den Fingern, der Hauptmann zeigte, daß es einundzwanzig Steine waren, und der Russe bot dreitausendzweihundert Mark. Beide waren mit dem Handel sehr zufrieden.
Damit war das Hauptgeschäft des Tages erledigt. Der jeep driver zog ein Päckchen Zigaretten heraus und wollte sich gerade eine anstekken, als sich ein Haufen deutscher Frauen auf unseren Jeep stürzte. Jede streckte uns eifrig ihren Arm entgegen, und in jeder knochigen

Hand war ein Hundertmarkschein. Wie der Blitz hatten die Zigaretten für hundert Mark den Besitzer gewechselt.
»Du liebe Zeit, das sind zehn Dollar.« Der Hauptmann neben mir staunte.
»Chocolate, chocolate«, bettelten die Frauen, und wedelten uns mit ihren Hundertmarkscheinen ins Gesicht.
»Heiliger Bimbam«, sagte der Captain. »Hundert Mark für eine Schokoladentafel!«
Zigaretten und candy bars und Hundertmarkscheine wechselten so rasch von Hand zu Hand, daß die Boys nicht einmal Zeit hatten, ihr Geld zu zählen. Sie hatten gerade ihre PX-Rationen bekommen und hatten deshalb einen Vorrat, der ihnen mehrere hundert Dollar eingebracht haben muß. Als es sich in der Menge herumsprach, daß es Schokolade gab, drängten sich immer mehr Frauen um unseren Jeep, ein Klumpen wie ein Wespenschwarm, schwenkten ihre mageren Arme und bettelten um Zigaretten und Schokolade. Endlich waren das letzte Päckchen Zigaretten und das letzte Stück Süßigkeit weg, bis auf eine kleine Stange Erdnußkrokant. Eine Frau ganz in der Nähe, die anscheinend nur einen Fünfzigmarkschein hatte, überredete ihre Begleiterin, sich an dem Kauf zu beteiligen. Als der Fahrer den Jeep zurücksetzte und losfuhr, sah ich die zwei Frauen am Straßenrand, wie sie versuchten, die Stange bis auf eine Erdnuß genau zu teilen.
Im Schwarzhandel gibt es eine komplizierte Zwischenschicht von Mittelsmännern, die am Profit mitverdienen. In Berlin befand sich das Hauptquartier der Zigaretten-Händler unter der ›Femina‹. Nachts war die Tanzfläche der ›Femina‹ überfüllt von amerikanischen und britischen Offizieren, einzelnen Russinnen in Uniformen und russischen Offizieren und Horden von deutschen Taxigirls, aber das tiefe Untergeschoß wurde nur tagsüber lebendig. Wenn man mittags in den Keller der ›Femina‹ stieg, sah man die Schwarzhändler Zigaretten und Währung in drei hohen Haufen sortieren: Alliierte Besatzungs-Mark, die weniger geschätzte deutsche Mark und die heiß begehrten amerikanischen Zigaretten. Diese Zigaretten-Zwischenhändler, die im ›Femina‹-Keller zusammenkamen, sorgten dafür, daß ein Päckchen amerikanische Zigaretten, das zehn Dollar gekostet hatte, auf dem Markt auf fünfzehn stieg und wenn es den Endverbraucher erreichte, zwanzig Dollar brachte.

Bei den Deutschen hießen unsere Zigaretten ›Amis‹ und besaßen weitaus mehr Kaufkraft als Geld. Für zehn ›Amis‹ gab es zwei Brotkarten, also umgerechnet sechs Pfund Brot. (Es gab deutsche Schwarzhändler, die auf Brotkarten spezialisiert waren.) Zwei ›Amis‹ kostete ein kleiner Beutel Kartoffeln oder ein kleines Stück Margarine in den Lebensmittelgeschäften in der Stadt. Auf dem Land, wo Zigaretten wirklich eine Kostbarkeit waren, gab es für eine Handvoll ›Amis‹ eine ganze Menge Lebensmittel.[69]

Trotz aller Erschwernisse und Härten, wurden die notwendigsten Voraussetzungen für das tägliche Leben geschaffen. Es gab bald wieder Wasser, Gas und Strom und die Straßenbahn verkehrte wieder:

Dortmund: Als alliierte Truppen Dortmund besetzten, war es eine tote Stadt, in der die primitivsten Voraussetzungen zum Leben fehlten. Es gab weder Wasser noch Gas, weder Strom noch Straßenbahnen oder Zugverbindungen. Jede Kontrolle fehlte; allen verbrecherischen Elementen standen Tür und Tor für Raub und Plünderungen und alle Untaten geöffnet. Bereits nach 14 Tagen wurden beinahe sämtliche Stadtteile wieder mit Wasser, Gas und elektrischem Strom versorgt. Einige Straßenbahnen sind wieder in Betrieb, Züge verkehren nach allen Vororten der Stadt. 130 verschiedene Betriebe arbeiten wieder und stellen alle diejenigen Dinge her, die nötig sind, um die allgemeine Wirtschaft wieder in Gang zu bringen. Am wichtigsten sind dabei Maschinen und Werkzeuge für die Zechen, sowie Teile für zerstörte Eisenbahnbrücken. Auch die Bierbrauerei, einer der bedeutendsten Industriezweige Dortmunds vor dem Kriege, hat die Produktion wieder aufgenommen. Lebensmittel werden wieder regelmäßig verteilt. Der Gesundheitszustand der Bevölkerung ist befriedigend. Ein Zeichen dafür, daß die Bevölkerung den gegebenen Umständen gegenüber einsichtiges Verständnis aufbringt. Als die Banken kurz nach dem Einmarsch ihre Schalter wieder öffneten, setzte ein Sturm ein, in dessen Verlauf nicht weniger als 30 Millionen Mark abgehoben wurden – heute jedoch ist es so, daß in Dortmund 3¼ Millionen Reichsmark mehr eingezahlt als abgehoben werden.[70]

Der Düsseldorfer entbehrt seine Straßenbahn

Durch die unsinnige Kriegführung des Hitlerregimes, insbesondere in den letzten Monaten vor der Besetzung, hat unsere Rheinbahn schwere Zerstörungen am Straßennetz und am Fahrzeugpark erlitten.

Die Rheinbahn ist sofort nach der Besetzung an die Wiederingangsetzung des Betriebes herangegangen. Zunächst fuhren einige Omnibusse nach Gerresheim, Benrath und Kaiserswerth. Inzwischen ist aber das Straßenbahnnetz der Linie 18 und 3 sowie der Linie O von Benrath über Hilden nach Ohligs, der Linie V von Hilden über Haan bis Krickhaus und der Linie W von Mettmann über Dornap bis an Vohwinkel heran, wieder instandgesetzt worden. Der Betrieb auf diesen Linien ist mit Genehmigung der Militärregierung zunächst in beschränktem Umfange wieder aufgenommen worden. Die Instandsetzung des Straßennetzes der Linie 15 ist ebenfalls fertiggestellt, und an dem Streckennetz der Linie 7 und dem der Linie 1 wird gearbeitet.

Die Rheinbahn ist bemüht, auch für die Inbetriebnahme neuer Linien die erforderliche Genehmigung der Militär-Regierung zu erwirken.[71]

Bankinstitute, handwerkliche und kleinere Wirtschaftsbetriebe begannen wieder ihre Arbeit. Der Post- und Eisenbahnverkehr wurde im Sommer 1945 aufgenommen – wenn auch zunächst mit erheblichen Einschränkungen:

Ab 2. Juli Aufnahme des Postverkehrs

Auf Anordnung der Militär-Regierung wird ab 2. Juli ein Postdienst für den Bereich der britischen Besetzungszone eingerichtet, der ungefähr die Bezirke Hamburg mit Schleswig-Holstein, Bremen mit Oldenburg, Hannover, Braunschweig, Münster (Westf.) und Land Lippe/Schaumburg-Lippe, Dortmund, Düsseldorf sowie Köln mit Aachen umfaßt. Die Gebühren werden nach den vor der Besetzung geltenden Gebührensätzen erhoben, und sind durch Verkleben von Militär-Regierungs-Briefmarken zu entrichten, die bei den Postämtern ab 2. Juli zu erhalten sind.

Zugelassen sind Postkarten von und an jedermann, Briefe (bis 500 g) von und an Behörden, sowie Briefe von zugelassenen Industrie- und

Handelsbetrieben, Banken sowie Briefe in Postscheck- und Postsparkassenangelegenheiten. Es ist gut lesbare lateinische Schrift anzuwenden; der Text darf nur in deutscher oder englischer Sprache abgefaßt sein. Alle Sendungen müssen auf der Außenseite Name und Anschrift des Absenders tragen. Sämtliche Sendungen sind am Postschalter – nicht durch Briefkasten – aufzuliefern.
Weitere Auskunft erteilen die Postämter.[72]

Juni 1945: Die erste Fahrt nach der Kapitulation durch Deutschland. Im Viehwagen als entlassener englischer Kriegsgefangener. Von Neustadt in Holstein bis Marburg an der Lahn. Fahrtdauer 48 Stunden. Wir machten Kreidestriche. Bei 165 zerschossenen Lokomotiven, 1350 ausgebrannten Güterwagen, 965 zerdepperten D- und Personenzugwagen hörten wir auf. Wir hatten keine Kreide mehr. Auf den großen Bahnhöfen standen die Gleisanlagen himmelwärts. Viele Bahnhöfe und Stellwerke waren nur noch Trümmerhaufen. Brücken sahen wir in den Flußläufen liegen. »Vor Ablauf von zehn Jahren ist in Deutschland an keinen geordneten Verkehr zu denken«, meinte der Nachbar.

August 1945: Hagen-Vorhalle i. W., früher kleiner Vorortbahnhof, nun Sammelpunkt der West-Süd-Reisenden. Derbe Schuhe, ältester Anzug. Die Fahrtgenossinnen steckten in Arbeitshosen und grauen Mänteln. Von Sex-appeal, Nylon, roten Lippen keine Spur. Die Verpflegung – oft nur ein Kanten trockenes Brot – da im Rucksack oder Pappkoffer. Zusammen mit frischer Wäsche, dem Ausgehanzug, Kleid oder Kostüm. In der Feldflasche Zichorienplörre. Bahnbeamte geleiteten über die verwirrenden Gleise zu den Kohlenzügen. Die hatten weder Kurs- noch Schlafwagen. Was viel schlimmer war, kein WC. Die Reise Hagen–Frankfurt a. M. dauerte 18 Stunden. Das Fahren auf Kohlenstaub war sozusagen »Zweiter-Klasse-Fahrt« – weil man weich saß, Steinkohle und Koks drückten und hinterließen Schwielen. Da, wo man sonst nie welche hat.[73]

Das Transportwesen hatte sich seit Beginn der amerikanischen Okkupation (zunächst) noch nicht wieder entwickeln können. Der Rhein, in normalen Zeiten die bedeutendste Verkehrsader Westdeutschlands, war noch nicht befahrbar, weil die Trümmer der

gesprengten Brücken auf dem Grund des Stromes lagen. 90% der Rheinflotte waren gesunken. Nur eine Bahnlinie führte von Frankfurt/Main nach dem Steinkohlengebiet der Ruhr. Diese Strecke war durch Brückensprengungen vielfach unterbrochen. Es fehlte an Lokomotiven, Waggons, Kohle und Personal . . .
Da das Transportwesen für das Wirtschaftsleben entscheidende Bedeutung hat, wurde dem Ausbau der wichtigsten Eisenbahnstrekken besondere Sorgfalt gewidmet. Die Eisenbahnstrecke, die von Groß-Hessen in das Ruhrgebiet führt, konnte im August wiederhergestellt werden. Welche Schwierigkeiten dabei zu überwinden waren, geht aus einer Ziffer hervor: allein 56 Eisenbahnbrücken zwischen Frankfurt/M. und dem Ruhrgebiet waren im letzten Kriegsmonat von der zurückgehenden deutschen Wehrmacht gesprengt worden. Neben dieser wichtigsten Eisenbahnstrecke wurden die Anschlußgleise nach den hauptsächlich industriellen Werken wiederhergestellt und der Frachtverkehr im ganzen Land in Gang gebracht. Der Lokalverkehr konnte zu beachtlicher Stärke entwickelt, die großen Verbindungsstrecken, auf denen Schnellzüge verkehren, konnten ausgebaut werden. Heute können die wichtigsten Linien als wiederhergestellt gelten. Besonders bedeutungsvoll ist, daß im Januar 1946 eine zweite Verbindung nach der Ruhr geschaffen wurde. Es handelt sich um die Strecke, die von Wiesbaden am rechten Rheinufer über Niederlahnstein nach Düsseldorf und Duisburg führt. Diese Strecke war bis heute unbenutzbar, weil die Eisenbahnbrücke bei Niederlahnstein erst in monatelanger Arbeit wiederhergestellt werden konnte. Sie steht unmittelbar vor ihrer Vollendung, soll Ende Januar dem Verkehr übergeben werden und verbessert die lebenswichtigen Verbindungen zu dem Kohlenrevier um 100%.
Neben den Arbeiten für Wiederherstellung und Ausbau des Liniennetzes, wurden alle verfügbaren Arbeitskräfte für Wiederherstellung des rollenden Materials eingesetzt. Alle Betriebe, die früher Reparaturen durchgeführt haben, und alle ähnlichen Betriebe, die irgend für diese Arbeiten in Frage kamen, wurden ausschließlich und voll für die Reparatur des Eisenbahnmaterials eingesetzt. Für alle diese Betriebe wurde 24stündige Arbeitszeit angeordnet. So wurde erreicht, daß monatlich mehrere 1000 Eisenbahnwaggons durchrepariert und in Betrieb gestellt werden konnten.

Neben dem Ausbau des Eisenbahnwesens wurde die Fahrrinne des Rheins wiederhergestellt. Die Brückentrümmer konnten überall beseitigt, ein erheblicher Teil der gesunkenen Schlepper und Lastkähne gehoben werden. Wenn für die Verbesserung der Rheinfahrrinne auch noch viel zu tun bleibt, kann doch festgestellt werden, daß die Kohlentransporte auf dem Wasserwege wieder aufgenommen werden können.[74]

Bekanntmachungen und Nachrichtenübermittlungen der städtischen- und Militärbehörden erfolgten zunächst durch Plakatanschläge und Lautsprecherwagen, teilweise auch durch Ausrufer, dann durch Amts- und Anzeigenblätter, Lizenzzeitungen und schließlich durch den Rundfunk:

Deutsche Nachrichten werden durch fahrende Lautsprecherwagen zu den folgenden Zeiten und an folgenden Plätzen ausgegeben:
Mittwoch, den 25. Juli 1945
9.00 Uhr in Neuss
10.30 Uhr in Rheydt
11.30 Uhr in M.-Gladbach
13.30 Uhr in Viersen
15.30–16.30 Uhr in Krefeld
Donnerstag, den 26. Juli 1945
12.00 Uhr in Hilden
13.30 Uhr in Benrath
15.00 Uhr in Opladen
16.00 Uhr in Leverkusen[75]

Rundfunkprogramm von Radio Frankfurt am 17. 6. 1945[76]

0600 – German Music
0630 – German News
0645 – German Music
0700 – Russian
0715 – Polish
0730 – German Music
0750 – German Music (6020 only)
– Local M G Ann. –
0800 – German Ace
0815 – German Music
0830 – Czech
0845 – Italian

1200 – German News
1215 – German Music
– Local M G Ann.
(fade into Lux.)
1230 – English
1245 – Russian

1300 – German Music (6020 only)	1915 – Italian
– Local music	1930 – German News
1315 – German News from N. Y.	1945 – German Music (6020 only)
	– Local M G Quarter-Hour
1330 – Polish	2000 – German Features
1345 – French	2015 – German Music
	2030 – German News + Comment
1800 – German News	2100 – German Ace (6020 only)
1815 – Czech	
1830 – Polish	2115 – D. P. Program
1845 – Russian	2200 – Symphony
1900 – English	2300 – sign off.

Noch galten die Ausgehbeschränkungen für die deutsche Bevölkerung, aber sie wurden allmählich gelockert:

Ausgehverbot

1. Die Zeiten des Ausgehverbots sind unten angegeben.
2. Während des Ausgehverbotes gelten folgende Bestimmungen:
   a) Niemand darf sich im Freien aufhalten, es sei denn, daß er eine gültige Genehmigung der Militär-Regierung besitzt.
   b) Die Soldaten der Alliierten Streitkräfte haben Anweisung, auf jedermann zu schießen, der außerhalb seines Hauses den Versuch macht, sich zu verbergen oder sich einer Vernehmung zu entziehen.
3. Wer dieser Bestimmung zuwiderhandelt, setzt sich der Festnahme und Bestrafung aus.

Im Auftrag der Militär-Regierung

Stunden des Ausgehverbots:
für die Zeit

vom 1. Juli	bis 14. Juli	von 22.15 bis 04.45 Uhr
vom 15. Juli	bis 28. Juli	von 21.00 bis 03.45 Uhr
vom 29. Juli	bis 11. August	von 20.45 bis 04.15 Uhr
vom 12. August	bis 25. August	von 20.30 bis 04.30 Uhr
vom 26. August	bis 7. September	von 20.00 bis 05.00 Uhr.[77]

Mit der Rückführung der Displaced Persons, der zumeist während der Kriegszeit als Arbeitskräfte eingesetzten Kriegsgefangenen und

Deportierten in ihre Heimatländer, gingen die Gewaltakte spürbar zurück:

Entwurf

Der Regierungspräsident Aachen, den 1. 8. 1945
Abtlg. I – I/1 – 1000

An den
Herrn Oberpräsidenten
der Nordrheinprovinz
Bonn

Betr.: Bekämpfung des Bandenunwesens.
Bezug: Ihr Erlaß vom 26. 6. 45.

In vorstehender Angelegenheit haben mir bis heute noch nicht alle Landkreise des Regierungsbezirks berichtet. Ich kann daher keinen abschließenden Bericht vorlegen.
Die Rundfrage betr.: Bandenunwesen hat bis heute ergeben, daß organisierte Banden, die im Regierungsbezirk systematisch terrorisieren, nicht auftreten. Bei den aufgetretenen und hin und wieder noch auftretenden Banden, handelt es sich um Gruppen von Ausländern – vorwiegend Ukrainer und Russen – die bereits in Lägern bzw. Kasernen erfaßt und untergebracht sind. Angaben über vorgekommene Übergriffe von seiten der Ausländer folgen zum Schluß des Berichtes.
Größere Waffen- und Munitionsläger, die von deutschen Truppen zurückgelassen wurden, sind nicht mehr vorhanden. Die immer noch laufend gemeldeten kleineren Waffen- und Munitionsfunde werden nach Möglichkeit sofort sichergestellt, der Alliierten Militärregierung gemeldet und zur Abholung bzw. Vernichtung bereitgestellt.
Werwolfgruppen sind nicht in Erscheinung getreten und bisher nicht festgestellt worden. Auch sind keine Anzeigen dafür vorhanden, die auf das Existieren solcher Gruppen hinweisen.
Der Oberbürgermeister der Stadt Aachen meldet, daß in einem hiesigen Lager teilweise bis zu 17 000 Ostarbeiter untergebracht sind, die Anlaß zu den ernstesten Klagen geben. Sie wurden oder sind bereits abtransportiert worden.

Übergriffe, wie schwere Fälle von Bandendiebstahl und Raubmord, sind aus nachstehender Aufstellung ersichtlich:

Mord	6 Fälle
Wegnahme von Rädern	21 Fälle
Wegnahme von Uhren	28 Fälle
Sonstiger Straßenraub	9 Fälle
Diebstahl	29 Fälle
Gewaltsames Eindringen und Plündern	32 Fälle
Überfall auf Polizeibeamte	5 Fälle
Brandstiftung	2 Fälle
Vergewaltigung von Frauen	2 Fälle

Ferner zahlreiche Fälle von Körperverletzungen, von Plünderungen und Verwüstungen in Gärten, mehrere Fälle von Plünderungen und Verwüstungen in Friedhöfen.

In den Landkreisen Düren und Jülich hat sich das Umhertreiben von russischen und polnischen Zivilarbeitern, die bewaffnet sind, stark bemerkbar gemacht. Aus dem Landkreis Düren meldet das *Bürgermeisteramt Vettweiß*:

Am 25./26. Juni abends gegen 22.10 Uhr drangen in das Gut des Landwirtes und Mühlenbesitzers Frohn in Füssenich ca. 12–15 Polen oder Russen ein. Alle Anwesenden auf dem Hofe wurden, teils durch Schläge, in ein Zimmer zusammengetrieben. Lebensmittel und Kleider wurden in Säcken fortgeschleppt. Die Russen lagerten in dem oberhalb der Mühle befindlichen Walde.

Bei dem Landwirt Peter Cramer in Füssenich wurde in den letzten 4 Wochen zweimal nächtlich eingebrochen. Dort wurden ebenfalls Lebensmittel und Kleider gestohlen. Am Sonntag, dem 8. Juli, befanden sich an 12–15 Russen kurz vor dem Hofe. Diese wurden in dem Ort gemeldet und durch die Ortseinwohner verscheucht. In dem nahliegenden Waldstück fielen 8–10 Pistolenschüsse.

Meldungen, wobei Leuten auf offener Straße das Fahrrad und Wertsachen abgenommen werden, kommen täglich vor. Es wird angenommen, daß diese Banden aus dem Russenlager Euskirchen kommen.

Das *Bürgermeisteramt Füssenich* meldet:

In der Nacht vom 25. zum 26. Juni 1945 wurde die Lüsgesmühle von Russen oder Polen überfallen. Mir persönlich wurden auf meinem Schlafzimmer folgende Sachen geraubt:

Drei Herrenanzüge, 1 Paar Herrenschuhe, 2 Damenkleider, 2 Paar Damenschuhe. Die Sachen wurden alle entnommen im Beisein von Frl. Stamm und der Rote-Kreuz-Schwester Fräulein Christel Saretzki. Mir persönlich bitte ich zur Erlangung von Bezugscheinen eine Mitteilung über die erstattete Anzeige zu geben.
Im *Kreise Jülich* wurden nachstehend aufgeführte Überfälle gemeldet:
In der Nacht vom 1. zum 2. Juni 1945 Raubüberfall beim Landwirt Kerres, Gut Ertzelbach bei Linnich. Der Überfall ist von Polen ausgeführt worden.
In der Nacht vom 5. zum 6. Juni 1945 Einbruch in der Mühle Delahay in Inden. Es handelt sich hierbei um Arbeiter von der Grube in Alsdorf.
In der Nacht vom 9. zum 10. Juni 1945 Überfall beim Landwirten Hans Behr, Welldorferhof bei Welldorf. Dieser Überfall ist von Ukrainern ausgeführt worden. Am 10. Juni 1945 Überfall von einem Ukrainer auf dem Wege zwischen Körrenzig und Kofferen.
In der Nacht vom 22. zum 23. Juni 1945 Überfall durch Ukrainer auf dem Gute Mariawald bei Jülich.
In der Nacht vom 23. zum 24. Juni 1945 Überfall durch 2 Ukrainer und 1 Polen bei vier Familien in Inden.
Hierbei wurde eine Person durch Schußverletzung so schwer getroffen, daß sie nachher starb.
Am 24. Juni 1945 Überfall von Ukrainer auf der Landstraße zwischen Dürwiß und Fronhoven.
In der Nacht vom 25. zum 26. Juni 1945 Überfall durch Ukrainer auf dem Gehöft Franz Hohn in Altenburg.
In der Nacht vom 2. zum 3. Juli 1945 Überfall durch Ukrainer in der Ziegelei Josef Coenen in Körrenzig.
In der Nacht vom 5. zum 6. Juli 1945 Überfall durch Ukrainer bei dem Landwirt Behrens in Lohn. Hierbei wurde der Sattlermeister Braun aus Eschweiler durch Messerstiche so schwer verletzt, daß er nach einigen Stunden starb.
Nach den angestellten Ermittlungen handelte es sich bei den Tätern um Ausländer, die sich im Kreise Jülich teils frei herumtreiben und um solche, die sich im Ausländerlager in der Kaserne in Eschweiler befinden. Alle Vorkommnisse mit Ausländern wurden dem Herrn

Militärkommandanten in Jülich gemeldet. Die weiteren Ermittlungen führte die Militärpolizei durch.
Von dem Landrat des *Landkreises Monschau* wird berichtet:
In der Nacht vom 8. zum 9. Juli 1945 gegen 11½ Uhr wurde bei Josef Gentner in Lammersdorf eingebrochen. Bei den Einbrechern handelt es sich zum größten Teil um uniformierte Personen mit flachen Stahlhelmen. Die Bewohner des Hauses, 4–5 Personen, wurden in ein Zimmer eingesperrt und von den Einbrechern durch Vorhalten von M. P. in Schach gehalten. Dann durchsuchten die Einbrecher die Wohnung, was ungefähr ¾ Stunde dauerte. Es wurden Bekleidungsstücke und Wertsachen gestohlen. Beim Weggang der Einbrecher wurden die Bewohner von diesen aufgefordert, kein Licht zu machen und sich ruhig zu verhalten, da sie sonst mit Handgranaten ins Haus werfen würden. Sie entfernten sich in Richtung Dürener Straße.
Ferner wurde noch in zwei anderen Häusern in Lammersdorf eingebrochen, wo 3 Fahrräder entwendet wurden.
Vom Landrat des *Landkreises Schleiden* wird berichtet:
In der Nacht vom 17. zum 18. 7. 1945 drang eine mit Maschinenpistolen und Gewehren bewaffnete Bande in die Achemer-Mühle bei Berg, Kreis Schleiden, ein. Es handelt sich um alleinstehendes Gehöft, dicht an der Kreisgrenze Schleiden-Euskirchen. Von der Bande wurden die Einwohner des Gehöftes in ein Zimmer zusammengetrieben und hier von 2 mit Maschinenpistolen bewaffneten Räubern bewacht. Währenddessen durchsuchten die anderen Räuber das Gehöft und entwendeten Bekleidungsstücke und andere Wertgegenstände. Vor dem Eindringen in das Gehöft, beschossen die Täter das Gebäude. Eine Person wurde durch die Schüsse leicht verletzt. Die Täter sind unerkannt mit dem Beutegut entkommen.
Sofort nach Eingang der noch ausstehenden Berichte erfolgt Schlußbericht.[78]

Im Spätsommer 1945 begann der Lehrbetrieb an den meisten Universitäten und auch der Schulunterricht wurde aufgenommen. In den Grundschulen herrschte qualvolle Enge, da nur wenige Lehrer zur Verfügung standen. Viele Lehrer waren wegen ihrer NS-Vergangenheit nicht wieder eingestellt worden. Zunächst war nur der Unterricht in den Grundfächern gestattet. Auf Anordnung der

Besatzungsmächte entfielen alle Fächer, die nationalistische und militaristische Züge aufweisen konnten, wie zum Beispiel der Geschichtsunterricht:

Der Oberpräsident der Nord-Rheinprovinz
Abtlg. Klt/III

Düsseldorf, den 25. Sept. 1945
Kasernenstraße 42, Stahlhof

An die
Leiter und Leiterinnen der
höheren Lehranstalten und Patronate

Betr.: Wiedereröffnung der höheren Schulen

Die höheren Schulen können nunmehr eröffnet werden unter der Voraussetzung, daß die örtliche Militärregierung sich damit einverstanden erklärt. Die Eröffnung ist also unverzüglich bei der örtlichen Militärregierung zu beantragen.

Im einzelnen ist noch folgendes zu beachten:

I. *Lehrkräfte*

Es dürfen den Unterricht aufnehmen:

1. alle von der örtlichen Militärregierung zugelassenen *Nicht-Parteigenossen,* wenn nicht besondere Bedenken gegen ihre Weiterbeschäftigung vorliegen,
2. die von der örtlichen Militärregierung zugelassenen *Parteigenossen* unter dem Vorbehalte jederzeitigen Widerrufs. Eine endgültige Regelung der Personalfragen behalte ich mir vor.

II. *Lehrfächer*

1. Die Militärregierung hat folgende Fächer gestattet unter den beigefügten Bedingungen:
   a) *Praktische Fächer aller Art* (z. B. Handwerk, Spiel, Sport, Gartenbau, Kunst).
   Hierfür haben die Direktoren spätestens 14 Tage *nach* Wiedereröffnung der Schule der örtlichen Militärregierung und mir einen Lehrplan zu unterbreiten.
   b) *Wissenschaftliche Fächer,* für die ein Schulbuch *nicht* unbedingt *notwendig* und nicht vorgesehen ist, z. B. Mathematik, Naturwissenschaft, Musik.

Hierfür muß der Lehrplan der örtlichen Militärbehörde und mir *im voraus* eingereicht werden.

c) *Religionsunterricht*
Hierfür ist der Lehrplan wie für a) einzureichen, vorausgesetzt, daß kein Buch außer der Bibel oder einem allgemeinen Gebetbuch oder einem Katechismus benutzt wird.

d) *Fächer*, für die ein *Schulbuch* vorgesehen oder notwendig ist.
Die vorgeschlagenen Bücher müssen vor dem Gebrauch der örtlichen Militärregierung im voraus eingereicht werden.

2. Die Lehrstoffvorschläge sind zunächst nur bis Weihnachten zu planen. Sie sind der örtlichen Militärregierung und mir sofort einzureichen.
3. *Geschichtsunterricht* darf vorläufig nur in den Sonderlehrgängen gegeben werden. Für den Schulunterricht wird stattdessen Unterricht in *Kunstgeschichte* und *Kunstbetrachtung* empfohlen.
4. Gegen den Unterricht in der *Erdkunde* habe ich keine Bedenken. Von einer politischen Betrachtungsweise, im besonderen der Geopolitik, ist durchaus abzusehen.

III. *Lehrbücher*

1. Allgemeines:
Die vorgesehenen Lehrbücher müssen vor dem Gebrauch der örtlichen Militärregierung eingereicht werden. Es können die vor 1933 erschienenen Schulbücher vorgeschlagen werden. Genaue Durchsicht ist erforderlich; gewünschte Streichungen und Änderungen sind anzugeben und vorzunehmen. Eine Liste der eingeführten Lehrbücher ist hier einzureichen.
Ein Verzeichnis der bereits von der Militärregierung genehmigten Lehrbücher und Texte geht Ihnen demnächst zu.
2. Texte von *Klassikern*
(deutsche, alt- und neusprachliche) werden nur unter der Voraussetzung genehmigt, daß sie weder Einleitungen noch Anmerkungen enthalten. Diese müssen gegebenenfalls entfernt werden.

Public Notice
Re-opening
of schools.

School begins on monday 6th of August 1945 for the pupils of the classes 1-4 of the elementary and auxiliary schools.

The lessons will start at 9 hrs in those buildings where the registration took place on 14th and 15th of July.

Düsseldorf, the 31st of July 1945

Der Oberbürgermeister
Dr. Füllenbach

Wiedereröffnung
der
Grundschule.

Am Montag, dem 6. August 1945 wird der Unterricht für die Volks- und Hilfsschulkinder der Jahrgänge 1-4 der Stadt Düsseldorf wieder aufgenommen. Der Unterricht beginnt an diesem Tage um 9 Uhr und zwar in der Schule, in der am 14. und 15. Juli die Registrierung stattfand.

Düsseldorf, den 31. Juli 1945

Der Oberbürgermeister
Dr. Füllenbach

3. Für die Genehmigung von Lesebogen ist die örtliche Militärregierung zuständig.
4. Die Militärregierung bezeichnet die Lektüre *englischer Zeitungen* im Unterricht als unerwünscht. Sobald sich die Möglichkeit bietet, werde ich den Schulen eine Sammlung von geeigneten Aufsätzen aus englischen Zeitungen zustellen. Gegen die Verwendung *englischer Zeitschriften* im Unterricht bestehen keine Bedenken. Der Anstaltsleiter trägt die Verantwortung für die Auswahl.

IV. Alle genannten Anträge an die Militärregierung sind vom Anstaltsleiter persönlich zu unterzeichnen.

Im Auftrage
gez. Dr. Schnippenkötter

Beglaubigt:
gez. Unterschrift
Regierungsobersekretär[79]

Ende 1945 war seit acht Monaten Frieden. Ein harter Frieden, mit Elend, Not und Hunger. So gut sie konnten, hatten sich die Deutschen in den Ruinenstädten eingerichtet. Man versuchte zu überleben. Immer wieder wurden die gleichen Fragen gestellt. Wie wird der erste Nachkriegswinter sein? Welche Pläne haben die Sieger mit den Deutschen? Skeptisch schauten die Deutschen in die Zukunft. Das kommt auch in einem Stimmungsbericht des Regierungspräsidenten in Hildesheim zum Ausdruck:

Im Frühling dieses Jahres mußte jeder, der die Dinge offen und unbefangen ansah, zu der Überzeugung kommen, daß die nähere Zukunft unserem Volke nichts als Not, Kummer und schwere Entbehrungen bringen werde. Das Ziel der zur Verantwortung berufenen Männer konnte unter diesen Voraussetzungen nur das sein, möglichst viele ihrer Landsleute lebend an die Pforten eines neuen und besseren Lebens zu bringen. Der Sommer und der frühe Herbst des Jahres schienen – wenigstens in unserem Bereiche – diese trüben Prognosen zu widerlegen. An allen Orten regten sich die Kräfte des Aufbaues. Überraschend schnell begannen viele Industrien mit der Friedensproduktion. In den Geschäften gab es Dinge, die man jahrelang vermißt hatte. Der Verkehr belebte sich, die Eisenbahn fuhr unbeschränkt nach allen Orten. Befreit von der drückenden Todesfurcht und von dem lähmenden politischen Druck, begannen die Menschen, sich des Daseins zu freuen. Wer in diesen sonnigen Sommerwochen sagte, daß der schwerste Teil des Weges noch vor uns liege, dem glaubte man nicht, den nannte man einen Schwarzseher . . .
Im Sommer haben viele von uns besser gegessen als in den zurückliegenden Jahren. Bei der Aufteilung der Läger war manches unter die Leute gekommen, was den mageren amtlichen Speisezettel angenehm verbesserte. Die Erzeuger und Verteiler haben zudem einige Wochen lang nicht mehr daran geglaubt, daß die Abgabe- und Markenwirtschaft bestehenbleiben würde. Mit unverantwortlichem Leichtsinn sind viele Erzeugnisse weggegeben und verzehrt worden, die man hätte für den Winter sammeln müssen. Jetzt fehlen die Zugaben und auch die Vorräte. Man muß sich wieder auf die vorgeschriebene Ration einstellen . . .
Nicht anders steht es mit den Wohnungen. Das Heer der Flüchtlinge, die Schar der Ausgebombten, die alle hatten ein Unterkommen gefunden. Jetzt müssen viele die luftigen Sommerwohnungen, die unheizbaren Zimmer, die Keller der zerstörten Häuser und die Wohn- und Gartenlauben räumen. Trotz aller Mühen hat man

Aus Bayern

Freier Reiseverkehr

MÜNCHEN. — Mit sofortiger Wirksamkeit erhält der Reiseverkehr der Zivilbevölkerung auf Befehl des Oberbefehlshabers der 3. USA.-Armee folgende Neuregelung: 1. Alle in der amerikanischen Besetzungszone wohnhaften Zivilpersonen dürfen, ausgenommen während der Stunden des Ausgehverbots, innerhalb des von der 3. USA.-Armee besetzten Gebietes Deutschlands ohne Passierschein reisen. Die Reisenden müssen jedoch vorschriftsmäßig gemeldet sein und einen vorschriftsmäßigen Registrierschein bei sich tragen. Die Zone der dritten Armee umfaßt ganz Bayern mit Ausnahme des Stadt- und Landkreises Lindau. 2. Insassen von Lagern, die unter der Befehlsgewalt der Militärregierung oder deren Verbündeten stehen, dürfen nur mit einem von der Militärregierung oder von den hierzu bevollmächtigten Lagerkommandanten ausgestellten Passierschein der Militärregierung reisen. 3. Von der neuen Reiseerleichterung bleibt der Massentransport von Flüchtlingen unberührt, ebenso ist der Reiseverkehr außerhalb der amerikanischen Besetzungszone weiterhin verboten. Auch die bisher erlassenen Vorschriften über die Benutzung von Kraftfahrzeugen, Eisenbahnen und Omnibuslinien behalten ihre volle Gültigkeit.

NS.-Bank aufgelöst

MÜNCHEN. — Ab 1. September 1945 wird die Bank der Deutschen Arbeit, Hauptsitz Berlin, von der Militärregierung übernommen. Das Vermögen dieser Bank innerhalb der amerikanischen Zone, das direkt oder indirekt, ganz oder teilweise im Eigentum oder unter Kontrolle dieser Bank steht, wird gemäß § 1 (g) des Gesetzes Nr. 52 der Militärregierung unterstellt und der Beschlagnahme, Weisung und Kontrolle durch die Militärregierung unterworfen.

Vermißtes Kind

MÜNCHEN. — Bisher immer noch nicht aufgefunden ist der seit dem 19. Juni 1945 vermißte 8 Jahre alte Schüler Karl *Pirzl*, wohnhaft München, Neuturmstr. 6/I. Ein Bild des Vermißten wurde von der Münchener Zeitung am 21. 7. 1945 veröffentlicht. Der Knabe ist 120 cm groß, schlank, hat blasse Gesichtsfarbe, graue Augen, schwarze Haare und war mit buntem Pullover, blauer kurzer Hose, graugestreiftem Hemd und braunen Halbschuhen bekleidet. Seine Aussprache ist ziemlich gehemmt. Wer über seinen Aufenthalt zweckdienliche Angaben machen kann, wende sich an die Eltern, München, Neuturmstr. 6/I, oder an die nächste Polizeidienststelle.

Kreisleiter zum Tode verurteilt

auf. 15 000 Tonnen Schutt wurden abgefahren und die schwerer beschädigten Kanalwände wurden ausbetoniert. Die Brücken über dem Kanal wurden wiederhergestellt und durch die Schlammablagerung am Damm des Werkes wurde ein Kanal gegraben. Vor einigen Tagen wurde vorsichtig wieder das erste Wasser aus dem Inn in den Kanal gelassen. Vorerst gibt das Werk die halbe Leistung ab.

Kohle für Zivilbedarf

MÜNCHEN. — Der Münchener Rundfunk berichtet, daß 20 Prozent der Kohlenförderung in Oberbayern — die insgesamt 10 000 Tonnen beträgt — für den Zivilbedarf freigegeben werden.

Karl Ritter verhaftet

ROSENHEIM. — Unter den Häftlingen des Gefängnisses Rosenheim befindet sich seit einiger Zeit auch der frühere Filmproduzent und Regisseur Karl Ritter. Er gehört zu den Männern, die entscheidend für die gedankliche Kriegsvorbereitung der Massen durch den Film verantwortlich waren. Vom „Hitlerjungen Quex" (Regie Hans Steinhoff) bis zu „GPU." waren sämtliche Filme, die Ritter seit 1933 produzierte oder in Szene setzte, eine einzige Verherrlichung des Militarismus und des Nationalsozialismus.

Hamsterer bestraft

BAD REICHENHALL. — Das hiesige Militärgericht verhängte schwere Geld- und Gefängnisstrafen über eine dreiköpfige Familie, die schuldig befunden wurde, Lebensmittelvorräte aus amerikanischen und deutschen Heeresbeständen gehamstert zu haben. Der Gastwirt Simon Schwankner wurde zu 10 000 Mark Geldstrafe und einem Jahr Gefängnis verurteilt; seine Frau zu 50 000 Mark und einem Monat Gefängnis; sein Sohn Simon jr. zu neun Monaten Gefängnis.

Bayerischer Landesbaudirektor

MÜNCHEN. — Dr. Franz Fischer, der frühere Leiter des Bezirksamtes für öffentliche Unternehmungen, wurde als Leiter des bayerischen Landesbauamtes eingesetzt. Fr. Fischer stand seit 1920 mit der Baukontrolle in München in Verbindung und gilt als Fachmann auf dem Gebiete des Ausbaus der Isar-Wasserkraftwerke. Er übernimmt nunmehr die Verantwortung für alle bayerischen Bauämter, die früher von Berlin aus kontrolliert wurden. Seine erste Aufgabe wird die Wiederherstellung der über hundert Main- und Donaubrücken sein, die von den Nationalsozialisten und der Wehrmacht gesprengt worden waren.

Militärregierung befiehlt den Bürgern, der Stadtpolizei Folge zu leisten

Die Militärregierung, unter deren Leitung die städtische Polizei steht, wird mit allen Mitteln dafür sorgen, daß die öffentliche Ordnung und Sicherheit gewährleistet ist.

Es liegt im Interesse der Bevölkerung, alle Anordnungen der uniformierten Polizeibeamten auf das Genaueste und ohne Diskussion zu befolgen. Jeder, der sich diesen Anordnungen nicht fügt, ihnen widerspricht oder sich in Tat oder Gebärde widersetzt, muß sich über die Konsequenzen einer solchen Handlungsweise im klaren sein.

Widerspruch, Widersetzlichkeit oder Verächtlichmachung bedeutet sofortige Inhaftnahme und strengste Bestrafung.

Heidelberg, den 11. Mai 1945.

Die Militärregierung

Ueberwachung der Preise und Zuteilungen wird fortgesetzt

Die Militärregierung für den Stadt- und Landkreis Heidelberg gibt bekannt:

Alle Maßnahmen und Verordnungen zur Ueberwachung und Kontrolle der Zuteilung von Lebensmitteln und Gebrauchsartikeln bestehen weiter. Ueberschreitungen werden strengstens geahndet.

Zur Sicherstellung der Nahrungsmittelversorgung und der Bekleidung der Bevölkerung haben alliierte Truppen den Befehl erhalten, weder Lebensmittel noch andere rationierte Ware zu kaufen.

Wiederaufbau geht rüstig weiter

MÜNCHEN. — Die Militärregierung, die am 1. Mai ihre Tätigkeit aufnahm, hat Dr. Franz Stadelmeyer als provisorischen Bürgermeister eingesetzt. Stadelmeyer war in früheren Jahren Bürgermeister von Würzburg.

MÜNCHEN. — Für das Bestehen einer organisierten Oppositionsgruppe gegen das Nazi-Regime, die schon vor der Ankunft der Amerikaner in Oberbayern und Oesterreich organisiert war, sind eindeutige Anzeichen vorhanden. Mitglieder dieser Organisation dürfen, sobald ihre Stellung geklärt ist, am Wiederaufbau des Nachkriegsdeutschland führenden Anteil nehmen.

AUGSBURG. — Nach der Besetzung wurden acht Privatbanken gezählt, die über ausreichendes Kapital verfügen und ihre Geschäftstätigkeit in kurzer Zeit wieder aufnehmen können. Weitere Banken bestehen in Landsberg, Tutzing, Murnau, Schnaitheim, Giengen, Weilheim, Thannhausen, Zusmarshausen, Oberschondorf, Bad Tölz und Niederhofzingen. Die meisten dieser Banken und Sparkassen befinden sich in guten finanziellen Verhältnissen und werden so bald wie möglich den Zahlungsverkehr wieder aufnehmen.

ROTTWEIL. — Die Clique von Stadtbeamten, die trotz ihrer engen Beziehungen zur NSDAP vorübergehend im Amt belassen worden war, ist jetzt durch Männer mit unbescholtener politischer Vergangenheit ersetzt worden.

BÖBLINGEN. — Wegen Böswilligkeit in der Ausführung der Anordnungen der Militärregierung wurde Landrat Eugen Kepler seines Amtes enthoben und verhaftet. Kepler war an führender Stelle in der NSDAP tätig.

Polizeidirektor Albert Schirmer, der vor und während der Zeit des Regimes seine Stelle einnahm, ist bis auf weiteres im Amt bestätigt worden.

AALEN. — Der bisherige Landrat des Landkreises Aalen wurde von der amerikanischen Militärpolizei verhaftet. An seiner Stelle ist Max von Gutlendorf zum Landrat [...] schen Truppen wieder instand gesetzt und wird in kurzer Zeit wieder senden.

BÖBLINGEN. — Das Schreiben eines früheren Bankbeamten führte zur Entdeckung von 8 000 000 Reichsmark, die unter dem Stroh eines Viehstalles in Herrenberg versteckt waren. Die Summe wurde der Reichsbankdirektion in Herrenberg übergeben, die für die Sicherheit des Geldes verantwortlich gemacht worden ist.

ROTTWEIL. — Bei der Prüfung der Konten der Reichsbank, der Volksbank und der Kreissparkasse durch die Militärregierung wurde festgestellt, daß die Partei und ihre Gliederungen 258 340 Reichsmark auf ihrem Konto hatten.

BAD TÖLZ. — Mehrere von München evakuierte Internatschulen wurden vorgefunden. Sie erhielten von der Militärregierung den Auftrag, nach wie vor ihre Zöglinge zu versorgen.

MANNHEIM. — Die Militärregierung hat den Oberbürgermeister von Mannheim beauftragt, fünfzig Nazibeamte zu entlassen. Es handelt sich in der Hauptsache um Leute, die schon vor 1933 der Partei angehörten und vom Hitler-Regime mit Aemtern in der Stadtverwaltung belohnt wurden.

NÜRNBERG. — Nachdem seine politische Vergangenheit als einwandfrei befunden wurde, ist Julius Ruhn zum Bürgermeister ernannt worden. Ruhn war früher Stadtrat in Nürnberg.

In Altdorf wurde die Druckerei in gutem Zustand vorgefunden, die früher das obszöne Hetzblatt Julius Streichers herstellte. Sie wurde von der amerikanischen Armee beschlagnahmt und wird die Nürnberger Ausgabe der Heereszeitung „Stars and Stripes" drucken.

Viele Nürnberger Bürger haben ihrem Erstaunen darüber Ausdruck gegeben, daß die Bevölkerung ihre Rundfunkgeräte behalten darf. Für die meisten bildete der Rundfunk bis vor kurzem die einzige Nachrichtenquelle, da Zeitungen schon einige Zeit vor der Ankunft der alliierten Truppen ihr Er- [...] mit 1000 Gefangenen, Aichbach mit 3200 Gefangenen, Zweiglager A mit 10 000 Gefangenen und Zweiglager B und C mit einer bisher noch nicht geschätzten Anzahl, Harlaching bei München mit 1000 Insassen und Ditersheim mit 500.

Die Zustände in allen diesen Lagern waren unter aller Beschreibung, aber Dachau bot den schlimmsten Anblick. In der Gegend von Landsberg, Kloster Sankt Othilie, Tutzing, Seeshaupt, Felddorf, Wolfrathshausen und mehreren anderen Ortschaften am Würmsee wurden kleinere Lager entdeckt, sowie Güterwaggons, in denen die fliehenden Nazis politische Gefangene im Stich ließen. Viele der Häftlinge befinden sich in einem kritischen Gesundheitszustand.

STARNBERG. — Eine Abordnung prominenter Erzieher und Wissenschaftler wurde von Offizieren der Militärregierung empfangen. Unter ihnen befand sich Martin Dresser, der Mann, der Hitler nach dem mißglückten Bierhalle-Putsch aburteilte. Als erklärte Nazi-Gegner gaben die Gelehrten ihrem Wunsch Ausdruck, der Militärregierung und somit der Bevölkerung zu helfen. Sie verlangten die sofortige Absetzung des Nazi-Bürgermeisters.

Im Lauf der am 8. Mai endenden Woche hielt die Militärregierung in acht neubesetzten Kreisstädten ihren Einzug und zwar in Fürstenfeldbruck, Starnberg, Weilheim, Bad Tölz, Wolfrathshausen und Miesbach. Dazu kommt noch die Stadt Murnau und die Land- und Stadtkreishauptstadt Landsberg.

Wegen ihren Beziehungen zur NSDAP wurden die Bürgermeister der meisten dieser Städte abgesetzt. An ihre Stelle traten Männer, die sich nicht vom Nationalsozialismus beeinflussen ließen.

In folgenden Ortschaften sind neue Bürgermeister ernannt worden: Gunzenhausen: Fritz Radner; Wiending: Herr Ander; Feuchtwangen: Eugen Leibfried; Dinkelsbühl: August Landenberger; Schopfloch: Heinrich Hock; Neresheim: Herr Reich; Neuberg: Oskar Witmann; Schrobenhausen: Martin

keinen hinreichenden Ersatzraum schaffen können. Obwohl die Behörden mit Hilfe der Bevölkerung den Ausbau und die Reparatur der beschädigten Häuser nach Kräften gefördert haben, sind weniger Wohnungen bezugsfertig geworden, als man erhofft hat. Immer wieder hat es an Menschen, an Maschinen und an Material gefehlt. Notgedrungen werden daher unsere Landsleute in diesem Winter noch enger als bisher zusammenrücken. Zudem müssen wir viele tausend Ostflüchtlinge aufnehmen, die nach der Öffnung der russischen Grenze in unser Gebiet strömen . . .

Wer aber einen Ofen hat, der weiß nicht, was er in ihm brennen soll. Die Leute haben es nicht glauben wollen, als ihnen im Sommer gesagt wurde, daß keine Kohle für den Hausbrand freigegeben werden könnte. Jetzt müssen sie sich mit dem Gedanken vertraut machen, daß sie diesmal in der Tat nur mit Brennholz auskommen müssen. Auch daran mangelt es aber. Zwar haben die zuständigen Stellen große Holzfällerkolonnen auf die Beine gestellt . . . Gleichwohl entfällt auf den einzelnen nur eine bescheidene Menge. Die meisten Hausfrauen sind froh, wenn sie täglich ein warmes Mittagessen kochen können. Für die Heizung bleibt bei ihnen nichts übrig. Um so schwerer trifft die Leute daher die im Oktober verfügte Beschränkung des Strombezugs. In allen Häusern wird man nun auch noch mit dem Licht sparen müssen. Der geliebte elektrische Kocher, der treue Helfer in allen Nöten, muß gänzlich abgeschaltet und in die Ecke gestellt werden.

Dazu kommt die Sorge um den Arbeitsplatz, die in vielen Familien eingekehrt ist. Vor wenigen Wochen noch fehlte es überall an Kräften. Die Industrie, das Handwerk und der Handel riefen nach tätigen Händen. Damals meldeten sich nur wenige. Die Leute hatten nach der Anstrengung des Krieges das Bedürfnis nach Ruhe, sie hatten zudem auch bares Geld. Das geht jetzt bei vielen zur Neige.

Inzwischen sind aber die meisten Plätze besetzt. Die Fabriken haben ihre Vorräte aufgebraucht. Zudem fehlt es ihnen an Kohle und Strom. Viele Produktionsstätten werden vielleicht in den nächsten Wochen auf Weisung der Militär-Regierung ihre Arbeit einstellen müssen. Wir werden dann plötzlich statt des Arbeitermangels einen Mangel an Arbeitsplätzen haben. Sicherlich wird bei vernünftiger Organisation für alle Arbeitswilligen eine Tätigkeit gefunden werden. Ein Land, dessen Städte und Verkehrswege nur durch eine

langjährige Anstrengung aller Bewohner wieder hergestellt werden können, darf keine Erwerbslosen kennen. Gleichwohl drückt die Menschen die Angst davor, aus dem erlernten Beruf und aus der gesicherten Position verdrängt und auf ihrer Hände Arbeit angewiesen zu sein.
... Zu Tausenden strömen die Flüchtlinge durch die Auffangläger unseres Bezirks. Die meisten von ihnen werden nach einem durchdachten Plan nach dem Westen weiterbefördert. Viele werden jedoch für immer bei uns bleiben. Das verschärft nicht nur die Wohnungsnot, es macht uns auch andere Sorgen. Der Regierungsbezirk Hildesheim ist der am dichtesten bevölkerte Teil von Niedersachsen. Schon jetzt wohnen mehr als 150 Menschen auf einem Quadratkilometer. Bislang haben wir dank der guten Böden und der lebhaften Industrie des Bereichs sie alle noch ernähren können. Die Grenze der Aufnahmefähigkeit ist jedoch erreicht. Schließlich kommt es auch nicht nur darauf an, die Zuwanderer schlafen zu lassen und sie aus öffentlichen Küchen zu speisen. Sie müssen eine Heimat finden und in das Wirtschaftsleben eingefügt werden ... Unter allen Umständen muß verhindert werden, daß sich unsere zuwandernden Landsleute als deklassiert und Bürger zweiten Grades betrachten. Die ungeschickte Äußerung einer Behörde, welche dem Zuwanderer geschrieben hatte, den Ostflüchtlingen könne grundsätzlich keine Gewerbeerlaubnis erteilt werden, hat unlängst bei ihnen lebhafte Entrüstung hervorgerufen. Solche Taktlosigkeiten müssen unter allen Umständen vermieden, es muß verhindert werden, daß sich eine verbitterte Partei der Heimatlosen bildet und die Stimmung im Lande vergiftet.
Zu all diesen Umständen, welche die Stimmung der breiten Massen verdüstern, sind in den letzten Wochen zwei Maßnahmen der Militär-Regierung gekommen, welche für viele Leute sehr lästige und einschneidende Folgen haben. Bis Ende November müssen alle Uniformen der ehemaligen Wehrmacht umgefärbt werden. Zugleich ist das Tragen militärischer Kopfbedeckungen verboten worden. Wenn auch die deutsche Verwaltung rechtzeitig genügend Färbmittel herbeigeschafft und allen die Möglichkeit zum Umfärben gegeben hat, so ist die Anordnung für viele doch schwer zu erfüllen. Viele der ehemaligen Soldaten haben nichts als das, was sie am Leibe tragen. Sie wissen nicht, was sie anziehen sollen, wenn ihre Uniform

umgefärbt wird. Noch unangenehmer ist das Mützenverbot. In den Jahren vor dem Ausbruch des Krieges hat die jüngere Generation die alten Kopfbedeckungen abgelegt. Die Schülermützen sind verschwunden, die Hüte selten geworden. Alle jungen Leute trugen die Skimütze der Hitler-Jugend oder ähnliche Kappen. Jetzt wissen die Eltern nicht, was sie ihren fünfzehn- und sechzehnjährigen Jungen aufsetzen sollen . . .

Die Flut der schlechten Nachrichten hat manche unserer Mitbewohner zu hoffnungslosen Pessimisten gemacht. Gerade die Leute, welche zuvor die Schwierigkeiten nicht sehen wollten, haben den Kopf verloren. Immer wieder hört man von Selbstmorden, von Nervenzusammenbrüchen, von hoffnungsloser Verzweiflung.[80]

Anmerkungen, Quellen- und Rechtenachweis

1 Das Ende des Schreckens. Dokumente des Untergangs. Januar bis Mai 1945. Hrsg. von Erich Kuby, München 1956, S. 9.

2 Max Domarus, Hitler. Reden und Proklamationen 1932–1945. Kommentiert von einem deutschen Zeitgenossen. Bd. II, 2. Halbband, München 1965, S. 2179–2185.

3 Bundesarchiv Koblenz, Bestand Reichspropagandaministerium (R 55/612, S. 19–21).

4 Bayern in der NS-Zeit. Soziale Lage und politisches Verhalten der Bevölkerung im Spiegel vertraulicher Berichte. Hrsg. von Martin Broszat, Elke Fröhlich, Falk Wiesemann. Bd. 1, München 1977, S. 679 und 684.

5 Bundesarchiv Koblenz, Bestand Reichsjustizministerium (R 22/3370, S. 109).

6 Ich sah wie Nürnberg unterging! Tatsachenberichte und Stimmungsbilder aus bittersten Notzeiten nach Tagebuchaufzeichnungen von Fritz Nadler, Nürnberg 1955, S. 27–51.

7 Der deutsche Südwesten zur Stunde Null. Zusammenbruch und Neuanfang im Jahre 1945 in Dokumenten und Bildern. Hrsg. vom Generallandesarchiv Karlsruhe. Bearb. von Hansmartin Schwarzmaier, Karlsruhe 1975, S. 49–50.

8 Deutsche Allgemeine Zeitung vom 8. 4. 1945.

9 Deutsche Allgemeine Zeitung vom 11. 4. 1945.

10 Der deutsche Südwesten, S. 52.

11 Völkischer Beobachter vom 3. 4. 1945.

12 Münchner Neuste Nachrichten vom 28. 4. 1945.

13 Amtliche Verkündigung der Gemeinde Bad Griesbach. 13. Jahrgang. Nr. 1 (13. 1. 1945) – Nr. 13 (7. 4. 1945).

14 Ursachen und Folgen. Vom deutschen Zusammenbruch 1918 und 1945 bis zur staatlichen Neuordnung Deutschlands in der Gegenwart. Eine Urkunden- und Dokumentensammlung. Hrsg. von Herbert Michaelis und Ernst Schraepel. Bd. 22, Berlin o. J., S. 388–391.

15 Dokumentation der Vertreibung der Deutschen aus Ost-Mitteleuropa. Hrsg. vom Bundesministerium für Vertriebene. Bearb. von Theodor Schieder. Bd. I/1, Bonn 1954, S. 325–327.

16 Bundesarchiv Koblenz, Bestand Reichspropagandaministerium (R 55/616, S. 149–222).

17 Bundesarchiv Koblenz, Bestand Ost-Dokumentation (2, Nr. 130, S. 150–153).

18 Ursula von Kardorff, Berliner Aufzeichnungen. Aus den Jahren 1942 bis 1945, München [2]1962, S. 242.
19 Bundesarchiv Koblenz, Bestand Reichspropagandaministerium (R 55/ 610, S. 284–286).
20 Bundesarchiv Koblenz, Reichspropagandaministerium (R 55/610, S. 182–183).
21 Der Alb-Bote vom 3. 2. 1945.
22 Hauptstaatsarchiv Düsseldorf, Bestand RW 181/24, S. 288.
23 Münchner Neuste Nachrichten vom 11. 3. 1945.
24 Völkischer Beobachter vom 28. 3. 1945.
25 Südhannoversche Zeitung vom 1. 3. 1945.
26 Das Ende des Schreckens, S. 47.
27 Hans-Georg von Studnitz, Als Berlin brannte. Diarium der Jahre 1943–1945, Stuttgart 1963, S. 253, © Georg von Studnitz.
28 Das Ende des Schreckens, S. 89–90.
29 Studnitz, Als Berlin brannte, S. 253.
30 Zürcher Zeitung, zitiert nach: Kurt Zentner, Illustrierte Geschichte des Dritten Reiches, Köln o. J., S. 576–577.
31 Deutsche Allgemeine Zeitung vom 20. 1. 1945.
32 Münchner Neuste Nachrichten vom 24. 1. 1945.
33 Studnitz, Als Berlin brannte, S. 269–270.
34 Josef Fischer, Der Weg durch das Feuer. Bebilderter Tatsachenbericht aus den Jahren 1939 bis 1945, Köln 1949, S. 212–231.
35 Der deutsche Südwesten, S. 43–46.
36 Hauptstaatsarchiv Düsseldorf, Bestand RW 23.
37 Bundesarchiv Koblenz, Bestand Reichspropagandaministerium (R 55/ 602, S. 148–150).
38 Joachim Irek, Mannheim in den Jahren 1945–1949. Bd. 2, Stuttgart 1983, S. 12.
39 Bruchsal 1945. Ende und Anfang. Hrsg. von der Stadt Bruchsal, Karlsruhe 1971, S. 76.
40 Der deutsche Südwesten, S. 106.
41 Heinrich Köhler, Lebenserinnerungen des Politikers und Staatsmannes 1878–1949, Stuttgart 1964, S. 322–327.
42 Institut für Zeitgeschichte, Bestand Fa 134, Zusammenbruch I.
43 Bruchsal 1945, S. 103.
44 Johannes Steinbock, Das Ende von Dachau, Salzburg 1948, S. 22–29.
45 Rolf Weinstock, Das wahre Gesicht Hitler-Deutschlands, Singen 1948, S. 177–178.
46 Ruth Andreas-Friedrich, Der Schattenmann. Tagebuchaufzeichnungen 1938–1945, Frankfurt 1947, S. 276–292, © Suhrkamp Verlag, Frankfurt am Main 1983.

47 Friedrich Luft, Berlin vor einem Jahr, in: Die Neue Zeitung vom 10. 5. 1946.
48 Matthias Menzel, Die Stadt ohne Tod. Berliner Tagebuch 1943–1945, Berlin 1946, S. 188–190.
49 Richard Falck, Das Rhein-Main-Gebiet und die Stadt Lauterbach in Hessen während des Zusammenbruchs und des Einmarsches der Amerikaner im Frühjahr 1945, in: Lauterbacher Sammlungen, Nr. 18, Mai 1958, S. 9–24.
50 Conrad F. Latour und Thilo Vogelsang, Okkupation und Wiederaufbau. Die Tätigkeit der Militärregierung in der amerikanischen Besatzungszone Deutschlands 1944–1947, Stuttgart 1973, S. 63.
51 Wilhelm Hoegner, Der schwierige Außenseiter. Erinnerungen eines Abgeordneten, Emigranten und Ministerpräsidenten, München 1959, S. 190–191.
52 Lucius D. Clay, Entscheidung in Deutschland, Frankfurt 1950, S. 36.
53 Daily Express vom 9. 3. 1945, zitiert nach: Köln nach dem Nationalsozialismus. Der Beginn des gesellschaftlichen und politischen Lebens in den Jahren 1945/46. Hrsg. von Otto Dann, Wuppertal 1981, S. 197–199.
54 Zwischen Befreiung und Besetzung. Analysen des US-Geheimdienstes über Positionen und Strukturen deutscher Politik 1945. Hrsg. von Ulrich Borsdorf und Lutz Niethammer, Wuppertal 1976, S. 34–40.
55 Madlen Lorei und Richard Kirn, Frankfurt und die drei wilden Jahre, Frankfurt 1980, S. 17.
56 Wolf-Arno Kropat, Hessen in der Stunde Null 1945/47. Politik, Wirtschaft und Bildungswesen in Dokumenten, Wiesbaden 1979, S. 46–47.
57 Der deutsche Südwesten, S. 122–124.
58 Mitteilungsblatt für Mannheim vom 23. 4. 1945.
59 Verwaltungsbericht der Stadt Wetzlar 1928–1952, Wetzlar 1954, S. 536–537.
60 Der deutsche Südwesten, S. 160.
61 Düsseldorfer Mitteilungsblatt Nr. 10 vom 2. 7. 1945.
62 Dokumente deutscher Kriegsschäden. Evakuierte, Kriegsgeschädigte, Währungsgeschädigte. Die geschichtliche und rechtliche Entwicklung. Bd. I. Hrsg. vom Bundesministerium für Vertriebene, Bonn 1958, S. 294 ff.
63 Kropat, Hessen in der Stunde Null, S. 222–224.
64 Dokumente deutscher Kriegsschäden. Bd. II/2, Bonn 1960, S. 30–31.
65 Amtliche Bekanntmachung (Göttingen) Nr. 32 vom 15. 10. 1945.
66 Süddeutsche Zeitung vom 16. 10. 1945.
67 Hauptstaatsarchiv Düsseldorf, Bestand RW 46/1.
68 Hauptstaatsarchiv Düsseldorf, Bestand RW 46/5.

69 Margaret Bourke-White, Deutschland, April 1945, München 1979, S. 165–169, © der deutschen Ausgabe 1979 by Schirmer/Mosel Verlag GmbH München mit freundlicher Genehmigung des Schirmer/Mosel Verlags München.
70 Hamburger Nachrichtenblatt vom 21. 6. 1945.
71 Düsseldorfer Mitteilungsblatt vom 2. 7. 1945.
72 Ebenda.
73 Süddeutsche Zeitung vom 16. 10. 1952.
74 Kropat, Hessen in der Stunde Null, S. 173–174.
75 Neue Rheinische Zeitung vom 25. 7. 1945.
76 Geschichte der Bundesrepublik Deutschland. Analyse und Dokumentation. Bd. 1. Hrsg. von Jürgen Weber, Paderborn 1979, S. 257.
77 Düsseldorfer Mitteilungsblatt Nr. 10. vom 2. 7. 1945.
78 Hauptstaatsarchiv Düsseldorf, Bestand RW 35/6, S. 70–71.
79 Hauptstaatsarchiv Düsseldorf, Bestand RW 19.
80 Ursachen und Folgen, Bd. 24, S. 163–169.

Erläuterungen zu den Abbildungen und Bildnachweis

Seite

10	Nach dem Luftangriff: In Frankfurt am Main verzeichnet eine Steintafel für Verwandte und Bekannte die Namen der Opfer (Stadtarchiv Frankfurt)
13/14	Hauptstaatsarchiv Düsseldorf, Bestand RW 23/34–35
23	ebenda
27	Würzburg in Trümmern (National Archives Washington)
39	Bundesarchiv Koblenz, Bestand Reichspropagandaministerium (R 55/602, S. 151)
41/42	Ebenda (R 55/610, S. 164)
70	Hauptstaatsarchiv Düsseldorf, Bestand RW 23/34–35
77/78	Bundesarchiv Koblenz, Bestand Reichspropagandaministerium (R 55/602, S. 151)
92	Der alltägliche Tod: Gefallene deutsche Soldaten in der Frankfurter Innenstadt (Stadtarchiv Frankfurt)
97	(US-Propagandazeitung) Nachrichten für die Truppe vom 26. 3. 1945
118	US-Soldaten führen deutsche Zivilisten durch das KZ Dachau (National Archives Washington)
129	Der Einmarsch der Amerikaner in München am 30. April 1945 (National Archives Washington)

133 (US-Propagandazeitung) S.H.A.E.F. vom 10. 5. 1945
134 Die Münchner gehen zwischen den Sperrstunden ihren Besorgungen nach (National Archives Washington)
136, 137 Bayreuther Bürger kehren nach Ende der Kämpfe in ihre zerstörte und teilweise noch brennende Stadt zurück (Stadtarchiv Bayreuth)
139 Hauptstaatsarchiv Düsseldorf, Bestand RW 21
141 Hauptstaatsarchiv Düsseldorf, Bestand RWK 226
142 Ebenda
145 Ein US-Offizier der Militärregierung vereidigt einen Bürgermeister und dessen Hilfspolizei (National Archives Washington)
147 Eine Pinnwand mit Suchanzeigen auf dem Stuttgarter Hauptbahnhof (Stadtarchiv Stuttgart)
148 Amerikanische Soldaten verteilen Armeezeitungen. Für die meisten Deutschen waren diese Zeitungen die einzige Informationsquelle (National Archives Washington)
155 Verbrüderung zwischen Ausgestoßenen. Den US-Soldaten war der Kontakt mit dem Besiegten verboten, schwarze US-Soldaten, innerhalb der Armee diskriminiert, suchten gern das Gespräch mit den Deutschen und waren für ihre Kinderliebe bekannt (National Archives Washington)
167 Fährdienst über den Main in Frankfurt (Stadtarchiv Frankfurt)
171 Hauptstaatsarchiv Düsseldorf, Bestand RWK 182–1
176 Ebenda RWK 249
183 Münchener Zeitung vom 21. 7. 1945
184 Die Mitteilungen vom 19. 5. 1945
189 Kropat, Hessen in der Stunde Null, S. 215
191 Hauptstaatsarchiv Düsseldorf, Bestand RWK 265
209 Hauptstaatsarchiv Düsseldorf, Bestand RWK 66
211 Münchener Zeitung vom 1. 9. 1945
212 Die Mitteilungen vom 12. 5. 1945

Sammlung Luchterhand – für kritische Leser
(Eine Auswahl)

Theodor W. Adorno u.a.: Der Positivismusstreit in der deutschen Soziologie. Band 72

Peter Bichsel: Geschichten zur falschen Zeit. Band 347

Blaue Kinderschaukel. Ein Lesebuch zur Geschichte der Kinderliteratur in der DDR. Herausgegeben von Reinhild Schoeller. Mit zahlreichen Abb. Band 278

Drachen mit tausend Köpfen. Spaziergänge durch linkes und alternatives Milieu. Herausgegeben von Max Thomas Mehr. Band 399

Renate Feyl: Der lautlose Aufbruch. Frauen in der Wissenschaft. Band 465

Sein ist das Weib, Denken der Mann. Ansichten und Äußerungen für und wider den Intellekt der Frau von Luther bis Weininger. Gesammelt und mit einer Nachbemerkung versehen von Renate Feyl. Band 522

Esther Fischer-Homberger: Krankheit Frau
Hinweise zur Geschichte der Einbildung. Band 498

Günter Gaus: Texte zur deutschen Frage
Mit den wichtigsten Dokumenten zum Verhältnis der beiden deutschen Staaten. Band 383

Günter Grass: Widerstand lernen.
Politische Gegenreden 1980 - 1983. Vorwort von Oskar Lafontaine. Band 555

Max von der Grün: Wie war das eigentlich?
Kindheit und Jugend im Dritten Reich. Band 345

Jürgen Habermas: Strukturwandel der Öffentlichkeit
Untersuchungen zu einer Kategorie der bürgerlichen Gesellschaft. Band 25

Peter Härtling: Meine Lektüre. Literatur als Widerstand
Herausgegeben von Klaus Siblewski. Band 341

Irmgard Hülsemann: Berührungen. Gespräche über Sexualität und Lebensgeschichte. Aufgezeichnet und kommentiert. Band 517

„Im Namen des deutschen Volkes". Todesurteile des Volksgerichtshofes. Eingeleitet und herausgegeben von Heinz Hillermeier. Band 313

Urs Jaeggi: Was auf den Tisch kommt, wird gegessen
Aufsätze. Band 343

Hermann Kant: Unterlagen. Zu Literatur und Politik
Band 424

Ursula Krechel: Selbsterfahrung und Fremdbestimmung. Bericht aus der Neuen Frauenbewegung. Band 428

Georg Lukacs: Geschichte und Klassenbewußtsein
Studien über die marxistische Dialektik. Band 11

Pablo Neruda: Ich bekenne, ich habe gelebt
Memoiren. Band 220

Tageszeiten. Ein Lesebuch zur Geschichte des Alltags
Herausgegeben von Hermann Glaser. Ill. Band 445

Rahel Varnhagen: Jeder Wunsch wird Frivolität genannt. Briefe und Tagebücher. Ausgewählt und herausgegeben von Marlis Gerhardt. Band 426

Von deutscher Art. Was in den Köpfen derer steckte, die sich einen Führer wünschten. Ein Familien-Album vom Dachboden. Herausgegeben von Gert Loschütz Band 440

Heinrich Vormweg: Das Elend der Aufklärung
Über ein Dilemma in Deutschland. Band 524

Maxie Wander: „Guten Morgen, du Schöne"
Frauen in der DDR. Protokolle. Band 289

Maxie Wander: Leben wär' eine prima Alternative
Tagebuchaufzeichnungen und Briefe. Band 298

Renate Wichers: Traumlieben. Band 394

Gabriele Wohmann: Paulinchen war allein zu Haus
Roman. Band 219

Christa Wolf: Voraussetzungen einer Erzählung: Kassandra. Frankfurter Poetik-Vorlesungen. Band 456

Sammlung Luchterhand